탄력적 개발로 이끄는
AWS 실천 기술

Amazon Web Services JISSEN-NYUMON

by Mamoru Tateoka, Tomoaki Imai, Kyoko Nagafuchi, Tetsuya Mase, Satoru Miura, Hideaki Yanase

탄력적 개발로 이끄는
AWS 실천 기술

초판 1쇄 발행 2016년 12월 2일

지은이 타테오카 마모루, 이마이 토모아키, 나가후치 쿄코, 마세 테츠야, 미우라 사토루, 야나세 히데아키
옮긴이 박상욱
펴낸이 장성두
펴낸곳 제이펍

출판신고 2009년 11월 10일 제406-2009-000087호
주소 경기도 파주시 회동길 159 3층 3-B호
전화 070-8201-9010 / **팩스** 02-6280-0405
홈페이지 www.jpub.kr / **원고투고** jeipub@gmail.com
독자문의 readers.jpub@gmail.com / **교재문의** jeipubmarketer@gmail.com

편집부 이민숙, 황혜나, 이 슬, 이주원 / **소통·기획팀** 민지환, 현지환
교정·교열 배규호 / **본문디자인** 북아이 / **표지디자인** 미디어픽스
용지 에스에이치페이퍼 / **인쇄** 해외정판사 / **제본** 광우제책사

ISBN 979-11-85890-65-4 (93000)
값 26,000원

제이펍은 독자 여러분의 책에 관한 아이디어와 원고 투고를 기다리고 있습니다. 책으로 펴내고자 하는 아이디어나 원고가 있으신 분께서는
책에 대한 간단한 개요와 차례, 구성과 저(역)자 약력 등을 메일로 보내주세요.　　　　　　　jeipub@gmail.com

탄력적 개발로 이끄는
AWS 실천 기술

숙련된 실무자에게 배우는 AWS 운영 노하우

타테오카 마모루, 이마이 토모아키, 나가후치 쿄코,
마세 테츠야, 미우라 사토루, 야나세 히데아키 지음 / 박상욱 옮김

Jpub
제이펍

CHAPTER 1 AWS 기본 지식   1

CHAPTER 4 DNS 설정과 공개 81

CHAPTER 5 네트워크 설계와 설정(VPC) 123

CHAPTER 6 콘텐츠 전송(S3/CloudFront) 153

CHAPTER 8 웹 서버 부하 분산   273

  2016년 1월에 AWS가 서울 리전(Seoul Region)을 발표한 지도 1년이 다 되어 간다. 해외 리전만을 사용해야 했던 작년과는 환경이 많이 바뀌었으며, 서울 리전을 사용하여 서비스를 하는 분들을 많이 볼 수 있게 되었다. 역자가 활동하고 있는 페이스북 AWS 사용자 그룹의 가입자 수를 보더라도 현재 8,000명 이상으로 1월에 비해 세 배 이상 증가하였고, 활동하시는 회원들도 많아졌다. 그만큼 관심을 가지고 사용하고 계신 분들이 많다는 의미일 것이다.

  또한, 글로벌 서비스를 고려하는 공공 기관뿐만 아니라 엔터프라이즈 규모의 기업까지 AWS 사용을 시작하려 하고 있다. 이렇게 여러 분야에서 AWS를 도입하여 사용하고 있지만 아직도 어떻게 사용을 시작해야 할지 고민을 하고 계신 분들이 많은 것 같다. AWS 공식 사이트에서 문서를 제공하고 있지만 처음 접하는 분들에게는 접근이 조금 어려운 부분도 있고, 구글 검색을 해봐도 사실 입맛에 맞는 정보들이 그리 많지 않다. 이런 상황에서 이 책은 여러분에게 많은 도움이 될 것이다. 단, AWS를 활용하여 기존 시스템을 마이그레이션하거나 구성된 AWS 인프라 구성이 맞는지에 대한 검토를 해야 한다면 다른 책을 권하고 싶다. 하지만 AWS의 기초를 다질 수 있도록 기본이 되는 서비스들을 중심으로 상세한 설명이 필요하거나, 실제 관리 콘솔의 화면을 보면서 실습을 한다거나, CLI를 통해 AWS 서비스를 활용하고 싶다면 이 책을 추천한다. 이 책은 AWS 사용에 기초가 되는 가입과 결제 관련 내용부터 AWS 서비스의 관리 콘솔을 통한 설정, 그리고 CLI를 사용하여 관리하는 방법까지 자세하게 소개하고 있다. 또한, 실제 관리 콘솔 화면과 CLI 실행 예제들이 많이 포함되어 있어 실습을 하면서 공부할 수 있게 구성되어 있는 것도 큰 장점이라고 볼 수 있다. 이 책은 각 장이 서비스별로 나뉘어 있으며, 그때그때 필요한 부분을 찾아 볼 수 있고, AWS의 공식 문서와 함께 본다면 공부에 많은 도움이 될 것으로 생각된다. 이 책을 통해 AWS 기본을 다지고 다른 서비스들도 활용하여 클라우드의 장점을 많이 활용해 볼 수 있기를 바란다.

감사의 말

저의 다섯 번째 책 출간을 위해 수고해 주신 많은 분들께 진심으로 감사드린다. 부족한 저에게 매번 번역할 기회를 주시고 원고 다듬기나 일정 조정에 도움을 주시는 제이펍 출판사의 장성두 실장님과 이주원 님께 감사드린다. 아울러 언제나 꼼꼼히 편집해 주시는 김수미 님께도 고마움을 전한다.

또한 저희 MegaZone의 이주완 대표님, SA 팀의 여현구, 홍승형, 이현호, 백철현, 정만성, 연영웅, 양영수, 이주영, 장문기, 김재윤 매니저님 그리고 서포트 팀의 강은성, 양승일 매니저님의 도움에 감사한다.

마지막으로, 언제나 바쁜 남편을 위해 응원해 준 아내와 언제나 아빠를 찾는 첫째 지민이, 둘째 지유에게도 이 자리를 빌려 사랑한다는 말을 전하고 싶다. 감사합니다.

옮긴이 **박상욱**

머리말

이 책은 AWS(Amazon Web Services)의 입문서로 집필되었다. 오늘날 SaaS(Software as a Service)나 IaaS(Infrastructure as a Service) 같은 클라우드 서비스가 많지만, 그중에서도 세계적으로 가장 많은 사용자와 정보가 있는 서비스가 바로 AWS다. 그런데도 처음 시작할 때는 어디에서부터 무엇을 어떻게 해야 할지 알기가 어렵다. 또한, 이 책을 쓰는 중에도 여러 서비스가 출시되어 지금까지 어려웠던 문제를 쉽게 구현할 수 있게 되거나 서비스가 빠른 속도로 변하고 있다. 한 예로, 이 책을 집필할 당시에는 AWS 관리 콘솔이 영문은 물론 일본어를 사용할 수 있게 되었으며, 아마도 머지않아 한글 메뉴의 관리 콘솔도 볼 수 있을 것이다.

이 책은 실전 입문서라는 특징을 가졌으며, 그중 하나로 AWS CLI(AWS Command Line Interface)로 실행한 내용을 담고 있다. AWS CLI를 다루는 이유는 AWS의 큰 장점 중 하나인 프로그래밍이 가능한 인프라 서비스라는 것을 보여 주기 위함이다. 관리 콘솔을 통한 조작도 직관적이고 편리하겠지만, 각 서비스를 명령어나 API로 조작함으로써 사람의 손을 거치지 않고 구축 및 구성 변경, 장애 대응이 가능하게 되어 속도와 편리함을 가진 인프라를 구현할 수 있다.

이런 AWS의 장점들을 설명하는 이 책의 집필진 중에는 AWS 최상위 컨설팅 파트너와 세미나에서 AWS 도입 사례로 여러 번 소개되었던 대규모 AWS 시스템을 실제 운용하는 엔지니어 분들도 있다. 그래서 AWS를 오래 사용하고 있는 여러 기업이 축적한 노하우가 많이 담겨 있으니 독자 여러분은 이를 학습하고 응용하여 꼭 자신의 노하우로 만들 수 있기를 바란다.

지면 한계상 AWS의 모든 서비스를 소개할 수는 없지만, 이 책에서는 AWS를 사용하는 데 필요한 기본 개념과 각 서비스의 특징을 자세하게 설명하고 있다. 따라서 AWS의 진정한 매력과 사용법을 충분히 익힐 수 있을 것으로 생각한다. 마지막으로, 시스템을 지탱하는 인프라 대부분의 관리는 AWS에 맡기고 독자 여러분들은 더욱 생산적이고 유용한 시간을 확보하기 바란다.

감사의 말

이 책이 출간되기까지 많은 분의 도움을 받았다. 이 책을 쓸 기회를 주신 샤논의 후지쿠라 카즈아키 님, 바쁜 와중에도 같이 책을 써 주신 핸즈라보의 이마이 토모아키 님, 클라우드팩(CloudPack)의 미우라 사토루 님, 산산(Sansan)의 마세 테츠야 님, 서버 워크스의 야나세 히데아키 님과 나가후치 쿄코 님, 그리고 몇 번이고 마감 날짜를 맞추지 못했지만 항상 격려해 주시고 끝까지 도와주신 기술평론사의 스노하라 마사히코 님에게 정말 감사드린다.

마지막으로, 집필하느라 휴일도 함께 보내지 못했는데 늘 나를 응원해 준 아내와 공저자들의 가족, 친구, 회사 동료 여러분들에게도 진심으로 감사드린다.

지은이 대표

타테오카 마모루

베타리더 후기

🐤 김종욱(카이스트)

책의 내용이 전체적으로 매우 깔끔하게 잘 정리되어 있고, AWS를 처음 접하는 입문자들에게 정말로 친절한 책이라고 생각합니다. 하나하나 단계별로 설명하는 책의 구도를 보면서 마치 수업에서 직접 코치를 받는 기분마저 들었습니다.

일단 책의 내용은 매우 깔끔하게 잘 정리되어 있으나, 책의 내용 전체에서 그림과 캡처 이미지가 많은 것이 장점이자 단점으로 느끼기도 했습니다. 이와는 다르게 어떤 순서로 동작을 해야 하는지, 그리고 어떤 식으로 설정해야 하는지 등에 관해서 매우 자세히 설명하고 있어 책을 읽는 내내 머릿속으로 손쉽게 학습할 수 있었습니다. 입문자들이 읽기에 정말로 훌륭한 책이라고 생각합니다.

🐤 김진영(한국정보공학D&S)

2013년에 AWS를 알게 되었습니다. 인턴일 때 미션 프로젝트를 진행하였는데, 자료가 부족하여 상당히 진땀을 뺀 기억이 아직도 선명하네요. 그런데 이렇게 보고 따라만 하면 되는 안내서와도 같은 책을 접하니 감회가 무척 새롭습니다. 독자의 한 사람으로 편안한 마음으로 한글로 잘 안내된 이번 책을 즐겁게 볼 수 있었습니다. 이제 AWS에 나만의 서버를 갖고 싶으시다면, 그저 책을 펼치시고 AWS의 12개월 프리 티어 액세스 권한과 함께 그대로 따라 하기만 하면 됩니다!

🦅 노승헌(아카마이 테크놀로지스 코리아)

요즘에는 소규모의 스타트업이든 글로벌 규모의 대기업이든 아마존 웹 서비스(AWS)를 자사의 인터넷 인프라로 사용하지 않는 곳을 찾기 힘듭니다. 그만큼 AWS는 공공재가 되었고, IT에 종사하는 엔지니어들에게는 필수적으로 알아야 하는 기술 스택이 된 지 오래입니다. 이 책은 AWS 핵심 서비스들에 관한 실전 가이드로서 콘솔과 CLI를 통한 다양한 예제와 함께 기본적인 소양을 쌓는 데 손색이 없습니다.

워낙 실시간으로 바뀌는 아마존이다 보니 번역하시는 분이 고생하셨을 것 같습니다. 번역서라 다소 딱딱한 느낌이 없지는 않지만, 실전 트레이닝을 통한 기술 지식을 함양 하는 서적으로는 괜찮아 보입니다. 핵심 서비스들의 A to Z를 다루진 않았지만, '꼭 알 아야 할 것'들이 잘 담겨 있네요! 재미있게 잘 봤고, 개인적으로 놓치고 있던 부분들을 챙겨 볼 수 있었던 소중한 시간이었습니다.

🦅 박성욱(SK Planet)

클라우드 서비스 기반을 갖추고 싶다면 더 좋은 솔루션이 있을까 싶을 정도로 하루 만 에 AWS로 서비스 환경 준비가 가능하도록 도와주는 최고의 지침서인 것 같습니다.

창업을 위한 환경 구축이나 기존에 제공 중인 서비스의 인프라 비용 효율화를 위해서 도 딱 좋은 가이드입니다. 골머리 썩지 않고 문제를 해결하는 데 친절하고 유용한 도우 미와 같은 책이었습니다. 추천해 드립니다. 앞으로 기회가 된다면 실무에 차근차근 활 용해 보고 싶습니다.

🦅 이상현(SI 개발자)

책에 나온 그대로 따라만 해도 AWS의 수많은 기능이 진행될 수 있게끔 자세하게 설명 되어 있습니다. 서버, 스토리지, 네트워크의 이해도가 충분하다면 이 책을 통해서 높은 성능의 서버 구성도 무난히 할 수 있다고 봅니다. 다만, 약간 아쉬운 부분은 각 챕터별 메뉴 찾기가 쉽지 않다는 점이었습니다. 하지만 좋은 책은 맞네요. 인프라에 대한 지식 이 있는 초중급 이상의 분들이 보시면 더욱 좋을 것 같습니다.

한상곤(우분투 한국 커뮤니티 소속 마이크로소프트 MVP)

책 내용이 필수적인 서비스를 중심으로 구성되어 있으므로 AWS를 처음 접하는 분들에게 많은 도움이 될 것입니다. 무엇보다 CLI 명령어를 활용해서 AWS를 사용하는 방법을 함께 소개하고 있으므로 'Chef, Ansible' 등을 활용해서 인프라 자동화를 구축하려는 분들에게도 큰 도움이 될 것입니다.

또한, CLI 기반 명령어를 함께 소개하고 있어서 엄청 많은 도움이 되었습니다. 아마 이 책의 가장 큰 장점이 아닐까 생각합니다. CLI 기반 명령어 관련해서 깃허브의 gist나 스크립트 예제를 함께 제공했으면 좋겠습니다.

제이펍은 책에 대한 애정과 기술에 대한 열정이 뜨거운 베타리더들로 하여금
출간되는 모든 서적에 사전 검증을 시행하고 있습니다.

AWS 이용 시 주의 사항

➕ AWS Management Console에 관하여

이 책은 2016년 9월 현재, 서울 리전(region, 지역)의 환경을 기준으로 설명하고 있다.

➕ AWS Management Console 메뉴 표기에 관하여

본문 중에는 다음과 같은 내용이 있다.

> Create Key Pair 버튼을 클릭하면 키 쌍을 입력하는 대화상자가 나오며, Key pair name에 'my-keypair'라고 입력하고 Create 버튼을 누른다(그림 2.1). 비밀 키 다운로드가 시작되며, 파일명을 'my-keypair.pem' 이름으로 알기 쉬운 장소에 저장한다. 공개 키는 AWS 쪽에 보관하며, 인스턴스를 생성할 때 사용한다.

고딕 계열 서체로 표시된 부분은 관리 콘솔(management console) 안에서 값을 입력할 수 있는 항목(예: Key pair name) 또는 선택할 수 있는 항목이나 버튼(예: Create 버튼) 등을 나타낸다. 또한, 입력 값은 ' ' 안에 표시한다(예: 'my-keypair.pem').

➕ 실행 결과에 관해서

실행 결과를 부연 설명하는 표 등이 있을 때 그 안의 항목이 실행 결과 그림 내에 전부 표시되지 않는 경우가 있다. 그 이유는 실행 결과의 화면 전체를 표시하지 않고, 일부분만을 표시했기 때문이다.

AWS 기본 지식

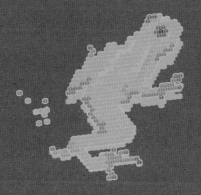

AWS(Amazon Web Services)는 세계에서 가장 많이 사용되는 클라우드 서비스다. 이 장에서는 이 AWS의 전체적인 설명과 이 책에서 다루는 서비스에 관해 간단하게 설명한다.

1.1 | AWS의 개요

AWS[주1]는 Amazon.com에서 제공하고 있으며, 웹을 통해 이용할 수 있는 클라우드 컴퓨팅 플랫폼이다. AWS는 가상 서버를 제공하는 EC2나 매우 높은 내구성을 자랑하는 웹 스토리지 S3 등을 서비스 단위로 제공하고 있다. 2004년 11월에 일반인에게 서비스를 공개하였으며, 2016년 4월 현재는 50개 이상의 서비스를 제공할 수 있도록 성장했다(그림 1.1). 이 책에서는 가장 기본적이고 중요한 서비스에 관하여 실전적인 사용법을 설명한다.

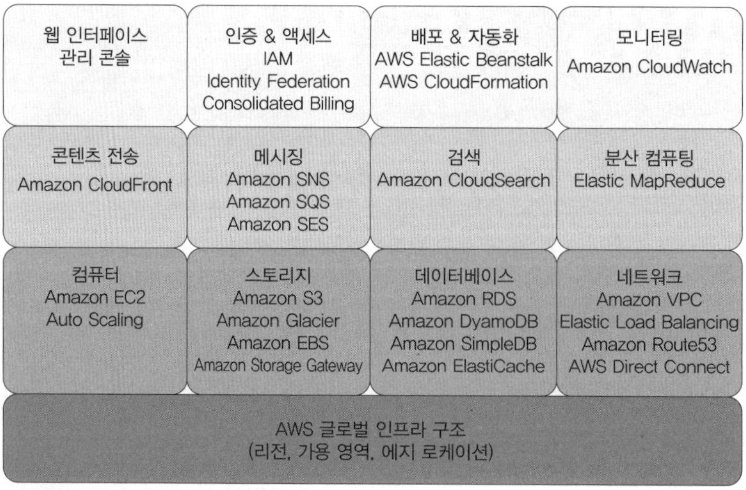

웹 인터페이스 관리 콘솔	인증 & 액세스 IAM Identity Federation Consolidated Billing	배포 & 자동화 AWS Elastic Beanstalk AWS CloudFormation	모니터링 Amazon CloudWatch
콘텐츠 전송 Amazon CloudFront	메시징 Amazon SNS Amazon SQS Amazon SES	검색 Amazon CloudSearch	분산 컴퓨팅 Elastic MapReduce
컴퓨터 Amazon EC2 Auto Scaling	스토리지 Amazon S3 Amazon Glacier Amazon EBS Amazon Storage Gateway	데이터베이스 Amazon RDS Amazon DyamoDB Amazon SimpleDB Amazon ElastiCache	네트워크 Amazon VPC Elastic Load Balancing Amazon Route53 AWS Direct Connect
AWS 글로벌 인프라 구조 (리전, 가용 영역, 에지 로케이션)			

그림 1.1 AWS 서비스 전체 구성도

주1 http://aws.amazon.com/

이 장에서는 일단 AWS의 특징을 설명하고, 다음으로 이 책에서 다루는 서비스를
설명한다. 마지막으로, AWS를 사용하기 위한 준비로 가입 방법에 관해 설명한다.

AWS의 특징

사용자가 무엇보다 AWS를 선호하는 이유는 다음의 세 가지가 있다.

- 많은 서비스
- 유연한 리소스
- 종량 과금

✚ 많은 서비스

AWS에서는 가상 서버를 사용할 수 있는 컴퓨터 서비스(EC2) 이외에 DNS 서비스
(Route53)와 CDN(Contents Delivery Network) 서비스 등 많은 서비스를 제공하고 있다.
그중에는 인프라와 패치 등의 관리를 AWS가 대신 해주는 관리 서비스(management
service)라는 서비스가 있다. 방금 이야기한 DNS 서비스와 콘텐츠 전송 서비스는 종합
관리 서비스(full management service)다. 이러한 서비스를 잘 활용하면 부하 분산을 통한
신뢰성 높은 시스템을 손쉽게 만들고 운용할 수 있다.

✚ 유연한 리소스

AWS 리소스(resource)는 필요할 때 필요한 만큼 만들어서 사용할 수 있다. '필요한
만큼'이란, 서버 대수나 사양을 유연하게 만들고 조정할 수 있다는 뜻이다.

예를 들어, 여러분이 쇼핑몰을 운용한다고 하자. 그 쇼핑몰에서 이벤트를 시행하면
평소보다 많은 사용자가 접속할 것이다. 이런 경우 평소 서버 리소스로는 트래픽을 처
리할 수 없겠지만, AWS 환경에서는 이벤트 기간에만 서버 리소스를 늘릴 수 있다. 또
한, 이벤트가 끝나고 트래픽이 줄어들었다면 늘렸던 리소스를 다시 줄일 수 있다.

✚ 종량 과금

기본적으로 AWS 과금 모델은 사용한 만큼 비용을 지불하는 종량 과금 정책을 가지고 있다. 필요할 때 사용한 만큼만 내면 되므로 비용 효율 면에서 유리하다. 위에서 말한 쇼핑몰 예제에서도 늘렸던 리소스에 대해서는 사용한 만큼만 내면 된다.

1.2 │ AWS 기본 개념과 이 책에서 다루는 서비스

이 책에서 다룰 서비스를 설명하기 전에 AWS에서 사용되는 중요한 개념인 리전(region), 가용 영역(availability zone), 에지 로케이션(edge location)에 관해 설명한다. 이 설명이 끝난 후에 서비스에 관해서 설명하겠다.

AWS 기본 개념

✚ 리전

AWS 전체에 관련된 개념으로 리전이 있다. 리전이란, AWS의 각 서비스가 제공되는 지역을 뜻한다. 예를 들어, 서울(Seoul 리전)이나 미국 동부(US East 리전) 등 2016년 9월 현재 전 세계에는 13개의 리전이 있다(그림 1.2).

또, 리전에 따라 사용할 수 있는 서비스가 다르므로 사용하고 싶은 리전에서 서비스를 사용할 수 있는지 확인해야 한다. 최신 서비스는 기본적으로 미국 리전에서 사용할 수 있으며, 순차적으로 다른 리전에서도 사용할 수 있게 된다.

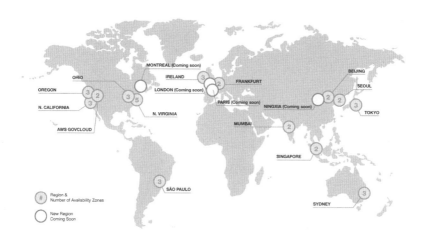

그림 1.2 글로벌 리전 [출처] http://aws.amazon.com

➕ 가용 영역

다음으로는 가용 영역이라는 개념이 있다. 가용 영역은 독립된 데이터 센터라고 말할 수 있으며, 모든 리전에 반드시 두 개 이상의 가용 영역이 존재한다(그림 1.3). 그 이유는 가용성을 위한 것으로, 하나의 가용 영역이 천재지변이나 장애에 의해 이용할 수 없는 상태가 되더라도 다른 가용 영역에서 시스템이 가동되도록 설계되어 있다. 이러한 설계로 AWS의 가용성은 확보되고, 사용자도 안정한 시스템을 손쉽게 구축할 수 있다.

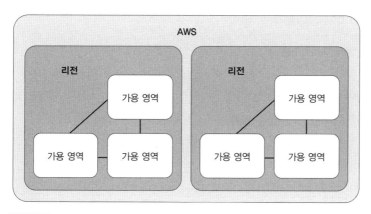

그림 1.3 가용 영역

또, 가용 영역 사이에는 고속 회선으로 연결되어 있어서, 예를 들어 DB의 마스터와 슬레이브를 가용 영역으로 분리해도 마스터의 갱신을 슬레이브에 반영하는 데 많은 지연 없이 동기화할 수 있다.

✚ 에지 로케이션

마지막으로, 에지 로케이션이라는 개념이다. 에지 로케이션은 콘텐츠 전송 서비스인 CloudFront 및 DNS 서버 서비스인 Route53을 제공하는 장소를 말한다. 2016년 9월 현재 전 세계 60개의 에지 로케이션이 있는데, 한국에는 두 개, 일본에는 세 개의 에지 로케이션이 있다(그림 1.4).

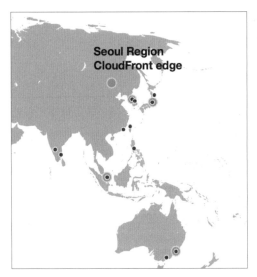

그림 1.4 아시아 태평양 에지 로케이션

예를 들어, CloudFront로 콘텐츠를 전송할 때 에지 로케이션이 사용자와 가까운 곳에 있으면 빠른 전송 속도를 구현할 수 있다.

이 책에서 다루는 서비스

위에서도 설명했지만, AWS는 많은 서비스를 제공하고 있다. 이 책에서 모든 서비스를 설명할 수는 없으므로 시스템 구축에 필요한 가장 중요한 서비스를 중심으로 설명하겠다. 이 책에서 다룰 서비스는 표 1.1과 같다.

표 1.1 이 책에서 다룰 AWS의 서비스

서비스	개요	장
EC2	서버를 자유롭게 생성할 수 있는 서비스	2~3장
Route53	SLA 100% DNS 서비스	4장
VPC	논리적인 가상 네트워크를 구축할 수 있는 서비스	5장
S3	아주 높은 내구성을 가진 웹 스토리지 서비스	6장
CloudFront	콘텐츠를 전 세계로 빠르게 전송할 수 있는 서비스	6장
RDS	OS 및 패치 등의 관리가 필요 없는 RDB	7장
ELB	자동으로 스케일 인, 스케일 아웃이 가능한 고가용성을 가진 로드 밸런서 서비스	8장
CloudWatch	여러 AWS 서비스의 감시와 모니터링을 하는 서비스	9장
IAM	사용자와 사용자의 권한을 관리하는 서비스	10장
Billing	AWS 비용 관리와 분석을 하는 서비스	11장

1.3 | AWS 가입

AWS를 이용하기 위해서는 계정을 만들어야 한다. 이 장에서는 계정을 만드는 순서를 간단하게 설명한다. 계정을 생성할 때에는 메일 주소, 신용카드, 전화번호 등이 필요하므로 미리 준비하기 바란다.

AWS 가입 순서

AWS 가입은 아래의 순서로 진행된다.

1. 브라우저로 https://console.aws.amazon.com/에 접속한다.

2. 로그인 또는 AWS 계정 만들기 화면에서 이메일 또는 전화번호 항목에 자신의 메일 주소를 입력하고, '새 사용자입니다.'를 선택한 후에 '보안 서버를 사용하여 로그인' 버튼을 클릭한다.

3. 로그인 자격 증명 화면에서 이름, 이메일 주소, 비밀번호를 입력하고, '계정 생성' 버튼을 클릭한다.

4. 연락처 정보 화면에서 전체 이름, 회사명, 전화번호, 보안 확인 등을 입력하고, '계정을 만들고 계속 진행' 버튼을 클릭한다.

5. 결제 정보 화면에서 신용카드 번호 등을 입력하고 '계속' 버튼을 클릭한다.

6. ID 확인 화면에서 전화번호를 입력한다. 잠시 기다리면 AWS에서 자동화 시스템을 통해 전화가 오고, 화면에 표시된 PIN 코드를 전화에 입력한다(그림 1.5). ID 확인이 완료되면 '지원 계획 선택 계속' 버튼을 클릭한다.

7. 계획 지원 화면에서 기본(무료)을 선택하고 '계속' 버튼을 클릭한다.

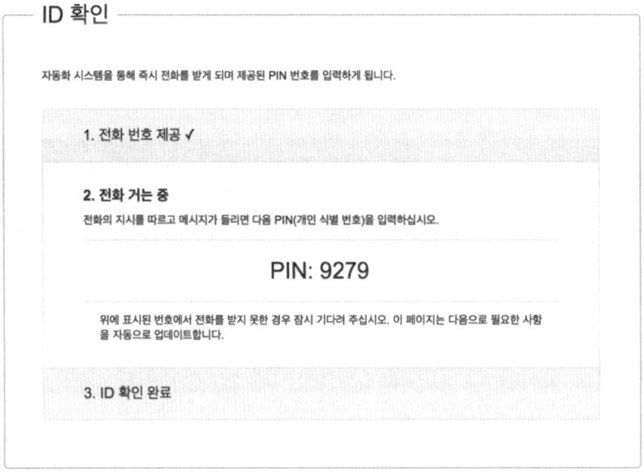

그림 1.5 ID 확인 화면에서 PIN 입력

이것으로 가입이 완료되었다.

관리 콘솔 시작

가입을 완료하면 'Amazon Web Services 사용을 환영합니다.' 화면으로 이동한다. '콘솔에 로그인' 버튼을 클릭하면 로그인 화면이 열리고, 방금 등록한 메일 주소와 비밀번호를 입력하여 로그인할 수 있다.

1.4 | 정리

이 장에서는 AWS의 개요와 이 책에서 다룰 서비스에 관해 설명했다. 또한, AWS를 사용하는 데 필요한 계정도 생성하였다. 이제 다음 장부터 AWS를 직접 사용해 보자.

2

가상 서버 생성
(EC2 기본편)

이번 장에서는 Amazon EC2(Elastic Compute Cloud)를 이용하여 실제 가상 서버를 생성하고, 간단한 웹 애플리케이션을 구축하는 내용까지 설명한다. EC2 개요와 가상 서버를 생성하는 데 필요한 사전 작업에 관해 설명하고, 다음은 관리 콘솔(management console)을 사용해 생성한 가상 서버에 접속하는 것을 확인한다. 또한, 웹 애플리케이션에 필요한 패키지를 설치하고, 애플리케이션을 배포하여 브라우저에서 접속할 수 있도록 환경을 구성한다. 마지막으로, EC2의 조작 방법에 관해 각각 설명한다.

2.1 | Amazon EC2의 개요

EC2란?

EC2(Elastic Compute Cloud)는 가상 서버를 필요할 때 필요한 만큼 사용할 수 있고, 사용한 만큼만 비용을 지급하는 서비스다. 애플리케이션의 규모나 부하에 맞춰 사양을 높이거나 가상 서버 대수를 늘릴 수 있는 유연성을 가졌다. 예를 들어, 제공하는 웹 서비스 이벤트 등으로 일시적인 접속자 수 증가가 예상된다면 피크일 때만 서버를 늘리고, 접속자 수가 줄어들면 서버를 줄일 수 있다. 비용은 평소 비용에 일시적으로 늘린 서버 비용만 추가로 지급하면 되므로 최소 비용으로 최대 효과를 얻을 수 있다.

이런 장점을 가진 EC2를 사용하기 전에 몇 가지 개념을 이해해 두어야 한다. 이번 장에서 차례로 설명하겠다.

인스턴스 타입이란?

인스턴스 타입(instance type)은 서버 사양을 정의한 것이다. 인스턴스 타입에 따라 CPU, 메모리, 스토리지, 네트워크 대역이 바뀐다. 구체적으로는 1CPU/1GB 메모리를 가진 t2.micro에서 40CPU/160GB 메모리를 가진 m4.10xlarge까지 여러 용도에 최적화된 인스턴스 타입이 제공되고 있다. 최근에는 최신 하드웨어로 구성된 신세대 인스턴스 타입도 도입되었다. 또한, 인스턴스 타입에 따라 이용 요금이 달라진다. EC2 이용 요금은 인스턴스 타입별 시간당 요금을 이용 시간으로 계산한 것이다. 기본적으로 인스턴스 사양이 높으면 높을수록 인스턴스 시간당 요금도 비싸진다. 과금에 관해서는 11장을 참고하기 바란다.

T2 인스턴스의 특징

T2 인스턴스는 CPU 성능에 대해 특징적인 기능을 가지고 있다. 기존 EC2 인스턴스는 CPU 성능이 인스턴스 타입에 따라 결정된 레벨로 제공되었지만, T2 인스턴스 타입에서는 기본 성능을 제공하면서 버스트(burst)[주a] 하는 기능을 제공한다. 버스트의 가능 여부는 CPU 크레디트(credit)를 가졌는지에 따라 결정된다.

9장에서 설명하는 CloudWatch에서 CPU 크레디트 사용 현황과 남아 있는 크레디트를 모니터링할 수 있다.

주a CPU 성능을 극대화한다.

AMI란?

AMI(Amazon Machine Image)에는 가상 서버 기동에 필요한 정보가 들어 있다. 그중에는 OS와 일반적인 데이터(디렉터리와 파일), 블록 디바이스 매핑(block device mapping)이라는 특수한 정보가 있다. 블록 디바이스 매핑은 인스턴스에 접속할 블록 디바이스와 OS에서 보이는 디바이스명을 정의하는 것이다. AWS에서 이용할 수 있는 블록 디바이스에 관해서는 뒤에서 설명할 'EC2 스토리지'를 참고하기 바란다.

✚ AMI의 종류

AMI에는 EC2 서비스가 처음 사용될 때부터 이용했던 Instance Store-Backed와 나중에 추가된 EBS-Backed의 두 종류가 있다.

인스턴스 스토어(instance store)와 EBS(Elastic Block Store)는 AWS에서 이용할 수 있는 스토리지 종류다. 차이점에 관해서는 'EC2 스토리지'에서 설명하겠지만, 큰 차이점이라면 인스턴스의 라이프사이클이라고 이야기할 수 있다.

인스턴스 스토어는 인스턴스의 라이프사이클에 의존하며, 인스턴스를 정지 또는 삭제하면 인스턴스 스토어는 사라진다. 그와 반대로, EBS는 인스턴스를 생성하고 삭제해도 살아 있으므로 인스턴스 라이프사이클에 의존하지 않게 된다. EC2 서비스 초기에는 EBS가 없으므로 Instance Store-Backed가 사용되었지만, 현재는 EBS-Backed가 많이 사용된다.

✚ AMI 가상화 방식

AMI에는 준가상화(PV, Para Virtual)와 하드웨어 가상 머신(HVM, Hardware Virtual Machine)의 두 가지 가상화 방식이 있다.

PV는 EC2 서비스 초기부터 제공되고 있었다. HVM은 2013년부터 제공되었으며, 지금은 대부분 HVM을 사용하고 있다. 그 이유는 AWS가 HVM 사용을 권장하고 있으며, 신세대 인스턴스 타입에서는 HVM이 필수이기 때문이다. 또한, 이전에는 PV가 더 좋은 성능을 낼 수 있어 사용되었지만, 최근에는 HVM에서도 같은 성능을 낼 수 있게 되어 HVM이 주로 사용된다.

▌EC2의 스토리지

EC2에서는 두 종류의 블록 디바이스가 스토리지로 사용된다.

✚ EBS

첫 번째는 EBS라고 불리는 높은 가용성과 내구성을 가진 스토리지다. EBS는 볼륨 단위로 표현되므로 EBS 볼륨이라고도 부른다.

EBS 볼륨을 생성하기 위해서는 EBS 볼륨 타입과 용량을 지정해야 하는데, EBS 볼륨 타입에 따라 성능이 달라지므로 시스템의 역할과 용도에 맞게 성능을 계산해서 선택해야만 한다. 성능은 IOPS(Input/Output Per Second)라는 단위가 사용된다. EBS 볼륨 타입 종류는 표 2.1과 같다.

표 2.1 EBS 볼륨 타입 종류(2016년 4월 신규 EBS 타입 발표)

타입	하드웨어	용량	최대 IOPS/볼륨당	용도
General Purpose(GP2)	Solid State Drive(SSD)	1GB~16TB	10,000 (16KB I/O 크기)	부팅 볼륨 및 지연 속도가 낮아야 하는 애플리케이션 및 개발 테스트 용도
Provisioned IOPS(PIOPS)	Solid State Drive(SSD)	4GB~16TB	20,000 (16KB I/O 크기)	I/O가 높은 NoSQL 혹은 관계형 DB
Throughput Optimized HDD(st1)	Hard Disk Drive(HDD)	500GB~16TB	500 (1MB I/O 크기)	빅 데이터, 데이터 웨어하우스, 로그 분석
Cold HDD(sc1)	Hard Disk Drive(HDD)	500GB~16TB	250 (1MB I/O 크기)	일당 검색 빈도가 낮은 데이터
EBS Magnetic	Magnetic Disk	1GB~1TB	40~200	데이터에 자주 액세스하지 않는 콜드 워크로드

✛ 인스턴스 스토어

두 번째는 인스턴스 스토어라고 부르는 인스턴스 전용의 일시적인 스토리지다. '인스턴스 전용'이란, 다른 인스턴스에 볼륨을 붙일 수 없다는 뜻이다. 또한, '일시적인'의 의미는 인스턴스가 기동 중에만 사용할 수 있다는 의미로, 인스턴스가 정지(stop) 및 삭제(terminate)하면 복원할 수 없게 된다. 그래서 인스턴스 스토어에는 데이터베이스 파일이나 삭제되면 곤란한 데이터를 저장하지 말아야 한다.

그러나 직접 인스턴스에 연결되어 있으므로 인스턴스 타입에 따라서는 SSD를 이용할 수 있어 EBS보다 높은 성능을 기대할 수 있다. 그래서 계산할 때의 일시적인 파일을 저장하거나 다시 생성할 수 있는 파일 등을 저장하면 빠른 성능으로 데이터를 처리할 수 있다.

인스턴스 스토어도 EBS와 마찬가지로 볼륨 단위로 표현된다. 인스턴스 스토어는 인스턴스 타입에 따라 사용 여부가 결정되고, 볼륨의 용량과 숫자도 타입에 따라 달라진다.

EBS와 인스턴스 스토어 비교는 표 2.2와 같다.

표 2.2 EBS와 인스턴스 스토어 비교

스토리지 타입	지속성	내구성	성능	용도	비용
EBS	높음(스냅샷 이용 가능)	99.5~99.999%	랜덤 액세스에 강함	OS나 DB 등 지속성과 내구성이 필요한 스토리지	유료
인스턴스 스토어	낮음	EBS보다 낮음	순차적 액세스에 강함	임시 파일, 캐시, 스왑 등 삭제돼도 문제 없는 스토리지	무료

2.2 | EC2 기동

여기에서는 EC2를 기동하는 순서에 관해 설명한다.

키 쌍 생성

EC2를 기동하기 전에 먼저, 키 쌍(key pair)을 생성한다. 키 쌍은 인스턴스에 접속할 때 사용된다. 리눅스/유닉스 인스턴스에서는 SSH로 접속하기 위해 공개 키 인증을 사용한다. 윈도우 인스턴스는 리모트 데스크톱으로 접속하기 위한 관리자 비밀번호를 발급받을 때 사용한다.

그러면 관리 콘솔에서 키 쌍을 생성하는 방법을 설명하겠다. EC2 관리 콘솔 왼쪽 아래의 Key Pairs를 클릭한다.

Create Key Pair의 버튼을 클릭하면 키 쌍을 입력하는 대화상자가 나오며, Key pair name에 'my-keypair'라고 입력하고, Create 버튼을 누른다(그림 2.1). 키 다운로드가 시작되며, 파일명을 'my-keypair.pem' 이름으로 알기 쉬운 장소에 저장한다. 공개 키는 AWS 쪽에 보관하며, 인스턴스를 생성할 때 사용한다.

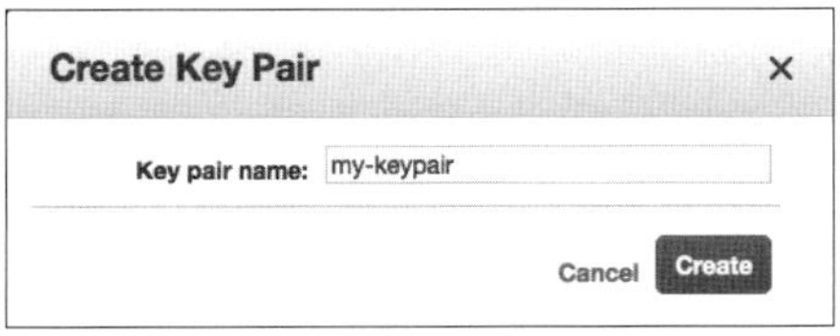

Create Key Pair   ✕

Key pair name: my-keypair

                                    Cancel **Create**

그림 2.1 키 쌍 생성

보안 그룹 생성

다음은 보안 그룹(security group)을 생성한다. 보안 그룹은 EC2 외부에 있는 방화벽과 같은 것으로, 통신의 입출력을 제어하기 위해 있는 기능이다. 기본적으로 서버에 들어오는 통신(인바운드) 포트는 모두 닫혀 있고, 필요한 포트만 열어서 사용하게 되어 있다. 반대로, 서버에서 나가는 통신(아웃바운드) 포트는 모두 열려 있다.

보안 그룹을 생성하기 위해 관리 콘솔 왼쪽 중간 정도 메뉴에 **Security Groups**를 클릭한다. 기본으로 생성되어 있는 보안 그룹이 표시되지만, 여기에서는 전용 보안 그룹을 생성한다.

Create Security Group 버튼을 클릭하고, 다이얼로그 박스를 연다. Security group name에 'my-security-group'을 입력하고, **Description**에는 'my-security-group'을 입력하고, VPC는 기본으로 선택된 VPC를 사용한다.

화면 아랫부분에 **Inbound** 탭이 표시되며, 이 책의 예제에서 사용하기 위해 SSH, 웹 서버용 HTTP, 루비 온 레일즈(Ruby on Rails, 이하 레일즈)를 사용한 애플리케이션 서버용으로 포트 3000번을 설정한다.

먼저, **Add Rule** 버튼을 세 번 클릭하여 룰을 3행 추가한다(그림 2.2). 1행에는 SSH 설정으로 Type을 'SSH'로 설정하고, **Source**를 'Anywhere'로 설정한다. 그러나 'Anywhere'로 설정하면 어디에서도 접속할 수 있어 보안 측면에서는 권장하지 않는 설정이다. 그래서 Source에서 'My IP'를 선택하고, 현재 액세스하는 자신의 IP 주소만을 허용하는 방법도 있다. 2행에는 HTTP 설정으로 Type을 'HTTP'로 설정하고, **Source**를 'Anywhere'로 설정한다. 3행은 애플리케이션 서버인 레일즈 설정으로 Type을 'Custom TCP Rule', **Port Range**를 '3000', **Source**를 'Anywhere'로 설정한다.

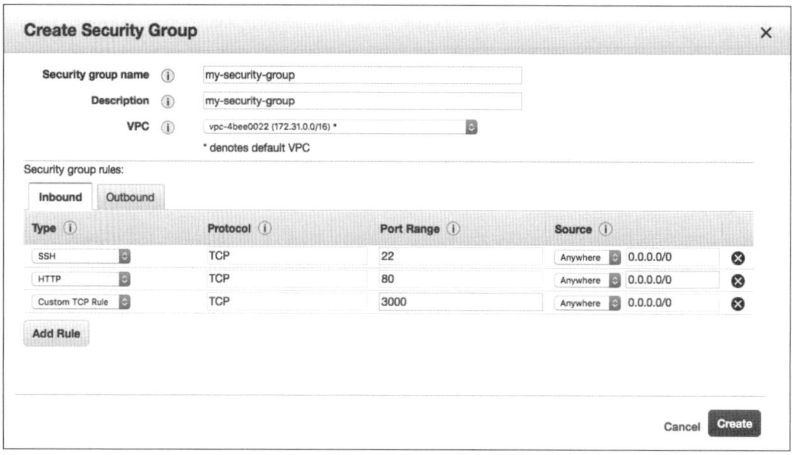

그림 2.2 보안 그룹 생성

Outbound 탭을 선택하면 모든 통신이 허용되지만, 그냥 그대로 **Create** 버튼을 클릭하여 보안 그룹을 생성한다. 생성 후 보안 그룹 목록에서 my-security-group이 생성된 것을 확인할 수 있다.

가상 서버 기동

여기까지 키 쌍과 보안 그룹을 생성하고 EC2를 기동할 준비가 끝났다. 이번에는 표 2.3 구성으로 EC2를 기동한다.

표 2.3 이 장에서 생성할 인스턴스 구성

스텝	항목	설정 값
스텝 1	AMI	Amazon Linux AMI 2016.03.0(HVM), SSD[주1] Volume Type – ami-6598510b
스텝 2	Instance Type	t2.micro
스텝 3	Number of instances	1
스텝 3	Purchasing option	선택 안 함

주1 AMI 버전은 업데이트에 따라 달라질 수 있다.

표 2.3 이 장에서 생성할 인스턴스 구성(계속)

스텝	항목	설정 값
스텝 3	Network	default
스텝 3	Subnet	No preference(default subnet in any Availablity Zone)
스텝 3	Auto-assign Public IP	Use subnet setting(Enable)
스텝 3	IAM role	None
스텝 3	Shutdown behavior	Stop
스텝 3	Enable termination protection	선택 안 함
스텝 3	Monitoring	선택 안 함
스텝 3	Tenancy	Shared – Run a shared hardware instance
스텝 3	eth0(Primary IP)	빈칸
스텝 3	User data	As text
스텝 3	User data(text)	빈칸
스텝 3	User data(Input is already base64 encoded)	선택 안 함
스텝 4	Size	8
스텝 4	Volume Type	General Purpose SSD(GP2)
스텝 4	Delete on Termination	선택함
스텝 5	Key	Name
스텝 5	Value	my-instance
스텝 6	Assign a security group	Select an existing security group
스텝 6	Security Group Name	my-security-group

그러면 EC2 관리 콘솔 왼쪽 메뉴에서 Instances를 선택하고, Launch Instance 버튼을 클릭하여 각 항목을 설정하자.

➕ AMI 선택

스텝(Step) 1에서는 사용할 AMI를 선택한다. 여기서는 AWS가 무료로 제공하고 있는 Amazon Linux AMI를 사용한다. 이 AMI는 CentOS 기반으로 AWS가 관리하는 리눅스다. AWS 각 서비스와 연계하기 위한 명령어 도구나 라이브러리 등의 패키지가 설치되어 있어 특별한 설치 없이 바로 사용할 수 있다. 보안 업데이트도 수시로 되고 있어 안전하게 사용할 수 있다.

화면 제일 첫 번째 Amazon Linux AMI 오른쪽에 있는 **Select** 버튼을 클릭하여 다음 화면으로 진행한다(그림 2.3).

그림 2.3 AMI 선택

➕ 인스턴스 타입 선택

스텝 2에서는 이용할 인스턴스 타입을 선택한다(그림 2.4). 여기서는 프리 티어(free tier)로 사용할 수 있는 't2.micro'를 사용한다. 낮은 사양의 인스턴스이지만, 패키지 설치나 애플리케이션 동작 확인을 위해서는 충분한 타입이다.

| 1. Choose AMI | **2. Choose Instance Type** | 3. Configure Instance | 4. Add Storage | 5. Tag Instance | 6. Configure Security Group | 7. Review |

Step 2: Choose an Instance Type

Amazon EC2 provides a wide selection of instance types optimized to fit different use cases. Instances are virtual servers that can run applications. They have varying combinations of CPU, memory, storage, and networking capacity, and give you the flexibility to choose the appropriate mix of resources for your applications. Learn more about instance types and how they can meet your computing needs.

Filter by: All instance types ▾ Current generation ▾ Show/Hide Columns

Currently selected: t2.micro (Variable ECUs, 1 vCPUs, 2.5 GHz, Intel Xeon Family, 1 GiB memory, EBS only)

	Family	Type	vCPUs (i)	Memory (GiB)	Instance Storage (GB) (i)	EBS-Optimized Available (i)	Network Performance (i)
☐	General purpose	t2.nano	1	0.5	EBS only	-	Low to Moderate
☑	General purpose	t2.micro Free tier eligible	1	1	EBS only	-	Low to Moderate
☐	General purpose	t2.small	1	2	EBS only	-	Low to Moderate

그림 2.4 인스턴스 타입 선택

Next: Configure Instance Details 버튼을 클릭하여 다음 화면으로 진행한다.

✚ 인스턴스 상세 설정

스텝 3에서는 인스턴스의 상세 설정을 한다(그림 2.5).

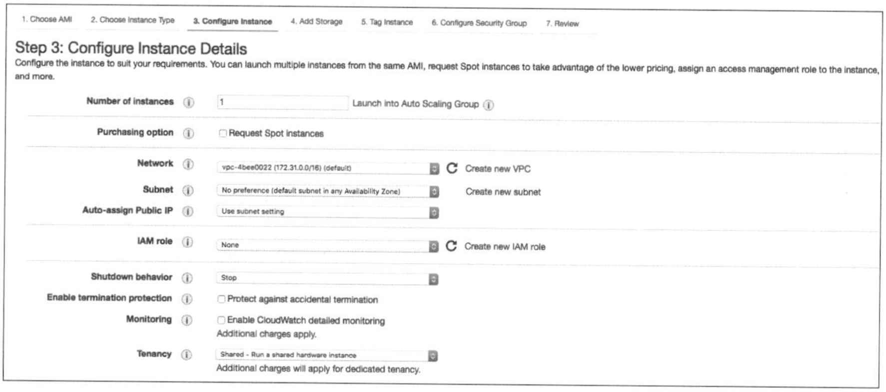

그림 2.5 인스턴스 상세 설정

Number of instances에서는 기동할 인스턴스 대수를 지정한다. 여기에서는 '1'을 지정한다. Purchasing option은 더 싼 가격으로 사용할 수 있는 스폿 인스턴스로 사용할 것인지를 지정하지만, 여기서는 온디맨드 인스턴스를 사용하므로 선택하지 않는다.

Network에서는 어떤 네트워크를 사용할 것인지를 선택한다. 여기에서는 생성되어 있는 기본 VPC를 선택한다.

Subnet은 네트워크로 지정하고 어떤 서브넷을 사용하여 인스턴스를 생성할지를 지정한다. 여기에서는 'No preference(default subnet in any Availablity Zone)'를 선택한다.

Auto-assign Public IP는 인터넷 경유로 접속할 수 있게 하는 글로벌 IP 주소를 사용할 것인지를 지정한다. 여기에서는 'Use subnet setting(Enable)'을 선택한다.

IAM role에서는 생성된 롤을 지정하는 것으로, 인스턴스에 안전하게 인증 정보를 지정하고 결과적으로 권한을 부여할 수 있다. 여기에서는 'None'을 선택한다.

Shutdown behavior는 인스턴스를 정지했을 때 다시 기동할 수 있게 정지 상태로 둘 것인지 아니면 삭제할 것인지를 지정한다. 여기에서는 'Stop'을 선택한다.

Enable termination protection은 인스턴스를 삭제할 수 없도록 보호할 것인지를 지정한다. 여기에서는 선택하지 않는다.

Monitoring은 CloudWatch 모니터링을 보다 상세(1분 간격)하게 할 것인지를 지정한다. 여기에서는 선택하지 않는다.

Tenancy는 공유된 하드웨어를 사용할 것인지 또는 전용 하드웨어를 사용할 것인지를 지정한다. 여기에서는 'Shared – Run a shared hardware instance'를 선택한다.

Network interfaces에서는 ENI(Elastic Network Interface)라고 부르는 가상 NIC(Network Interface Card)를 지정한다. 하나의 인스턴스에 최대 두 개의 ENI를 접속할 수 있지만, 이용할 수 있는 대역이 확장되는 것은 아니므로 주의하기 바란다. 여기에서는 'eth0'만 지정하고 Primary IP는 빈칸으로 두고 자동으로 IP 주소를 받아오도록 한다.

Advanced Details에서는 User Data라고 하는 인스턴스가 기동할 때 실행되는 스크립트를 지정할 수 있다. 스크립트를 지정하면 인스턴스에 접속하지 않아도 패키지 최신 업데이트나 추가 패키지 설치 등이 가능하게 된다. 여기에서는 빈칸으로 그대로 둔다.

Next: Add Storage 버튼을 클릭하여 다음 화면으로 진행한다.

➕ 스토리지 추가

스텝 4에서는 인스턴스에 접속할 스토리지를 지정할 수 있다(그림 2.6). Volume Type이 'Root'로 되어 있는 것은 OS가 설치된 스토리지다. 여기에서는 추가 스토리지 없이 root만 지정한다.

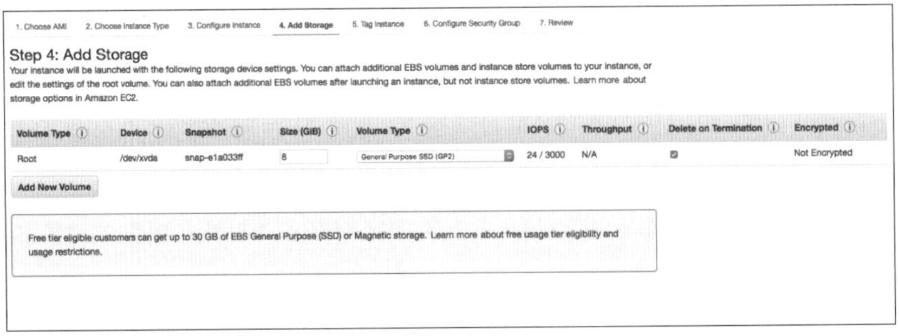

그림 2.6 스토리지 추가

Device에서는 OS에서 보이는 디바이스명을 지정한다. EBS나 인스턴스 스토어는 타입을 선택할 수 있으나 root의 경우 선택할 수 없다.

Snapshot에서는 스토리지 내부 데이터가 되는 스냅샷을 지정한다. 타입이 EBS의 경우 지정할 수 있지만, root의 경우는 자동으로 설정된다.

Volume Type에서는 타입이 root이거나 EBS의 경우에 EBS 볼륨 타입을 지정한다. 여기에서는 'General Purpose SSD(GP2)'를 선택한다.

IOPS에서는 볼륨 타입이 Provisioned IOPS SSD(IO1)[주2]의 경우 그 성능을 지정한다. 여기에서는 General Purpose SSD(GP2)를 사용하므로 지정하지 않는다.

Delete on Termination에서는 인스턴스를 삭제했을 경우 EBS도 삭제할 것인지를 지정한다. 여기에서는 삭제되지 않아 요금이 부과되는 것을 방지하기 위해 선택하도록 한다.

Next: Tag Instance을 클릭하여 다음 화면으로 진행한다.

➕ 인스턴스 태그 지정

스텝 5에서는 인스턴스에 지정할 태그(tag)를 지정한다(그림 2.7). 'Name'이라는 Key로 인스턴스 이름을 붙이기 위해 Value에 'my-instance'라고 입력한다.

그림 2.7 인스턴스 태그 지정

Next: Configure Security Group 버튼을 클릭하고 다음 화면으로 진행한다.

➕ 보안 그룹 설정

스텝 6에서는 인스턴스에 보안 그룹을 지정한다. Assign a security group에서 'Select an existing security group'를 선택하고, 앞에서 생성한 'my-security-group'을 선택한다. Review and Launch 버튼을 클릭하고 다음 화면으로 진행한다(그림 2.8).

주2 상세 내용은 7.7절을 참조.

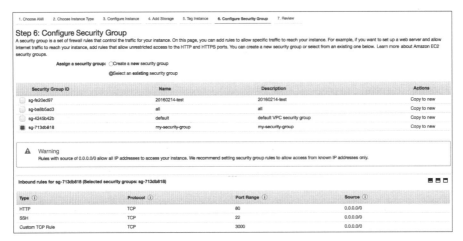

그림 2.8 보안 그룹 설정

✚ 인스턴스 생성 확인

스텝 7에서는 여기까지 설정한 내용을 확인한다(그림 2.9). Edit AMI 등을 선택하면 해당 설정 화면으로 돌아갈 수 있다. 설정에 문제가 없다면 Launch를 클릭하고 다음으로 진행한다.

그림 2.9 인스턴스 생성 확인

✚ 기존 키 쌍 선택/신규 생성

마지막으로, 인스턴스 접속에 사용할 키 쌍을 지정한다(그림 2.10). 위의 메뉴에서 'Choose an existing key pair'를 선택하고 Select a key pair에서 위에서 생성한 'my-keypair'를 선택한다. 그리고 그 아래에 있는 확인 항목을 선택하고, Launch Instances 버튼을 클릭하면 인스턴스가 기동한다.

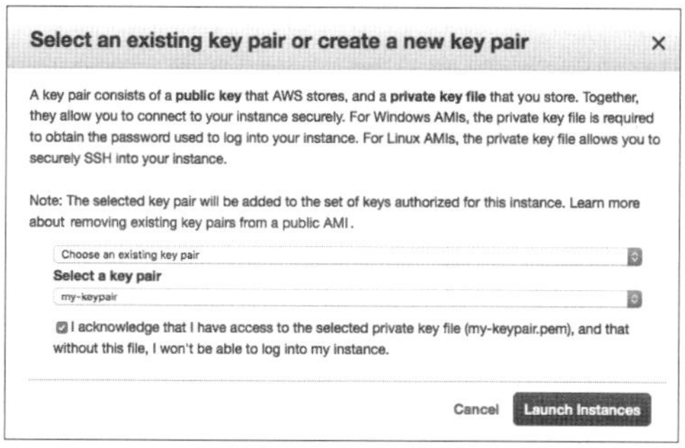

그림 2.10 기존 키 쌍 선택/신규 생성

'Launch Status' 화면에 'Your instances are now launching'이라고 표시되면 인스턴스 기동이 성공한 것이다. View Instances 버튼을 클릭하고 인스턴스 목록 화면으로 이동한다(그림 2.11). my-instance가 보이는지 확인할 수 있다.

그림 2.11 인스턴스 표시

Instance State가 'running'으로 표시되고, Status Checks가 '2/2 checks passed'로 표시되면 인스턴스 접속이 가능해진다. 인스턴스 기동을 기다리는 시간에 EIP(Elastic IP Address)를 할당받아 연결해 보자.

EIP 할당과 연결

EIP(Elastic IP Address)는 인터넷을 통해 접속할 수 있는 고정 공인 IP 주소를 할당할 수 있고, 인스턴스에 연결할 수 있는 서비스다. 일단 EIP를 할당받고 자신이 삭제하기 전까지 IP 주소를 유지할 수 있다.

인스턴스를 생성할 때 설정했던 같은 공인 IP 주소를 설정할 수 있는 Public IP 주소가 있지만, 이 주소는 인스턴스를 정지하고 기동할 때마다 변경된다. 그렇게 되면 여러 가지로 불편한 점이 많으므로 이 문제를 해결하기 위한 EIP 서비스가 제공되고 있다.

✚ EIP의 할당

EIP를 할당하기 위해서는 EC2 관리 콘솔 왼쪽 메뉴에서 Elastic IPs를 클릭한다. Allocate New Address 버튼을 클릭하고 Yes, Allocate 버튼을 클릭한다.

그림 2.12 EIP 할당

'New address request succeeded' 메시지와 함께 할당된 IP 주소가 표시된다. Close 버튼을 클릭하면 EIP 목록을 볼 수 있다(그림 2.12).

✚ 인스턴스에 연결

EIP를 할당했다면 인스턴스에 EIP를 연결한다. 해당 EIP를 선택한 상태에서 Actions-Associate Address를 클릭한다. 그 다음 Instance 또는 Network Interface에 연결할 것인지를 선택하는 메뉴가 나온다. Instance 텍스트 박스에 'my'를 입력하면 위에서 생성한 'my-instance'가 표시되며, 그 인스턴스를 선택하고 Associate 버튼을 클릭한다. EIP 목록으로 돌아오면 해당 EIP와 연결된 인스턴스 정보를 확인할 수 있다. 이것으로 인스턴스에 EIP를 연결했다.

EIP를 인스턴스에서 분리할 때에는 Disassociate Address 메뉴를 사용한다. 주의할 점은 EIP를 인스턴스에 연결하지 않은 상태로 유지할 경우 적은 금액이지만 과금이 된다는 것이다. 다시 사용하지 않을 EIP는 반납해 두는 것을 추천한다. EIP를 반납하기 위해서는 인스턴스나 ENI에서 사용하지 않는 상태로 두고, Release Addresses 버튼을 선택하여 반납할 수 있다.

2.3 | EC2 접속

지금까지 인스턴스를 기동하고 접속할 준비를 했다. 키 쌍을 사용하여 접속해 보자.

키 쌍을 사용한 SSH 접속

✚ 유닉스 계열 터미널을 사용하는 경우

클라이언트가 맥이나 리눅스의 경우 터미널에서 SSH 명령어를 사용하여 인스턴스에 접속할 수 있다. 아래는 명령어와 옵션의 실행 예제다.

```
$ ssh -i my-keypair.pem ec2-user@xxx.xxx.xxx.xxx
```

　-i 옵션은 비밀 키가 있는 경로를 지정한다. 또한, 비밀 키 권한은 '600'으로 해야 한다. ec2-user는 인스턴스에 로그인하는 사용자명이다. Amazon Linux에서는 기본으로 ec2-user라는 사용자가 생성되어 있어 최초 ec2-user로 SSH 공개 키 인증을 해야 한다. 다음은 인스턴스 EIP를 지정한다(위 예제에서는 xxx.xxx.xxx.xxx). 각 설정 항목에 대해서는 환경에 맞게 지정한다. SSH 명령어로 AWS에 접속할 수 있고, 다음과 같은 메시지가 표시된다.

```
$ ssh -i my-keypair.pem ec2-user@xxx.xxx.xxx.xxx
       __|  __|_  )
       _|(     /   Amazon Linux AMI
      ___|\___|___|
https://aws.amazon.com/amazon-linux-ami/2016.03-release-notes/
5 package(s)needed for security, out of 17 available
Run "sudo yum update" to apply all updates.
```

　테스트를 위해 패키지 업데이트를 해보자. 명령어는 다음과 같다. 'Complete!'라고 출력되면 업데이트는 성공한 것이다.

```
$ sudo yum -y update
Failed to set locale, defaulting to C
Loaded plugins: priorities, update-motd, upgrade-helper
(생략)
Resolving Dependencies
--> Running transaction check
(생략)
Complete!
```

✛ 윈도우의 TeraTerm을 사용하는 경우

　클라이언트가 윈도우의 경우 서버에 접속하기 위해서 TeraTerm이나 PuTTY를 사용한다. 이 책에서는 TeraTerm을 사용한 접속 방법을 소개한다. TeraTerm은 무료 소프트웨어로 다운로드 사이트에서 다운받아 설치한다. 설치했다면 ttermpro.exe를 실행한다. 그림 2.13은 ttermpro.exe를 실행한 화면이다. Host에 EIP를 입력하고 OK 버튼을 선택하면 접속이 진행된다.

그림 2.13 TeraTerm 실행 화면

TeraTerm으로 처음 접속한 서버에서는 접속해도 되는지를 확인하기 위해 확인 화면이 표시된다. '계속' 버튼을 선택하여 접속을 진행한다. 서버에 접속하면 이번에는 인증하는 화면이 표시된다. 사용자명은 'ec2-user'로 하고, 암호는 빈칸으로 두고, 'RSA/DSA/ECDSA/ED25519키 로그인'을 선택하고, '개인키' 버튼을 클릭하고, my-keypair.pem을 선택하고, OK 버튼을 클릭한다. 인증을 통과하면 그림 2.14와 같이 화면이 표시되고, TeraTerm을 통한 접속은 완료된다.

그림 2.14 TeraTerm으로 EC2에 접속

윈도우 인스턴스 접속

윈도우 인스턴스를 생성할 경우 기본적으로 순서는 같지만 두 가지 다른 점이 있다.

첫 번째는 접속 방법이 리모트 데스크톱이므로 보안 그룹에 SSH 대신 리모트 데스크톱 포트를 열어 줘야 한다. 보안 그룹 타입에 RDP(Remote Desktop Protocol)로 설정할 수 있어 이 타입을 이용하여 보안 그룹을 설명하면 된다.

두 번째는 접속할 때 인증 방법이 SSH 공개 키 인증이 아닌 리모트 데스크톱의 비밀번호 인증이므로 관리자 비밀번호를 할당받아야 한다. 관리자 비밀번호 할당은 인스턴스 목록 화면에서 이루어진다. 해당 인스턴스를 선택하고, 마우스 오른쪽 버튼을 클릭한 후, 메뉴에서 **Get Windows Password**를 클릭한다. 인스턴스를 기동하고 바로 할당받을 수 없는 경우도 있으니, 그런 경우 조금 기다린 후 다시 할당받아 보기 바란다.

비밀번호 할당 준비가 끝나면 인스턴스를 기동할 때 지정한 키 쌍 비밀 키를 요청하므로 비밀 키를 업로드해도 되고, 편집기로 비밀 키 내용을 붙여넣기한 후 **Decrypt Password** 버튼을 클릭해도 된다. 그림 2.15와 같은 화면이 표시되고, IP 주소, 사용자명, 비밀번호가 할당된다. 이 정보를 이용하여 윈도우 인스턴스에 접속하면 된다.

그림 2.15 윈도우 비밀번호 할당

2.4 | 애플리케이션 설치

지금까지 인스턴스를 생성부터 접속까지 해보았다. 웹 서버, 데이터베이스 서버, 애플리케이션 서버를 설치하고 동작하는 것을 확인한다.

Nginx 설치

사용할 웹 서버로 nginx를 설치한다. 패키지로 설치할 수 있는데 아래 명령어로 간단하게 설치할 수 있다. 또한, 기동은 service 명령어로 한다.

```
$ sudo yum -y install nginx
생략
Installed:
  nginx.x86_64 1:1.8.1-1.26.amzn1

Dependency Installed:
  GeoIP.x86_64 0:1.4.8-1.5.amzn1              gd.x86_64 0:2.0.35-11.10.amzn1
  gperftools-libs.x86_64 0:2.0-11.5.amzn1              libXpm.x86_64 0:3.5.10-
2.9.amzn1          libunwind.x86_64 0:1.1-10.8.amzn1

Complete!
$ sudo service nginx start
Starting nginx:                                            [  OK  ]
```

nginx 설치와 기동이 완료되면 웹 서버에 접속할 수 있다. 브라우저에서 웹 서버 인스턴스 EIP(예:http://xxx.xxx.xxx.xxx/)를 입력하여 페이지를 열어 보자. 그림 2.16과 같이 페이지가 브라우저에 표시되면 웹 서버의 설치는 끝난 것이다.

그림 2.16 nginx 설치 완료

MySQL 설치

다음은 애플리케이션 서버와 연동하는 데이터베이스 서버로 MySQL을 설치한다. MySQL도 패키지가 있어 다음과 같은 명령어로 설치를 실행한다.

```
$ sudo yum -y install mysql-server
생략
Installed:
  mysql-server.noarch 0:5.5-1.6.amzn1

Dependency Installed:
생략
Complete!
```

설치가 완료되면 다음과 같이 MySQL을 기동한다.

```
$ sudo service mysqld start
Initializing MySQL database:  Installing MySQL system tables..
OK
Filling help tables...
OK
생략
Please report any problems at http://bugs.mysql.com/


                                                      [ OK ]
Starting mysqld:                                      [ OK ]
```

테스트로 데이터베이스에 접속하고 데이터베이스 정보를 조회해 보자. 그리고 명령어를 실행하여 다음과 같이 표시되면 MySQL 설치와 기동은 끝난 것이다.

```
$ mysql -u root
Welcome to the MySQL monitor.  Commands end with ; or \g.
Your MySQL connection id is 2
Server version: 5.5.46 MySQL Community Server(GPL)
생략
mysql> show databases;
+--------------------+
| Database           |
+--------------------+
| information_schema |
| mysql              |
| performance_schema |
| test               |
+--------------------+
4 rows in set(0.00 sec)
```

웹 애플리케이션 설치

마지막으로, 애플리케이션을 설치한다. 이 책에서는 레일즈(Rails)를 사용해 방금 구축한 MySQL과 연동하는 간단한 CRUD(Create: 생성, Read: 읽기, Update: 갱신, Delete: 삭제) 애플리케이션을 실행한다.

레일즈를 사용하기 위해서는 빌드가 가능한 환경이 필요하므로 빌드에 사용할 패키지를 설치한다.

```
$ sudo yum -y groupinstall 'Development Tools'
```

Ruby와 MySQL 라이브러리도 필요하므로 설치한다.

```
$ sudo yum -y install ruby-devel mysql-devel
```

레일즈에서는 JavaScript 런타임으로 Node.js가 필요하다. 기본 저장소에서는 제공하지 않으므로 EPEL(Extra Packages for Enterprise Linux)에서 설치한다.

```
$ sudo yum -y --enablerepo=epel install nodejs
```

레일즈를 설치하고 확인을 위해 레일즈 버전을 표시해 보자.

```
$ gem install rails -v 4.2.6 --no-rdoc --no-ri
생략
$ rails -v
Rails 4.2.6
```

레일즈 설치와 동작이 확인되었으면 아래 명령어를 실행하여 애플리케이션을 생성한다. 데이터베이스를 MySQL로 지정하고, 이번에 사용하지 않을 것들은 생략 옵션으로 지정한다.

```
$ rails new my-app --database=mysql --skip-git --skip-javascript --skip-
spring --skip-test-unit 전체는 1 행
```

애플리케이션이 생성되었다면 데이터베이스와 마이그레이션(migration) 파일을 생성한다.

```
$ cd my-app
$ rake db:create
$ rake db:migrate
```

이것으로 애플리케이션 서버 기동 준비가 완료되었다. 아래 명령어로 기동할 수 있다.

```
$ rails server -b 0.0.0.0
=> Booting WEBrick
=> Rails 4.2.6 application starting in development on http://0.0.0.0:3000
=> Run `rails server -h` for more startup options
생략
```

브라우저에서 접속하여 그림 2.17과 같은 페이지가 표시되면 설치와 기동이 문제 없이 완료된 것이다. 그런데 포트 번호를 3000으로 해야 하는 것에 주의하기 바란다 (예:http://xxx.xxx.xxx.xxx:3000/).

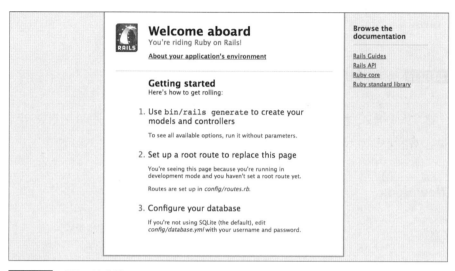

그림 2.17 레일즈 설치 완료

다음은 데이터베이스와의 연동을 확인하기 위해 간단한 CRUD 기능을 넣어 보자. 그 전에 필요한 gem을 Bundler 경유로 설치한다.

```
$ echo "gem 'io-console'" >> Gemfile
$ bundle install
```

CRUD 기능을 추가하기 위해 레일즈가 가진 생성 기능을 사용한다. 여기에서는 Book 모델을 생성하고, 이름과 가격을 넣어 보자. 생성이 성공하면 마이그레이션을 실행하고, 애플리케이션 서버를 기동한다.

```
$ rails generate scaffold book name:string price:decimal
$ rake db:migrate
$ rails server -b 0.0.0.0
```

애플리케이션 확인 방법은 방금 위에서 접속했던 URL에 books/를 붙여 접속해 보면 된다(예: http://xxx.xxx.xxx.xxx:3000/books/). 그림 2.18과 같은 화면을 볼 수 있다.

Listing Books

Name Price

New Book

그림 2.18 책 목록 화면

테스트로 레코드를 등록해 보자. New Book 링크를 클릭한다. 이름과 가격을 입력하는 화면에서 적당한 값을 입력하고, Create Book 버튼을 선택한다(그림 2.19).

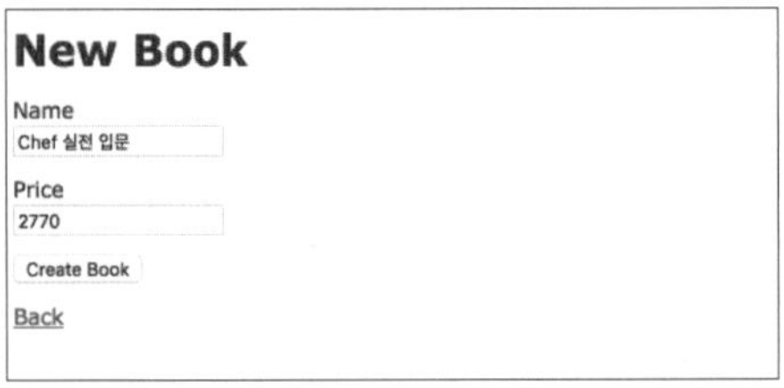

New Book

Name
Chef 실전 입문

Price
2770

Create Book

Back

그림 2.19 신규 책 등록

책이 등록되었고, 이제 Back 링크를 클릭하여 목록으로 돌아간다. 그림 2.20과 같이 등록한 내용이 표시될 것이다.

Listing Books

Name   Price

Chef 실전 입문 2770 Show Edit Destroy

New Book

그림 2.20 추가 후 책 목록

이처럼 EC2를 사용하면 간편하고 빠르게 애플리케이션을 배포할 수 있다.

2.5 | EC2 정지/삭제/재시작(관리 콘솔)

EC2 기동 이외의 조작 방법으로 정지/삭제/재시작에 관해 설명한다. 또한, 각각의 조작이 이루어졌을 때 일어나는 일들에 관해 설명한다.

EC2 정지/삭제/재시작

인스턴스를 정지하려면 왼쪽 메뉴의 Instances를 클릭하고, 해당 인스턴스를 선택하고, 마우스 오른쪽 버튼을 클릭한 후 표시되는 메뉴에서 Instance State-Stop을 선택한다. Stop Instances 화면이 나오면 Yes, Stop 버튼을 클릭한다. 삭제와 재시작도 같은 방법으로 이 메뉴에서 선택하면 된다.

인스턴스가 정지될 때 일어나는 일들

OS 내부에서 명령어로 셧다운하거나 관리 콘솔에서 인스턴스를 정지하면 해당 인스턴스가 물리 서버에서 제외된다. 그리고 다시 기동하면 정지 전과는 다른 AWS상에 존재하는 물리 서버를 통해 인스턴스가 기동된다.

이 특성을 사용하여 AWS 물리 서버에 장애가 발생했을 때 정지와 시작을 하면 인스턴스가 동작하는 하드웨어가 변경되어 장애에서 원상태로 복구할 수 있다. 여기서 정지와 시작이라는 동작은 관리 콘솔의 재시작 동작 방식과 다르므로 주의하기 바란다. 관리 콘솔에서 재시작하는 것은 OS의 재시작과 같은 효과로 물리 서버는 바뀌지 않고, 인스턴스 스토어의 데이터도 계속 사용할 수 있는 동작이다.

인스턴스 삭제 시 EBS, EIP 동작

인스턴스를 삭제했을 때 EBS와 EIP는 설정에 따라 삭제할지가 결정된다. EBS의 경우 삭제할지는 인스턴스 생성 시에 설정할 수 있다. 설정 방법은 스토리지 설정 화면에서 EBS의 **Delete on Termination**을 선택할지에 따라 달라진다. 선택하면 삭제되고 선택하지 않으면 삭제되지 않는다. EIP의 경우에는 인스턴스를 삭제할 때 표시되는 메뉴에서 체크 박스 선택에 따라 바뀐다. 인스턴스 삭제 시 화면에서 Release Elastic IPs에 체크를 선택하면 반납하게 되고, 선택하지 않으면 유지된다.

EBS와 가동 중의 인스턴스에 연결되지 않은 EIP는 과금되므로 계속 사용할 EIP만 사용하는 것이 비용을 줄이는 방법이다.

2.6 | AWS CLI 사용하기

지금까지는 관리 콘솔로 설정하는 방법을 설명했다. 이 장에서는 AWS CLI(Command Line Interface)라고 불리는 AWS 명령어 도구로 조작하는 방법을 설명한다. 2.2절에서 했던 조작 몇 가지를 AWS CLI로 해보자.

AWS CLI 설치와 설정

AWS에서는 관리 콘솔 이외에 다음과 같은 인터페이스가 있다.

- AWS API
- 각종 언어 SDK
- AWS CLI

AWS API는 모든 기반이 되는 AWS의 웹 서비스 API이며, SDK(Software Development Kit)와 AWS CLI는 간접적으로 이 웹 서비스 API를 이용한다. 이 책에서는 AWS CLI를 이용한다.

✚ AWS CLI 설치

AWS CLI를 설치하고 설정한다. 이 책에서는 리눅스 환경을 클라이언트로 사용한다. 기본적으로 파이썬(Python)의 pip를 사용하여 설치한다. pip는 환경에 따라 yum과 apt-get으로 설치할 수도 있다.

```
$ sudo easy_install pip
$ sudo pip install awscli
$ aws --version
aws-cli/1.10.56 Python/2.7.12 Linux/4.4.19-29.55.amzn1.x86_64 botocore/1.4.46
```

✚ AWS CLI 설정

설치가 완료되면 설정을 한다. AWS CLI나 SDK 등 AWS에 프로그램에서 접속하기 위해서는 Access Key와 Secret Key가 필요하다. root 계정의 경우에는 관리 콘솔 오른쪽 위의 자신의 계정을 클릭하면 나오는 메뉴에서 Security Credentials에서 확인할 수 있고, IAM의 경우는 IAM의 화면 왼쪽 메뉴의 User에서 인증 정보를 생성하고, 다운로드한다. 다운로드한 정보는 앞으로 관리 콘솔에서 확인할 수 없으므로 분실하지 않도록 주의하자.

인증 정보를 설정하는 방법은 몇 가지가 있지만, 여기에서는 AWS CLI를 통해 설정한다. configure 명령어를 사용한다.

```
$ aws configure
AWS Access Key ID [None]: User Access Key
AWS Secret Access Key [None]: User Secret Key
Default region name [None]: ap-northeast-2
Default output format [None]:
```

또한, AWS CLI 명령어나 옵션을 보완하는 기능이 함께 제공되어 편리하다. bash의 경우에는 아래 명령어를 실행한다.

```
$ complete -C aws_complerwe aws
```

위 명령어를 .bashrc에 추가하면 로그인할 때 자동으로 실행되어 매번 입력하지 않아도 된다. 이것으로 설정을 완료했다.

키 쌍 생성

키 쌍을 생성하기 위해서는 ec2 create-key-pair 명령어를 사용한다. 옵션에는 키 이름을 지정한다.

```
$ aws ec2 create-key-pair --key-name my-keypair-from-cli --query
'KeyMaterail' --output text > my-keypair-from-cli.pem
```

키 쌍이 정상적으로 생성되면 비밀 키가 my-keypair-from-cli.pem 파일로 저장된다. 이 파일을 복사하여 키 쌍으로 사용하면 된다.

보안 그룹 생성

보안 그룹을 AWS CLI로 생성할 경우 보안 그룹 자체의 생성과 정책 생성은 별도의 작업으로 이루어진다. 먼저, 보안 그룹 자체를 생성한다. 보안 그룹을 생성하려면 ec2 create-security-group 명령어를 사용한다. 옵션에는 그룹명과 설명을 지정하자.

```
$ aws ec2 create-security-group --group-name my-security-group-from-cli
--description my-security-group-from-cli
{
    "GroupId": "sg-a338bcca"
}
```

보안 그룹을 생성하면 보안 그룹 ID가 발행되고, 이 ID를 이용하여 보안 그룹 정책을 추가한다. 인바운드 정책에 관리 콘솔에서 생성한 내용과 같이 추가한다. 인바운드 정책을 추가하기 위해서는 aws ec2 authorize-security-group-ingress 명령어를 사용한다. 옵션은 보안 그룹 ID, 프로토콜, 포트 번호 그리고 CIDR를 지정한다.

```
$ aws ec2 authorize-security-group-ingress --group-id sg-a338bcca
--protocol tcp --port 22 --cidr 0.0.0.0/0
$ aws ec2 authorize-security-group-ingress --group-id sg-a338bcca
--protocol tcp --port 80 --cidr 0.0.0.0/0
$  aws ec2 authorize-security-group-ingress --group-id sg-a338bcca
--protocol tcp --port 3000 --cidr 0.0.0.0/0
```

아웃바운드 정책은 기본으로 모든 포트가 허용되어 있는데 그대로 사용하도록 한다.

EC2 기동

EC2를 기동하기 위해서는 aws ec2 run-instances 명령어를 사용한다. 옵션은 AMI ID, 인스턴스 타입, 보안 그룹 ID, 키명, 서브넷 ID가 필요하다. AMI ID와 서브넷 ID의 조사 방법은 기동 중인 EC2 인스턴스가 남아 있다면 Description 탭에서 확인할 수 있다. EC2 인스턴스가 남아 있지 않다면 관리 콘솔에서 EC2 인스턴스를 기동할 때 스텝 1에서 AMI ID를 확인하고, 스텝 3에서 서브넷 ID를 확인할 수 있다.

```
$ aws ec2 run-instances --image-id ami-6598510b --instance-type t2.micro \
--security-group-ids sg-a338bcca --key-name my-keypair-from-cli \
--subnet-id subnet-6766890e
{
    "OwnerId": "588305784594",
    "ReservationId": "r-5cde4efb",
    "Groups": [],
    "Instances": [
        {
            "Monitoring": {
                "State": "disabled"
            },
            "PublicDnsName": "",
            "RootDeviceType": "ebs",
            "State": {
                "Code": 0,
                "Name": "pending"
            },
            "EbsOptimized": false,
            "LaunchTime": "2016-04-26T07:26:25.000Z",
            "PrivateIpAddress": "172.31.14.113",
```

```
            "ProductCodes": [],
            "VpcId": "vpc-4bee0022",
            "StateTransitionReason": "",
            "InstanceId": "i-0375eba4",
            "ImageId": "ami-6598510b",
            "PrivateDnsName": "ip-172-31-14-113.ap-northeast-2.compute.internal",
            "KeyName": "my-keypair-from-cli",
            "SecurityGroups": [
                {
                    "GroupName": "my-security-group-from-cli",
                    "GroupId": "sg-a338bcca"
                }
            ],
            "ClientToken": "",
            "SubnetId": "subnet-6766890e",
            "InstanceType": "t2.micro",
            "NetworkInterfaces": [
                {
                    "Status": "in-use",
                    "MacAddress": "02:cf:ee:6d:8c:59",
                    "SourceDestCheck": true,
                    "VpcId": "vpc-4bee0022",
                    "Description": "",
                    "NetworkInterfaceId": "eni-e1f99088",
                    "PrivateIpAddresses": [
                        {
                            "PrivateDnsName": "ip-172-31-14-113.ap-northeast-2.
compute.internal",
                            "Primary": true,
                            "PrivateIpAddress": "172.31.14.113"
                        }
                    ],
                    "PrivateDnsName": "ip-172-31-14-113.ap-northeast-2.
compute.internal",
                    "Attachment": {
                        "Status": "attaching",
                        "DeviceIndex": 0,
                        "DeleteOnTermination": true,
                        "AttachmentId": "eni-attach-acf1c288",
                        "AttachTime": "2016-04-26T07:26:25.000Z"
                    },
                    "Groups": [
                        {
                            "GroupName": "my-security-group-from-cli",
                            "GroupId": "sg-a338bcca"
                        }
                    ],
```

```
            "SubnetId": "subnet-6766890e",
            "OwnerId": "588305784594",
            "PrivateIpAddress": "172.31.14.113"
        }
    ],
    "SourceDestCheck": true,
    "Placement": {
        "Tenancy": "default",
        "GroupName": "",
        "AvailabilityZone": "ap-northeast-2a"
    },
    "Hypervisor": "xen",
    "BlockDeviceMappings": [],
    "Architecture": "x86_64",
    "StateReason": {
        "Message": "pending",
        "Code": "pending"
    },
    "RootDeviceName": "/dev/xvda",
    "VirtualizationType": "hvm",
    "AmiLaunchIndex": 0
  }
 ]
}
```

AWS CLI에서 EC2 인스턴스를 기동하면 인스턴스명을 별도로 설정해 줘야 한다. 태그를 생성하는 방법으로 인스턴스명을 설정할 수 있다. 태그를 생성하려면 ec2 create-tags 명령어를 사용한다. 옵션은 리소스(여기서는 인스턴스 ID)와 태그 키와 값을 지정한다.

```
$ aws ec2 create-tags --resources i-0375eba4 --tags Key=Name,Value=my-instance
```

▌ EIP 할당과 연결

EIP를 할당받기 위해서는 aws ec2 allocate-address 명령어를 사용한다.

```
$ aws ec2 allocate-address
{
    "PublicIp": "52.79.189.103",
    "Domain": "vpc",
    "AllocationId": "eipalloc-a8b847c1"
}
```

할당받은 EIP를 인스턴스에 연결하려면 aws ec2 associate-address 명령어를 사용한다. 옵션은 allocation-id와 instance-id를 지정한다.

```
$ aws ec2 associate-address --allocation-id eipalloc-a8b847c1 \
--instance-id i-0375eba4
{
    "AssociationId": "eipassoc-f1e23498"
}
```

EC2 정지/삭제/재시작

✛ EC2 정지

EC2를 정지하기 위해서는 aws ec2 stop-instances 명령어를 사용한다. 옵션에는 인스턴스 ID를 지정한다.

```
$ aws ec2 stop-instances --instance-ids i-0375eba4
```

✛ EC2 삭제

EC2를 삭제하기 위해서는 aws ec2 terminate-instances 명령어를 사용한다. 옵션에는 인스턴스 ID를 지정한다.

```
$ aws ec2 terminate-instances --instance-ids i-0375eba4
```

✚ EC2 재시작

EC2를 재시작하기 위해서는 aws ec2 reboot-instances 명령어를 사용한다. 옵션에는 인스턴스 ID를 지정한다.

```
$ aws ec2 reboot-instances --instance-ids i-0375eba4
```

▎EC2 인스턴스 백업

마지막으로, EC2를 운용할 때 중요한 백업을, AMI를 생성하는 방법으로 해보자. 먼저, 인스턴스 백업 대상 태그를 설정한다.

```
$ aws ec2 create-tags --resources i-0375eba4 --tags Key=backup,Value=1
```

그리고 위에서 태그를 붙인 인스턴스 정보를 확인하고, 그 인스턴스 ID에 대해 ec2 create-image 명령어를 실행하여 AMI를 생성한다.

태그 키에 backup이라고 지정된 EC2 인스턴스 정보를 확인하기 위해서는 aws ec2 describe-instances 명령어를 사용한다. 검색 조건은 filters 옵션으로 지정한다.

```
$ aws ec2 describe-instances --filters Name=tag-key,Values=backup
{
    "Reservations": [
        {
            "OwnerId": "588305784594",
            "ReservationId": "r-5cde4efb",
            "Groups": [],
            "Instances": [
                {
                    "Monitoring": {
                        "State": "disabled"
                    },
                    "PublicDnsName": "ec2-52-79-189-103.ap-northeast-2.
compute.amazonaws.com",
                    "State": {
```

```
                                "Code": 16,
                                "Name": "running"
                            },
                            "EbsOptimized": false,
                            "LaunchTime": "2016-04-26T07:26:25.000Z",

                            "VirtualizationType": "hvm",
                            "Tags": [
                                {
                                    "Value": "1",
                                    "Key": "backup"
                                },
                                {
                                    "Value": "my-instance",
                                    "Key": "Name"
                                }
                            ],
                            "AmiLaunchIndex": 0
                    }
                ]
            }
        ]
}
```

(생략)

　결과에는 인스턴스의 모든 정보가 포함되어 있어 인스턴스 ID와 Name 태그 값,
backup 태그 값 만을 지정한다. 결과 항목의 필터와 형식에는 query 옵션을 사용한다.
query 옵션에는 JMESPath[주3]라는 형식으로 조건을 지정한다.

```
$ aws ec2 describe-instances --filters Name=tag-key,Values=backup \
--query 'Reservations[*].Instances[*].[InstanceId,to_string(Tags[?Key==
`backup`].Value),to_string(Tags[?Key==`Name`].Value)]'
[
    [
        [
            "i-0375eba4",
            "[\"1\"]",
            "[\"my-instance\"]"
        ]
```

주3　http://jmespath.readthedocs.org/

```
        ]
]
```

필요한 값이 출력되었다. 이 값을 JSON(JavaScript Object Notation) 형식이 아닌 텍스트 형식으로 출력해 보자.

```
$ aws ec2 describe-instances --filters Name=tag-key,Values=backup \
--query 'Reservations[*].Instances[*].[InstanceId,to_string(Tags[?Key==`back-
up`].Value),to_string(Tags[?Key==`Name`].Value)]' \
--output text

i-0375eba4        ["1"]      ["my-instance"]
```

다음은 [""]의 내부 내용만을 추출하고, 그 내용을 콤마로 구분하고, 그 내용을 출력하면 다음과 같은 형식이 된다.

```
$ aws ec2 describe-instances --filters Name=tag-key,Values=backup \
--query 'Reservations[*].Instances[*].[InstanceId,to_string(Tags[?Key==`back-
up`]. Value),to_string(Tags[?Key==`Name`].Value)]' --output text | tr -d "[" |
tr -d "]" | tr -d "\"" | awk '{print $1","$2","$3 }'

i-0375eba4,1,my-instance
```

위의 명령어를 반복문을 사용하여 AMI 생성 스크립스트를 만들면 리스트 2.1과 같은 스크립트가 된다.

리스트 2.1 스크립트 예제 (~/basckup.sh)

```
#!/bin/sh

instances=$(aws ec2 describe-instances --filters Name=tag-key,
Values=backup --query 'Reservations[*].Instances[*].[InstanceId,to_
string(Tags[?Key==`backup`].Value),to_string(Tags[?Key==`Name`].Value)]'
--output text | tr -d "[" | tr -d "]" | tr -d "\"" | awk '{print
$1","$2","$3}')
```

```
for instance in $instances
do
  parts=$(echo $instance | sed -e "s/,/ /g")
  columns=($parts)
  instance_id=${columns[0]}
  name=${columns[2]}
  aws ec2 create-image --instance-id $instance_id --no-reboot \
  --name ${name}_`date +"%Y%m%d%H%M%S"`
done
```

리스트 2.1에서는 Name 태그 값에 날짜를 붙여 AMI 이름으로 설정하고 있다. 이 스크립트를 cron 등으로 매일 실행하면 일백업(daily backup)이 완성된다. 스크립트를 단독으로 실행하면 AMI 목록에서 생성된 AMI를 확인할 수 있다. 또한, 이 책에서는 설명하지 않지만, 필요에 따라 backup 태그 값의 숫자를 세대 관리에 사용할 수도 있다.

2.7 | 정리

이번 장에서는 EC2를 기동하기 위한 사전 준비와 실제 EC2를 기동하여 샘플 애플리케이션을 만들어 보는 것까지 해보았다. 온프레미스(on-premise) 환경에 비해 빠르고 간단하게 서버를 생성할 수 있음을 느꼈을 것이다. 또한, 명령어 도구로도 사용해 보았다. 한 번 명령어 도구로 환경을 구축해 두면 그 명령어를 반복하여 사용할 수 있어서 정말 편리하다. 많이 사용해 보기 바란다. 다음 장에서는 EC2를 더욱더 활용하는 데 필요한 내용을 설명한다.

CHAPTER

3

가상 서버 업그레이드
(EC2 응용편)

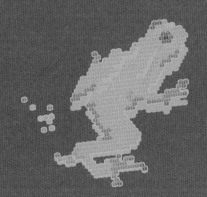

2장에서는 EC2 메뉴에서 가상 서버 생성과 웹 애플리케이션 생성 등에 관해 설명했다. 이번 장에서는 응용편으로 백업, 스케일 업, 용량 추가 등에 관해 설명한다.

3.1 | 백업 생성

인스턴스로 AMI 생성

EC2 인스턴스를 삭제할 때 Delete on Termination에 체크했을 경우, EBS 데이터는 전부 삭제되어 버린다. 그래서 EC2나 EBS에는 백업 구조가 준비되어 있다.

EC2 인스턴스에서는 인스턴스의 현재 상태를 기반으로 AMI(Amazon Machine Image)를 생성하여 인스턴스의 백업이 가능하다. 이 기능으로 EC2 인스턴스와 연결되어 있는 EBS 데이터를 하나의 AMI에 패키지화 시킬 수 있다.

✚ AMI 생성

화면 왼쪽 메뉴에서 Instances를 클릭하여 목록에서 AMI를 생성하고 싶은 인스턴스를 선택하고, Actions-Image-Create Image를 선택한다. 그러면 AMI 생성하기 위한 설정 메뉴가 표시된다(그림 3.1).

그림 3.1 AMI 생성

Image name에 AMI명을 입력한다. AMI명은 자신의 AMI 중에서 유일한 이름을 지정해야 하므로 다른 이름과 중복되지 않도록 입력한다. 일반적으로 AMI를 생성할 때 인스턴스는 재시작이 되지만, 재시작하지 않고 즉시 AMI를 생성하고 싶을 때는 No reboot를 선택한다.[주1]

EBS가 연결되어 있는 인스턴스의 경우 연결되어 있는 EBS 목록이 표시되고, 여기서 AMI 생성 시에 EBS 볼륨 설정을 변경할 수 있다. Delete on Termination을 선택하지 않았을 때에는 이 EBS 볼륨은 인스턴스가 삭제하여 없어져도 볼륨이 그대로 남아 있어 볼륨 용량만큼 요금이 부과된다. 주의하기 바란다.

✚ 생성한 AMI 목록

Create Image 버튼을 클릭하면 AMI 생성이 시작된다. 생성 후에 AMIs를 선택하면 AMI 목록을 확인할 수 있다. 기본 상태에서는 자신이 생성한 AMI가 표시되지만, 필터를 변경하면 공개되어 있는 AMI 등을 검색할 수 있다. AMI 목록에서는 생성 중의 AMI가 표시되고, Status가 'pending'으로 보이게 된다. 이 값이 'available'로 변경되면 생성 완료다.

이것으로 AMI 생성이 완료되었다. 다음부터 인스턴스 생성 시에 지금 만든 자신의 AMI를 사용할 수 있다. 이처럼 AMI를 정기적으로 생성하면 장애가 있었을 경우에도 빨리 AMI에서 복구시킬 수 있어서 AMI를 이용한 인스턴스 백업은 EC2 운용에서 빠질 수 없는 기능 중 하나다.

▌EBS 스냅샷

✚ EBS 볼륨 목록

화면 왼쪽 메뉴에서 ELASTIC BLOCK STORE 아래에 있는 Volumes를 선택하면 EBS 볼륨 목록이 표시된다(그림 3.2). 이 목록에서는 EBS-Backed 인스턴스 root 볼륨과

주1 기동 중에 AMI를 생성함에 따라 시스템적인 데이터 불일치가 일어날 수 있으니 주의한다.

EC2에 연결되어 있는 추가 EBS, 어디에도 연결되어 있지 않은 EBS 등이 표시된다.

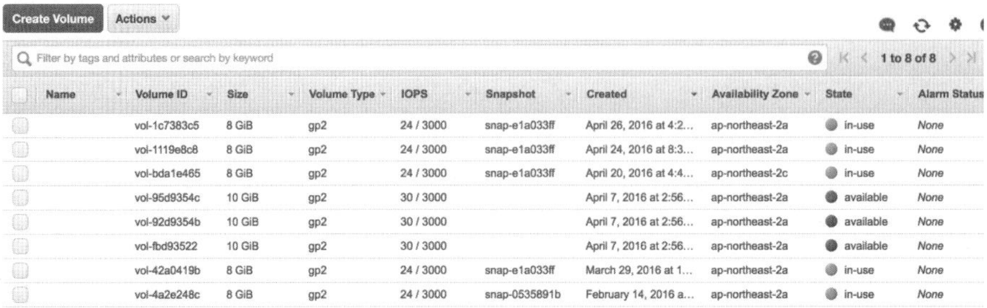
Create Volume
Actions
Filter by tags and attributes or search by keyword
1 to 8 of 8
Name | Volume ID | Size | Volume Type | IOPS | Snapshot | Created | Availability Zone | State | Alarm Status
vol-1c7383c5 | 8 GiB | gp2 | 24 / 3000 | snap-e1a033ff | April 26, 2016 at 4:2... | ap-northeast-2a | in-use | None
vol-1119e8c8 | 8 GiB | gp2 | 24 / 3000 | snap-e1a033ff | April 24, 2016 at 8:3... | ap-northeast-2a | in-use | None
vol-bda1e465 | 8 GiB | gp2 | 24 / 3000 | snap-e1a033ff | April 20, 2016 at 4:4... | ap-northeast-2c | in-use | None
vol-95d9354c | 10 GiB | gp2 | 30 / 3000 | April 7, 2016 at 2:56... | ap-northeast-2a | available | None
vol-92d9354b | 10 GiB | gp2 | 30 / 3000 | April 7, 2016 at 2:56... | ap-northeast-2a | available | None
vol-fbd93522 | 10 GiB | gp2 | 30 / 3000 | April 7, 2016 at 2:56... | ap-northeast-2a | available | None
vol-42a0419b | 8 GiB | gp2 | 24 / 3000 | snap-e1a033ff | March 29, 2016 at 1... | ap-northeast-2a | in-use | None
vol-4a2e248c | 8 GiB | gp2 | 24 / 3000 | snap-0535891b | February 14, 2016 a... | ap-northeast-2a | in-use | None

그림 3.2 EBS 볼륨 목록

✚ EBS 볼륨 스냅샷 생성

AMI는 EBS 볼륨도 포함한 인스턴스 모두를 저장하지만, EBS 볼륨을 개별적으로 백업할 수 있다. 임의의 볼륨을 선택하여 Actions-Create Snapshot을 선택하면 스냅샷을 생성하기 위한 메뉴가 표시된다(그림 3.3). Name에 스냅샷 이름을 입력한다.

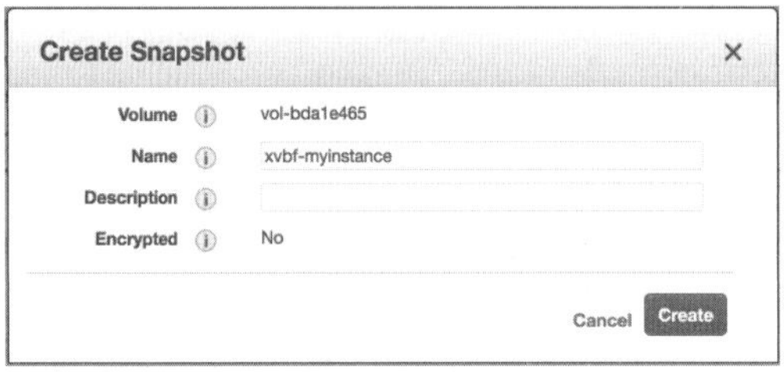
Create Snapshot
Volume
vol-bda1e465
Name
xvbf-myinstance
Description
Encrypted
No
Cancel
Create

그림 3.3 EBS 볼륨 스냅샷 생성

✚ 생성된 EBS 스냅샷 목록

Create 버튼을 클릭하면 'Snapshot Creation Started'라는 메시지가 표시되고, 스냅샷 생성이 시작된다. 스냅샷 목록은 화면 왼쪽 메뉴의 ELASTIC BLOCK STORE 아래 Snapshots에서 확인할 수 있다. 방금 생성한 스냅샷도 표시되고, Status 항목에 'pending'이 'completed'가 되면 생성 완료다.

✦ 스냅샷으로 복원

EBS 볼륨뿐만 아니라 위에서 생성한 AMI의 EBS 부분도 스냅샷을 기반으로 생성된다. 임의의 스냅샷을 선택하고, Actions-Create Volume이나 Actions-Create Image를 선택하면 스냅샷에서 EBS 볼륨과 AMI를 생성할 수 있다.

EC2 태그 지정

EC2를 시작하여 AWS의 리소스 대부분에 태그를 붙일 수 있다. 태그는 키와 값으로 설정한다. 태그를 붙이면 프로그램 등에서 액세스할 때 조작 대상이 되는 리소스를 필터링하거나 메타 데이터로 이용할 수 있다.

EC2 인스턴스에 태그를 붙이려면 인스턴스를 선택한 상태에서 Tags 탭을 클릭한다. 기존에 'Name'이라는 태그가 붙어 있다. 이 태그에는 인스턴스를 생성할 때 입력한 인스턴스명이 자동적으로 설정된다.

추가로 다른 태그를 설정하기 위해서는 Add/Edit Tags 버튼을 클릭하고, Create Tag 버튼을 클릭한다. 그러면 신규 Key와 Value 입력란이 표시되며, 자유롭게 태그명을 지정한다.

3.2 | 스케일 업

인스턴스 타입 변경

인스턴스를 운용하다 보면 웹 접속 수나 계산 처리 부하가 늘어남에 따라 인스턴스를 늘려야 하는 경우가 있다. 인스턴스를 스케일 업(scale up)하려면 인스턴스 타입을 변경한다.

✚ EBS-Backed 인스턴스의 경우

여기서는 root 디바이스가 EBS인 EBS-Backed 인스턴스의 인스턴스 타입을 변경한다. 인스턴스 타입을 변경하려면 인스턴스를 정지시킨다. 이때 EC2-Classic 환경[주2]에서는 공인 IP 등이 초기화되므로 주의가 필요하다.

인스턴스가 정지하면 인스턴스를 선택하고 Actions-Instance Settings-Change Instance Type을 선택한다. 그러고 나면 Change Instance Type 화면이 표시되고, Instance Type에서 변경할 인스턴스 타입을 선택한다(그림 3.4). 그리고 선택할 수 있는 인스턴스 타입은 현재 인스턴스 가상화 형식과 리전에 따라 달라진다.

그림 3.4 인스턴스 타입 변경

그림 3.4에서는 'm4.large'로 변경되었다. 변경 후에 Actions-Instance State-Start를 선택하면 선택된 인스턴스 타입으로 변경되어 인스턴스가 기동한다.

✚ Instance Store-Backed 인스턴스의 경우

root 디바이스가 인스턴스 스토어인 Instance Store-Backed 인스턴스에서는 EBS-Backed 인스턴스와 다른 방법으로 AMI를 생성하고 EIP를 교체하는 등 작업을 하고, 신규로 생성된 인스턴스와 이전 인스턴스를 교체한다(그림 3.5). 구체적인 방법은 조금 복잡하니 상세한 내용은 AWS 문서를 참고하기 바란다(http://docs.aws.amazon.com/ko_kr/AWSEC2/latest/UserGuide/creating-an-ami-instance-store.html).

주2 VPC가 발표되기 전까지 사용했던 네트워크 구조.

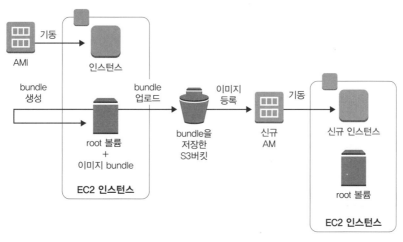

기동

AMI

인스턴스

bundle
생성

bundle
업로드

이미지
등록

기동

신규 인스턴스

root 볼륨
+
이미지 bundle

bundle을
저장한
S3버킷

신규
AM

EC2 인스턴스

root 볼륨

EC2 인스턴스

그림 3.5 Instance Store–Backed 인스턴스 AMI 생성

3.3 | 디스크 용량 추가

볼륨 추가

EC2 인스턴스에는 인스턴스 생성 후에 EBS 볼륨을 추가할 수 있어 데이터 영역이
부족한 경우나 새로운 데이터 영역을 사용할 경우 볼륨을 생성하여 인스턴스에 간단
히 추가할 수 있다.

그러면 가동 중의 인스턴스에 EBS 볼륨을 한 개 추가해 보자. 화면 왼쪽 메뉴에서
Volumes를 선택하고 Create Volume 버튼을 클릭하면 볼륨 설정 화면이 표시된다. 여
기서 가용 영역을 추가하고 싶은 인스턴스와 같은 가용 영역으로 하고 Create 버튼
을 클릭하면 새로운 볼륨이 생성된다. 인스턴스에 연결되어 있지 않은 볼륨은 status가
'available' 상태가 된다.

다음은 이 볼륨을 선택하고 Actions–Attach Volume을 선택하면 볼륨 연결 메뉴가
표시된다(그림 3.6). 여기서 Instance 입력란을 선택하면 연결 가능한 인스턴스 목록이

표시되므로 원하는 인스턴스를 선택한다. Device란에는 인스턴스 내부에서 어떤 디바이스로 인식될지를 입력하지만, 있는 그대로 설정해도 문제는 없다. Attach 버튼을 클릭한다. 연결되어 있는 상태라면 Status에 'in-use'로 바뀐다.

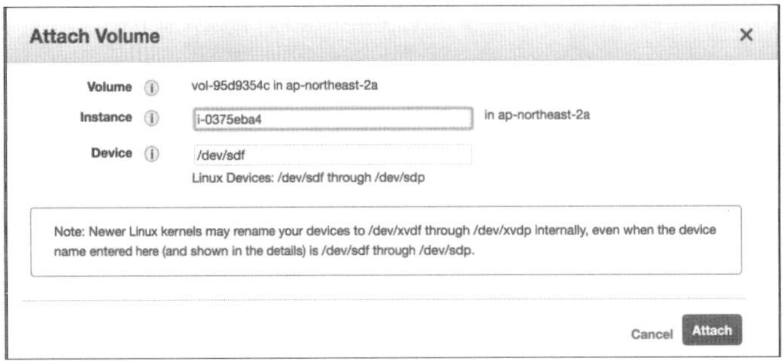

Attach Volume   ×

Volume (i)   vol-95d9354c in ap-northeast-2a

Instance (i) i-0375eba4   in ap-northeast-2a

Device (i)   /dev/sdf

Linux Devices: /dev/sdf through /dev/sdp

Note: Newer Linux kernels may rename your devices to /dev/xvdf through /dev/xvdp internally, even when the device
name entered here (and shown in the details) is /dev/sdf through /dev/sdp.

Cancel   **Attach**

그림 3.6 볼륨 연결 설정

인스턴스 목록 화면에서 볼륨을 연결한 인스턴스를 선택한 상태에서는 화면 아래 Block devices로 방금 전에 신규로 연결한 디바이스 경로가 표시된 것을 확인할 수 있다. EBS 연결이 끝났다면 이 인스턴스에 SSH로 로그인한다. /dev/sdf에 디바이스가 있는 것을 확인한다.

```
$ ls -l /dev/ | grep sdf
lrwxrwxrwx 1 root root           4 Apr 27 10:03 sdf -> xvdf
```

다음은 이 볼륨을 초기화한다. 이번에는 파일 시스템을 XFS로 포맷한다.

```
$ ls -l /dev/ | grep sdf
lrwxrwxrwx 1 root root           4 Apr 27 10:14 sdf -> xvdf
$ sudo mkfs.xfs /dev/sdf

meta-data=/dev/sdf              isize=256    agcount=4, agsize=655360 blks
        =                       sectsz=512   attr=2, projid32bit=1
        =                       crc=0        finobt=0
data    =                       bsize=4096   blocks=2621440, imaxpct=25
생략
```

다음은 디바이스 마운트 포인트를 준비하고 마운트한다.

```
$ sudo mkdir -p /mnt/ebs/0
$ sudo mount -t xfs /dev/sdf /mnt/ebs/0
$ df -h

Filesystem      Size  Used Avail Use% Mounted on
/dev/xvda1      7.8G  1.8G  6.0G  23% /
devtmpfs        490M   60K  490M   1% /dev
tmpfs           498M     0  498M   0% /dev/shm
/dev/xvdf        10G   33M   10G   1% /mnt/ebs/0
```

무사히 마운트 작업이 끝난 것 같다. 그러나 이대로라면 인스턴스를 정지했을 경우
재시작하면 자동으로 마운트가 되지 않으므로 fstab을 사용하여 자동 마운트 설정을
한다.

```
$ sudo -i
$ echo "/dev/sdf /mnt/ebs/0 xfs defaults 0 0" >> /etc/fstab
```

이것으로 fstab에 자동 마운트 설정이 추가되었다. 그리고 확인하기 위해 테스트용
파일을 생성해 두자.

```
$ echo TEST > /mnt/ebs/0/test.txt
```

인스턴스 정지, 기동 후에 다시 인스턴스에 SSH로 로그인하고 파일 시스템 목록을
확인해 본다.

```
$ df -h
Filesystem      Size  Used Avail Use% Mounted on
/dev/xvda1      7.8G  1.8G  6.0G  23% /
devtmpfs        490M   60K  490M   1% /dev
tmpfs           498M     0  498M   0% /dev/shm
/dev/xvdf        10G   33M   10G   1% /mnt/ebs/0
```

테스트용 파일도 존재하는 것을 확인한다.

```
$ cat /mnt/ebs/0/test.txt
TEST
```

이와 같이 필요할 때 볼륨 추가도 간단하게 할 수 있다.

root 볼륨 용량 추가

root 디바이스 볼륨 용량을 가장 간단하게 추가하는 방법은 AMI를 작성하고 기동할 때 root 볼륨 용량을 변경하는 방법이다. 먼저, 3.1절과 같은 방법으로 인스턴스 AMI를 생성한다.

다음은 생성한 AMI로 인스턴스를 기동한다. 생성된 AMI를 기반으로 새로운 인스턴스를 기동하지만, 그때 root 볼륨 용량을 확장하고 싶은 용량으로 변경하면 된다. 여기에서는 '28GB'로 설정해 보겠다(그림 3.7).

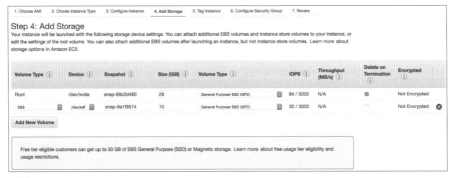

그림 3.7 root 볼륨 용량 추가

이외의 다른 설정은 원본 인스턴스와 동일하며, 신규로 기동된 인스턴스 디바이스 정보를 확인해 보자.

```
$ df -h
Filesystem      Size  Used Avail Use% Mounted on
/dev/xvda1       28G  1.8G   26G   7% (root 디바이스)
devtmpfs        490M   60K  490M   1% /dev
tmpfs           498M     0  498M   0% /dev/shm
/dev/xvdf        10G   33M   10G   1% /mnt/ebs/0
```

이것으로 root 디바이스 사이즈가 변경되어 있는 것을 확인할 수 있다. AMI나 원본
인스턴스 설정에 따라서는 기동만으로 디바이스 사이즈 변경이 반영되지 않는 경우도
있다. 그런 경우 다음과 같이 resize2fs 명령어로 변경되도록 반영해야 한다.

```
$ df -h
Filesystem      Size  Used Avail Use% Mounted on
/dev/xvda1      7.8G  1.8G  6.0G  23% / (변경되지 않음)
(생략)

$ sudo resize2fs /dev/xvda1
resize2fs 1.42.12(29-Aug-2014)
(생략)
$ df -h
Filesystem      Size  Used Avail Use% Mounted on
/dev/xvda1       28G  1.8G   26G   7% / (변경됨)
(생략)
```

다음으로, IP 주소 변경, ELB(Elastic Load Balancing) 등록 변경 등을 하고, 기존 인스
턴스와 신규 인스턴스를 교체하면 root 디바이스 확장은 끝난다. EIP에 관해서는 2장
에서 설명하였고, ELB에 관해서는 8장에서 설명한다.

추가 볼륨 용량 추가

root 디바이스 이외의 EBS 볼륨을 확장하기 위해서는 볼륨을 분리하고 교체한다.
우선, EC2 인스턴스를 정지하고 대상 볼륨의 스냅샷을 생성한다.

다음은 생성한 스냅샷을 선택하고, **Actions-Create Volume**을 클릭하고, Create
Volume 메뉴에서 생성할 볼륨을 설정한다. **Size**에서 확장하고 싶은 크기, Availability

Zone에서 EC2 인스턴스가 존재하는 가용 지역을 선택한다. 각 항목을 설정하고, Create 버튼을 클릭하면 볼륨이 생성된다.

다음은 대상 인스턴스에 연결되어 있는 확장할 대상 볼륨을 선택하고, Actions-Detach Volume를 클릭하여 인스턴스에서 분리한다. 그리고 신규 생성한 볼륨을 선택하고, Actions-Attach Volume을 클릭하고 Attach Volume 메뉴의 Instance에는 대상 인스턴스를 선택한다. Device에는 기존 볼륨 매핑 정보와 같이 입력한다. 마지막으로, Attach 버튼을 클릭한다.

인스턴스에 확장된 신규 볼륨이 연결되었다면 아래와 같이 인스턴스를 기동하고 디바이스 정보를 확인한다.

```
$ df -h
Filesystem      Size  Used Avail Use% Mounted on
/dev/xvda1       28G  1.8G   26G   7% /
devtmpfs        490M   60K  490M   1% /dev
tmpfs           498M     0  498M   0% /dev/shm
/dev/xvdf        10G   33M   10G   1% /mnt/ebs/0

$ sudo resize2fs /dev/xvdf
resize2fs 1.42.12(29-Aug-2014)
resize2fs: Bad magic number in super-block while trying to open /dev/xvdf
Couldn't find valid filesystem superblock.
```

전과 마찬가지로 사이즈 변경 내용이 반영되지 않았으므로 일반적으로 resize2fs 명령어로 반영하지만, 파일 시스템이 XFS의 경우 실패하여 대신 xfs_growfs 명령어를 사용한다.

```
$ sudo xfs_growfs /mnt/ebs/0
meta-data=/dev/xvdf              isize=256    agcount=4, agsize=655360 blks
         =                       sectsz=512   attr=2, projid32bit=1
         =                       crc=0        finobt=0
생략
$ df -h
Filesystem      Size  Used Avail Use% Mounted on
/dev/xvda1       28G  1.8G   26G   7% /
devtmpfs        490M   60K  490M   1% /dev
tmpfs           498M     0  498M   0% /dev/shm
/dev/xvdf        30G   33M   30G   1% /mnt/ebs/0  사이즈가 변경되었음
```

EC2 스토리지

2장에서도 설명했지만, EC2 스토리지 볼륨에는 인스턴스 스토어와 EBS로 크게 두 가지로 구분된다. 모두 임의의 파일 시스템을 사용할 수 있는 블록 단위의 볼륨으로 각각의 특징은 표 3.1과 같다.

표 3.1 EC2 스토리지 종류

스토리지	설명
인스턴스 스토어	EC2 호스트에 물리적으로 연결되어 있는 스토리지로 인스턴스를 정지하면 데이터가 삭제된다. 스와프 영역이나 임시 파일, 캐시 데이터 용도로 적당하다
EBS	EC2 호스트에 네트워크로 접속된 스토리지로 데이터 지속성을 가지고 있다. 스냅샷 기능이 있으며, 생성한 스냅샷으로 볼륨 재생성도 할 수 있다. EC2에 연결/분리를 간단하게 할 수 있고, 여러 EBS를 하나의 인스턴스에 연결할 수 있다

이와 같은 특징을 가지고 있어서 주요 데이터는 EBS 볼륨을 사용하는 경우가 많다. EBS 볼륨의 종류는 표 3.2와 같이 다섯 가지 타입이 있다.

표 3.2 EC2 볼륨 종류

스토리지	설명
SSD	가장 많이 사용되는 볼륨 타입. 성능은 스토리지 용량에 비례한다
SSD(Provisioned IOPS)	데이터베이스 등 높은 I/O가 필요한 경우 사용한다. 성능 한계를 어느 정도 범위로 지정할 수 있다
HDD(Throughput Optimized HDD)	높은 처리량이 필요한 MapReduce, Kafka, ETL, 로그 분석 및 데이터 웨어하우스 환경에 적합하다
HDD(Cold HDD)	접속은 적게 하지만, 처리량에 최적화된 업무에 사용한다
Magnetic	자기 디스크. 낮은 I/O에도 문제가 없는 환경에서 사용한다

각각의 볼륨 스토리지 타입을 조건에 맞게 선택한다. 그리고 이러한 스토리지, 즉 EBS를 사용할 때 성능을 높이는 방법은 다음 장에서 설명한다.

Provisioned IOPS 설정

EBS에서는 기본적으로 IOPS의 최소 값과 최대 값이 스토리지 용량에 따라 다르며, 그 성능은 사용자가 조정하기 어려워서 미리 필요한 IOPS를 알고 있는 경우 프로비저닝(provisioning)된 IOPS 볼륨을 사용할 수 있다. 프로비저닝된 IOPS 볼륨에서는 IOPS를 지정함에 따라 평소에 항상 필요한 성능을 유지할 수 있다. 프로비저닝된 IOPS 볼륨을 지정할 수 있는 메뉴는 아래 세 가지 화면에서 설정할 수 있다.

- AMI 생성 시
- 인스턴스 기동 시
- EBS 볼륨 생성 시

➕ AMI 생성 시

root 볼륨, 추가 볼륨에 관계없이 프로비저닝된 IOPS를 적용하고 싶은 인스턴스를 선택하고, Actions-Image-Create Image를 클릭한다. 이미지 생성 화면에서 인스턴스 볼륨 메뉴에 root 볼륨과 추가 볼륨이 표시되며, 볼륨 타입에서 'Provisioned IOPS SSD(IO1)'를 선택할 수 있다. 이것으로 이 AMI로 생성되는 인스턴스에서는 프로비저닝된 IOPS 볼륨으로 기동할 수 있다.

➕ 인스턴스 기동 시

인스턴스 기동 시에도 지정할 수 있다. 방금 생성한 AMI을 선택하고 Launch 버튼을 클릭하면 인스턴스 기동 스토리지 설정 화면에서 볼륨 타입을 저장할 때 프로비저닝된 IOPS로 선택한 그대로 되어 있는 것을 알 수 있다. 또한, 원래의 AMI 설정에서 프로비저닝된 IOPS로 변경하여 인스턴스를 기동할 수 있다.

✛ EBS 볼륨 생성 시

위에서 해봤던 EBS 볼륨을 생성할 때에도 볼륨 생성 화면에서 Volume Type을 변경하고, 'Provisioned IOPS SSD(IO1)'를 선택할 수 있다. 또한, 위에서 설명한 볼륨을 변경할 때에도 볼륨 타입을 'Provisioned IOPS SSD(IO1)'으로 변경하면 용량만 늘리는 것이 아니라 I/O 성능도 같이 올릴 수 있다. 이와 같이 언제든지 프로비저닝된 IOPS로 변경할 수 있어서 I/O 성능을 손쉽게 높일 수 있다.

EBS 최적화 옵션

EC2 인스턴스와 EBS 볼륨은 네트워크를 통해 연결되어 있지만, 그 네크워크는 EBS 볼륨 이외의 용도로도 사용된다. EBS 최적화를 선택하면 EC2와 EBS 사이의 네트워크 대역을 전용으로 사용할 수 있어 EBS 액세스를 최대화하여 성능 향상과 안정화 효과를 얻을 수 있다.

EBS 최적화는 EC2 인스턴스 기동 옵션에서 선택할 수 있다. 특히, 프로비저닝된 IOPS를 사용할 경우 네트워크가 병목 구간이 될 수 있으므로 이 옵션을 같이 사용하기 바란다.

EBS 최적화 옵션은 비교적 큰 인스턴스 타입에서 사용할 수 있다. 어떤 인스턴스 타입에서 이용할 수 있는지는 EC2를 생성할 때 인스턴스 타입 메뉴에서 확인할 수 있다. EBS 최적화 옵션이 이용할 수 있는 인스턴스 타입의 경우 인스턴스 상세 설정 화면에 EBS-optimized instance 항목이 선택되어 있어 최적화된 인스턴스가 기동될 수 있다.

RAID

EBS에서는 하나의 볼륨에는 용량과 IOPS에 제한이 있다. 그 이상의 성능이 필요한 경우에는 RAID(Redundant Arrays of Inexpensive Disks)를 사용할 수 있다. 여기서는 I/O 성능 향상을 위해 RAID 0을 사용하는 예제를 소개한다.

EBS에서 RAID 0을 묶기 위해서는 먼저, 이용하고 싶은 EBS 볼륨을 여러 개 연결한다. 신규 인스턴스의 경우에는 스토리지 설정 화면에서 필요한 만큼 추가한다. 여기서 중요한 것은 RAID를 묶는 EBS 설정을 모두 동일하게 하는 것이다. 차이가 있을 경우 RAID 볼륨 성능이 충분히 나오지 않을 수 있기 때문이다. 여기서는 예제로서 25GB SSD EBS 네 개로 스트라이핑(striping)을 해보겠다(그림 3.8).

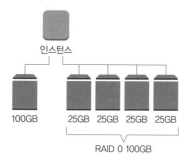

그림 3.8 RAID 0 구성

아래의 내용은 일반적으로 서버에서 설정하는 경우와 같지만, mdadm 명령어가 버전 1.2 이상일 때 디바이스명이 바뀌는 경우가 있어 포맷과 마운트에서 라벨을 사용해야 한다. 이번에는 XFS로 포맷한다.

```
$ sudo yum install mdadm -y

$ ls -l /dev/
total 0
. . .
lrwxrwxrwx 1 root root              4 May  2 15:30 sdg -> xvdg
lrwxrwxrwx 1 root root              4 May  2 15:30 sdh -> xvdh
lrwxrwxrwx 1 root root              4 May  2 15:30 sdi -> xvdi
lrwxrwxrwx 1 root root              4 May  2 15:30 sdj -> xvdj
. . .

$ sudo mdadm --create --verbose /dev/md0 --level=0 --name=0 \
--raid-devices=4 /dev/sd[jihg]
mdadm: chunk size defaults to 512K
mdadm: Defaulting to version 1.2 metadata
mdadm: array /dev/md0 started.

$ sudo mkfs.xfs -L MYRAID /dev/md0
meta-data=/dev/md0                  isize=256    agcount=16, agsize=1638272 blks
         =                          sectsz=512   attr=2, projid32bit=1
```

```
생략
$ sudo mkdir -p /mnt/ebs/1

$ sudo mount LABEL=MYRAID /mnt/ebs/1

$ df -h
Filesystem      Size  Used Avail Use% Mounted on
/dev/xvda1       28G  1.8G   26G   7% /
devtmpfs        490M   84K  490M   1% /dev
tmpfs           498M     0  498M   0% /dev/shm
/dev/xvdf        30G   33M   30G   1% /mnt/ebs/0
/dev/md0        100G   33M  100G   1% /mnt/ebs/1
```

/mnt/ebs/1에 합계 100GB의 RAID 영역이 확보된 것을 확인할 수 있다.

이 인스턴스가 기동할 때 RAID 볼륨 상태를 자동 마운트할 경우 RAID 설정 파일과 fstab에 설정을 해야 한다.

```
$ sudo -i

$ echo DEVICE /dev/sdg /dev/sdh /dev/sdi /dev/sdj | tee /etc/mdadm.conf

$ mdadm --detail --scan | tee -a /etc/mdadm.conf

$ echo "LABEL=MYRAID /mnt/ebs/1 xfs noatime 0 0" | tee -a /etc/fstab
```

위의 설정으로 정지, 기동하거나 생성한 AMI로 인스턴스를 생성할 때에도 자동으로 RAID 볼륨이 마운트된다.

또한, EBS는 내부에서 하드웨어 이중화가 되어 있어 RAID 0가 일반적으로 많이 사용되며, RAID 5나 RAID 6은 충분한 성능을 내지 못하는 경우가 있어서 추천하지 않는다.

┃볼륨 Pre Warming

EBS 볼륨에서는 그 블록이 처음 액세스되기 전에 일단 내부 웝업(warm up, 준비 처리)이 이루어진다. 그 사이 성능이 떨어지므로 서비스 런칭이나 벤치마크를 하기 전에 미리 볼륨의 모든 블록에 읽기 쓰기를 실행하도록 한다. 이런 준비를 해 두면 처음부터 좋은 성능으로 운용할 수 있다. 신규로 연결시킨 빈 볼륨(여기서는 xvdf)을 웜업하기 위해서는 다음과 같이 실행하면 된다.

```
$ sudo dd if=/dev/zero of=/dev/xvdf bs=1M
```

또한, 기존에 일부 쓰기를 했었던 볼륨이나 스냅샷에서 생성된 볼륨을 웜업하려면 다음과 같이 입출력은 똑같이 하고 덮어쓰기를 한다.

```
$ sudo dd if=/dev/xvdf of=/dev/xvdf conv=notrunc bs=1M
```

볼륨이 크면 클수록 웜업 시간이 오래 걸리므로 주의가 필요하다. I/O 성능이 안정되지 않는 경우 EBS 웜업을 검토해 보도록 한다.

인스턴스 스토어 사용

인스턴스 타입 중에는 고속 SSD 인스턴스 스토어를 여러 개 장착한 인스턴스도 있다. 이 인스턴스 타입들에서 인스턴스 스토어를 이용하면 높은 I/O 성능을 낼 수 있도록 최적화되어 있다.

인스턴스 스토어는 인스턴스가 정지되면 데이터가 없어지지만, NoSQL이나 분산 파일 시스템의 경우 대부분 장애를 고려한 설계가 되어 있어 인스턴스 스토어와 같이 사용하면 많은 효과를 얻을 수 있다.

용도로는 예를 들어, Cassandra[주3] 등을 이용할 때 RAID 0으로 스트라이핑을 하고 거기에 Cassandra의 기능으로 클러스터링(clustering)하여 여러 인스턴스 간 레플리케이션(replication)으로 동작시키는 경우를 들 수 있다(그림 3.9). 이런 방식으로 RAID 볼륨이 깨지거나 인스턴스에 문제가 발생했을 경우에도 EC2 인스턴스 클러스터 전체로 보

주3 http://cassandra.apache.org/

면 데이터가 이중화되어 있어 가용성을 확보한 상태로 인스턴스 스토어의 성능을 활용할 수 있다.

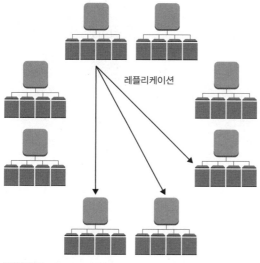

그림 3.9 클러스터 이중화

성능 벤치마크

여기까지 EBS 스토리지에서 I/O 성능을 높이는 방법을 설명했으며, 이 방법이 실제로 어느 정도 효과가 있는지를 확인하기 위해 벤치마크를 측정해 봐야 한다.

여기서는 위에서 추가한 일반 SSD EBS 볼륨(/dev/xvdf)과 RAID 0으로 스트라이핑한 볼륨(/dev/md127)을 포함해 IOPS를 3000으로 설정한 프로비저닝된 IOPS 볼륨(/dev/xvdk)의 세 가지 100GB 볼륨을 대상으로 성능 벤치마크를 한다. 벤치마크를 하기 위해 다음과 같이 반드시 웜업을 하도록 한다.

```
$ df -h
Filesystem      Size  Used Avail Use% Mounted on
/dev/xvda1       28G  1.8G   26G   7% /
devtmpfs        490M   84K  490M   1% /dev
tmpfs           498M     0  498M   0% /dev/shm
```

```
/dev/xvdf       100G    33M   100G    1% /mnt/ebs/0
/dev/md127      100G    33M   100G    1% /mnt/ebs/1
/dev/xvdf       100G    33M   100G    1% /mnt/ebs/2

$ sudo umount /mnt/ebs/0
$ sudo umount /mnt/ebs/1
$ sudo umount /mnt/ebs/2

$ sudo dd if=/dev/zero of=/dev/xvdf bs=1M
dd: error writing '/dev/xvdf': No space left on device
102401+0 records in
102400+0 records out
107374182400 bytes(107 GB)copied, 3735.47 s, 28.7 MB/s

$ sudo dd if=/dev/zero of=/dev/md127 bs=1M
dd: error writing '/dev/md127': No space left on device
102399+0 records in
102398+0 records out
107372085248 bytes(107 GB)copied, 2997.64 s, 35.8 MB/s

$ sudo dd if=/dev/zero of=/dev/xvdk conv=notrunc bs=1M
dd: error writing '/dev/xvdk': No space left on device
102401+0 records in
102400+0 records out
107374182400 bytes(107 GB)copied, 2998.32 s, 35.8 MB/
```

여기에서는 fio를 사용하여 성능을 측정하며, 리스트 3.1과 같은 스크립트를 준비
한다.

리스트 3.1 측정용 스크립트(bench.sh)

```
#!/bin/sh

dir=(/mnt/ebs/0 /mnt/ebs/1 /mnt/ebs/2)

for item in ${dir[@]};do
  cd $item
  echo ${item} ======================
  echo r
fio -name=r -direct=1 -rw=read -bs=4k -size=1G -numjobs=16 -runtime=16 \
-group_reporting
echo w
fio -name=w -direct=1 -rw=write -bs=4k -size=1G -numjobs=16 -runtime=16 \
```

```
-group_reporting
echo rr
fio -name=rr -direct=1 -rw=randread -bs=4k -size=1G -numjobs=16 -runtime=16 \
-group_reporting
echo rw
fio -name=rw -direct=1 -rw=randwrite -bs=4k -size=1G -numjobs=16 \
-runtime=16 -group_reporting
done
```

리스트 3.1에서는 4KB 블록으로 순차적(sequential) 읽기와 쓰기 무작위(random) 읽기
와 쓰기로 IOPS를 측정하고, 32MB 블록에서 대역폭을 측정하도록 되어 있다. 이 스크
립트를 실행하면 다음과 같은 실행 결과를 확인할 수 있다.

```
$ sudo /mnt/ebs/0 =====================
r
r:(g=0): rw=read, bs=4K-4K/4K-4K/4K-4K, ioengine=sync, iodepth=1
생략
Jobs: 16(f=16): [RRRRRRRRRRRRRRRR] [100.0% done] [12256KB/0KB/0KB /s]
[3064/0/0 iops] [eta 00m:00s]
r:(groupid=0, jobs=16): err= 0: pid=3551: Mon Aug 25 00:50:34 2014
  read : io=197064KB, bw=12312KB/s, iops=3077, runt= 16006msec
    clat(usec): min=507, max=9394, avg=5194.28, stdev=645.23
     lat(usec): min=508, max=9395, avg=5194.64, stdev=645.21
    clat percentiles(usec):
생략
Run status group 0(all jobs):
  READ: io=197064KB, aggrb=12311KB/s, minb=12311KB/s, maxb=12311KB/s,
mint=16006msec, maxt=16006msec

Disk stats(read/write):
  xvdf: ios=48762/5, merge=0/4, ticks=253044/36, in_queue=253112,
util=99.27%
생략
```

'bw=12312KB/s, iops=3077' 부분에서 대역과 IOPS를 알 수 있다. 각 항목별로 IOPS
를 정리해 보면 표 3.3과 같은 결과를 볼 수 있다.

표 3.3 항목별 벤치마크 결과

항목	r(read)	w(write)	rr(random read)	rw(random write)
보통(/mnt/ebs/0)	3077	1835	3078	1923
Provisioned IOPS(/mnt/ebs/2)	3153	3147	3153	3133
RAID(/mnt/ebs/1)	12263	12235	12220	11954

표 3.3의 결과로 확인할 수 있듯이 프로비저닝된 IOPS를 사용하면 IOPS가 일정하게 나오며, RAID로 구성하면 네 개의 디스크로 분산한 만큼 IOPS가 네 배가 되는 것을 알 수 있다. 이와 같이 벤치마크 등으로 검증 후 사용하면 기능이나 성능 면에서 이해도가 높아지고, 구축과 운용에 많은 도움이 된다.

3.5 | 보안 강화

보안 그룹 설정

AWS에서는 여러 가지 보안 구조를 가지고 있다. 2장에서 설명한 것과 같이 그중에서도 가장 처음 공부해야 할 것이 보안 그룹이다.

보안 그룹은 EC2를 비롯한 각 리소스에 설정하는 가상 방화벽과 같은 것이다. 보안 그룹에서는 허용할 트래픽을 등록하고, 그 내용을 인스턴스에 적용하는 것이다.

하나의 룰에는 'Protocol(프로토콜)'과 'Source(출발지)'를 인바운드/아웃바운드별로 지정하여 허용할 트래픽을 설정한다. 예를 들어, MySQL이 설치된 EC2에는 TCP 3306 포트를 애플리케이션 서버 IP 주소에 인바운드로 허용 설정을 한다(그림 3.10).

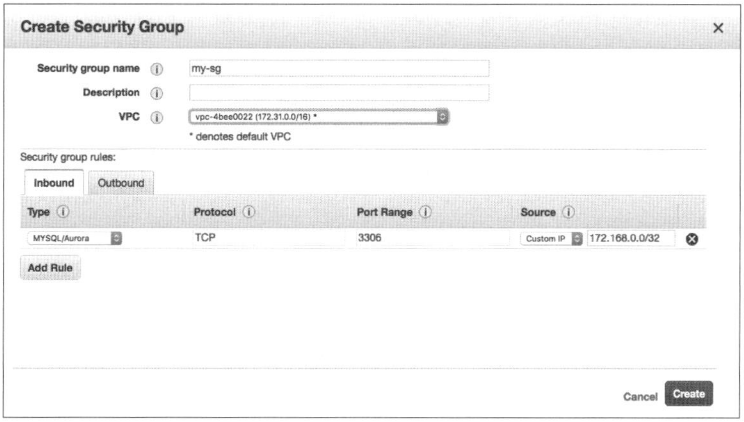

그림 3.10 보안 그룹 설정

EBS 암호화

볼륨 암호화는 cryptsetup 명령어나 서드 파티(3rd party) 도구 등 여러 방법이 있지만, EBS에는 볼륨을 암호화하는 옵션이 준비되어 있다. EBS 암호화 기능에서는 사용자의 키 관리나 암호화/복호화를 신경 쓰지 않아도 된다. EBS를 암호화하려면 EBS Volumes 메뉴에서 Create Volume을 클릭하고, 볼륨 생성 메뉴에서 Encrypt this volume을 선택만 하면 된다(그림 3.11).

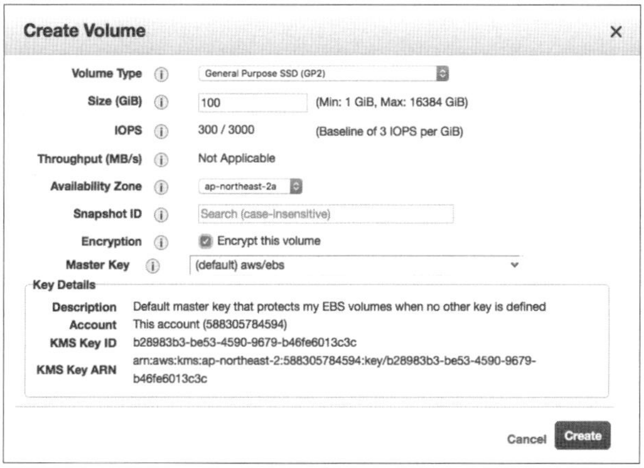

그림 3.11 EBS 암호화

이 설정만으로 암호화된 EBS 볼륨이 생성되었다. 또한, 암호화된 EBS 볼륨에서 생성된 스냅샷이나 그 스냅샷으로 복원된 볼륨은 똑같이 암호화된다. EBS 암호화를 사용할 수 있는 인스턴스 타입은 AWS 문서를 참고하기 바란다(http://docs.aws.amazon.com/ko_kr/AWSEC2/latest/UserGuide/EBSEncryption.html).

보안 강화를 위한 기능

여기까지 설명한 기능 이외에도 AWS에는 보안 강화를 위해 여러 기능들이 존재한다.

✚ IAM

AWS에서 사용자와 인증 정보, 리소스 액세스 제어 등을 관리하기 위한 IAM(Identity and Access Management)라는 서비스가 있다. IAM에 대해서는 10장에서 자세하게 설명한다.

✚ VPC

VPC(Virtual Private Cloud)는 AWS 내부에서 정의할 수 있는 가상 네트워크다. VPC를 이용하면 네크워크 게이트웨이나 서브넷, VPN(Virtual Private Network), 라우팅 제어 등 보다 상세한 네트워크 레벨의 보안을 설정할 수 있다. VPC에 대해서는 5장에서 자세하게 설명한다.

✚ CloudHSM

AWS에서는 CloudHSM(Cloud Hardware Security Module)이라는 서비스가 있어 전용 하드웨어로 기업과 법률적으로 컴플라이언스(compliance) 요건을 만족하는 데이터 보안을 할 수 있다.

✚ 서드 파티 보안 도구

AWS 이외의 벤더 제품도 AWS 안에서 그대로 사용할 수 있으며, 또는 AWS에서 사용할 수 있게 AWS 환경에서 최적화된 보안용 제품이 제공되고 있다(표 3.4).

표 3.4 서드 파티 보안 도구

도구	설명
안티 바이러스	인스턴스의 OS에 바이러스 감염을 방지. Trend Micro Server Protect 등의 제품이 있다
IDS/IPS(Intrusion Detection System/ Intrusion Prevention System)	DMZ나 사내 시스템에 대한 네트워크 패킷 감시 등을 하고 부정 침입을 확인하여 차단하는 시스템. 웹 서버 등에 직접 설치하는 타입과 전용 인스턴스를 가지고 네트워크를 감시하는 타입이 있어 DoS(Denial of Service) 공격, Syn flooding 공격 등을 방지한다. Trend Micro Deep Security, Snort, Imperva SecureSphere, CheckPoint Virtual Appliance 등의 제품이 있다
WAF(Web Application Firewall)	AWS 기능으로는 할 수 없는 애플리케이션 레이어에서 통신을 감시하고, 부정 공격을 감지/방어하는 시스템. 노출되어 있는 웹 서버 등에 대한 SQL 인젝션이나 크로스 사이트 스크립팅, OS 명령어 인젝션 등을 방지한다. Barracuda WAF, F5 BIG-IP ASM, Imperva SecureSphere WAF, SiteGuard 등의 제품이 있다 2015년 말에 AWS WAF 서비스가 출시되어 CloudFront와 연동하여 사용할 수 있다
UTM(Unified Threat Management)	방화벽, 안티 바이러스, IDS/IPS, WAF 등 기능을 하나의 상품으로 통합한 보안 시스템. Sophos UTM, FortiGate 등의 제품이 있다

AWS에서 사용할 수 있게 최적화된 제품에는 아마존(Amazon) 마켓 플레이스에서 AMI 형태로 판매되는 제품도 있다.

3.6 | 관리 효율화

리눅스의 효율적 관리

EC2 인스턴스를 기동할 때 사용자 데이터라는 텍스트 데이터나 파일을 인스턴스로 전달할 수 있다. Amazon Linux 인스턴스 내부에는 기동할 때 데이터를 받아 실행할 수 있는 cloud-init 구조를 가지고 있다.

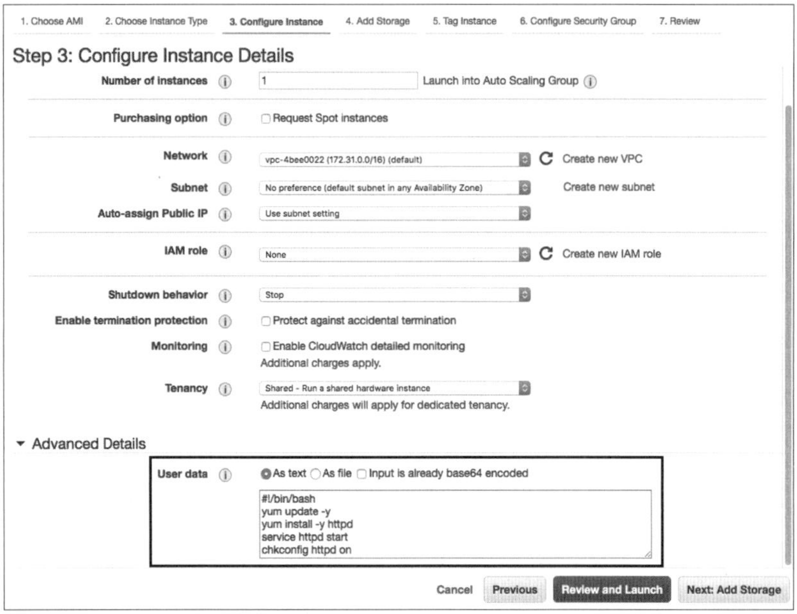

그림 3.12 사용자 데이터 설정 예

　인스턴스가 기동할 때마다 실행되는 스크립트는 OS 기동 스크립트(/etc/init.d 등)에 등록되어 있으면 되지만, cloud-init에서는 그 인스턴스가 처음 기동할 때에만 실행된다. 그래서 AMI에 포함되어 있지 않은 소프트웨어 설치나 설정 파일 수정 등을 cloud-init를 통해 함으로써 설정 작업을 많이 줄일 수 있다(그림 3.12).

　cloud-init에서 해석할 수 있는 테스트는 셸 스크립트 또는 cloud-init만의 문법이다. 예를 들어, Apache를 설치하여 기동하고 자동 기동 설정을 하는 셸 스크립트는 리스트 3.2와 같고, cloud-init만의 문법은 리스트 3.3과 같다.

리스트 3.2 자동 기동 셸 스크립트

```
#!/bin/bash
yum update -y
yum install -y httpd
service httpd start
chkconfig httpd on
```

리스트 3.3 자동 기동 cloud-init 문법

```
#cloud-config
repo_update: true
repo_upgrade: all

packages:
 - httpd

runcmd:
 - service httpd start
 - chkconfig httpd on
```

또한, PHP나 데이터베이스 설치, httpd.conf 추가나 설정 변경, www 사용자 등록 등도 할 수 있다.

AWS 애플리케이션 관리 서비스

➕ Elastic Beanstalk

Amazon Elastic Beanstalk(이하 Elastic Beanstalk)은 애플리케이션 관리 서비스 중 하나다. Elastic Beanstalk를 이용하면 여러 환경 환경에서 부하 분산, 모니터링, 용량 설정, 미들웨어 설치, 애플리케이션 배포를 자동화할 수 있다(그림 3.13).

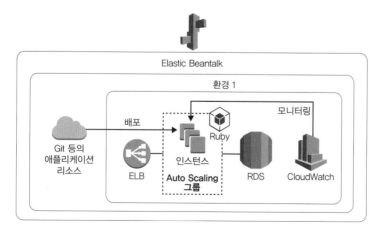

그림 3.13 Elastic Beanstalk

Elastic Beanstalk는 애플리케이션 라이프사이클에 주안점을 두고 있어 자바(Java), PHP, .NET, Node.js, 파이썬, 루비(Ruby), 도커(Docker) 등의 애플리케이션 플랫폼 관리까지 해준다.

예를 들어, Apache, PHP를 설치한 EC2에 Auto Scaling을 설정하고, EC2를 ELB에 추가하고, 보안 그룹을 설정하고, RDS를 준비하고, Git에서 애플리케이션을 배포하는 환경을 정말 단순한 몇 가지 설정으로 구축할 수 있다.

설정 항목은 일반적인 설정 항목으로 구성되어 있고, 상세 설정 항목은 AWS의 기본 설정으로 대체하며, 메인 인프라 담당자가 부재중일 때 개발자가 단 시간에 인프라를 구축해야만 하는 경우 등에서 사용할 수 있는 좋은 방법이다.

✚ OpsWorks

AWS OpsWorks(이하 OpsWorks)도 애플리케이션 관리 서비스이며, Elastic Beanstalk보다 더 유연성을 가지고 있고, 단순한 구성부터 복잡한 구성까지 여러 아키텍처에서 사용할 수 있다.

EC2, Auto Scaling, 애플리케이션 배포, 모니터링, 사용자 권한 등을 관리하고, 또한 EC2 내부 애플리케이션 플랫폼 수정을 사전에 준비된 Chef 레시피를 이용하여 실행한다. 그리고 사용자 정의 Chef 쿡북을 사용할 수 있어서 EC2 내부 설정은 대부분 자유롭게 설정할 수 있다(그림 3.14).

예를 들어, 레일즈 최신 버전을 설치한 EC2에 RDS와 연동하는 애플리케이션을 Git으로 배포하고, 기존 ELB에 추가하며, 시간 기반 스케일링 룰을 적용하고, cron으로 배치 작업(batch job)을 설정하고, 로그를 수집해 S3에 저장하는 구성을 OpsWorks를 통해 구축할 수 있다.

Elastic Beanstalk와 비교해 보면 설정 가능한 부분이 많으며, EC2 내부 설정을 Chef로 할 수 있어 인프라 담당자가 운용 효율과 작업 일관성을 유지할 수 있으므로 아주 효과적이다.

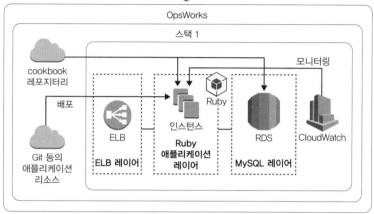

그림 3.14 OpsWorks

➕ CloudFormation

AWS CloudFormation(이하 CloudFormation)도 애플리케이션 관리 서비스 중 하나다. 위에서 설명한 두 가지 서비스는 주로 애플리케이션 서버 등을 관리하는 서비스이고, CloudFormation은 거의 모든 AWS 리소스 구축과 설정을 할 수 있는 서비스다.

CloudFormation에서는 JSON 포맷을 이용하여 구성에 관한 내용을 기술한다. 또한, CloudFormer[주4]를 사용하면 기존 구성을 JSON 포맷으로 변환할 수 있고, 구성의 복제나 기존 환경과 똑같은 구성을 간단하게 만들 수 있다(그림 3.15).

예를 들어, 자주 사용되는 구성으로 구축된 AWS 환경에서 애플리케이션 서버와 ELB, Auto Scaling 설정, RDS, ElastiCache, 보안 그룹, VPC 구성 등을 CloudFormer로 템플릿화시켜 두고, 신규 프로젝트에서 같은 구성으로 구축을 할 때 변경된 설정 부분만 수정하고, 애플리케이션 내부 설정은 cloud-init 등으로 변경하면 구축에 소요되는 수고와 시간을 많이 줄일 수 있다.

주4 AWS 환경에서 기동이나 설정 정보를 추출하여 CloudFormation 템플릿을 생성하는 프로그램이다.

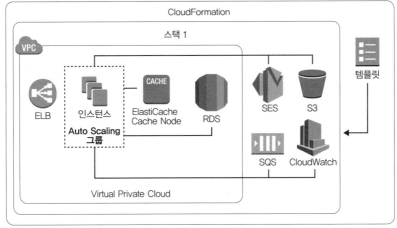

그림 3.15 CloudFormation

✚ 세 가지 애플리케이션 관리 서비스 비교

표 3.5는 앞서 소개한 세 가지 애플리케이션 관리 서비스를 비교한 내용을 보여 준다.

표 3.5 애플리케이션 관리 서비스 비교

솔루션	특징	간단함	자유도
Elastic Beanstalk	정의된 설정 항목을 변경	◎	×
OpsWorks	Chef로 정의된 항목 이외에도 사용자가 설정 변경 가능	○	△
CloudFormation	거의 모든 AWS 리소스를 템플릿으로 생성 가능	△	○
수동 설정	자유	×	◎

각각의 서비스는 일장일단이 있으므로 예를 들어, CloudFormation으로 EC2 이외의 부분을 구축하고 OpsWorks로 EC2 기동 설정과 내부 구축을 하는 방법도 생각해 볼 수 있다.

✛ 서드 파티 관리 자동화 도구

AWS에서 사용할 수 있는 서비스 이외에도 서드 파티에서 인프라 관리 자동화 도구를 제공한다(표 3.6). 이런 제품들을 잘 활용함으로써 AWS의 구축 시간과 단순 실수를 줄일 수 있다.

표 3.6 서드 파티 관리 자동화 도구

도구	설명
Chef[주a]	OpsWorks에서 채용된 구성 관리 도구. 루비의 DSL 형태로 작성된 레시피라는 룰셋으로 서버 내부 설정 작업을 코드화할 수 있고, 많은 서버에 같은 코드를 적용하면 같은 구성으로 많은 서버를 설정할 수 있다
Puppet[주b]	Chef와 같은 구성 관리 도구. 자체 DSL로 설정 내용을 작성
VisualOps[주c]	MadeiraCloud가 제공하는 구성 관리 서비스(그림 3.16). 브라우저상에서 VPC 네트워크나 EC2를 그림으로 그리면 그대로 환경을 구축해 주는 직관적인 배포 도구

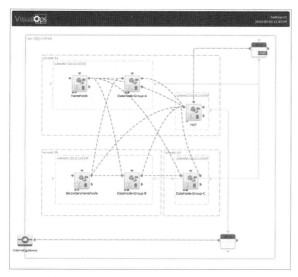

그림 3.16 VisualOps 출처 https://www.visualops.io/

주a https://www.chef.io/
주b https://puppetlabs.com/
주c https://www.visualops.io/

3.7 | 정리

이 장에서는 EC2 응용편으로 백업 생성이나 디스크 용량 추가, I/O 고속화 등에 관해 다루었다. 이 내용들을 잘 활용하면 EC2 성능을 최대로 끌어올릴 수 있을 것이다.

CHAPTER

4

DNS 설정과 공개

이 장에서는 AWS에서 제공하는 DNS(Domain Name System) 서비스인 Amazon Route53(이하 Route53)에 관해 설명한다.

4.1 | Route53의 개요

웹 사이트와 웹 시스템을 구축했을 때 흔히 그 사이트나 시스템을 외부에 공개한다. 이렇게 공개하려면 203.0.113.10 등 공개용 서버에 할당된 IP 주소를 사용함으로써 외부에서 접속하고 볼 수 있게 된다. 그러나 IP 주소로 표기한 주소는 기억하기 어려우므로 DNS를 이용하여 외우기 쉬운 hoge.example.com과 같은 이름을 할당하여 서비스하는 것이 일반적이다.

여기에서는 Route53 기능 개요를 설명한다. 또한, 기본 항목에 대한 설정 방법과 운용에 필요한 조작 및 설정 방법도 설명한다.

▎Route53이란?

Route53은 웹 기반의 DNS 서비스다. 그 특징 중에 먼저 주목할 만한 내용은 SLA 100%[주1]라고 설명되어 있는 부분이다. Route53은 EC2과 같이 리전별로 제공되는 서비스가 아닌 전 세계에 설치되어 있는 에지 로케이션 기반으로 제공되는 서비스다. Anycast IP 주소 구조를 이용하여 전 세계의 에지 로케이션 중에 가장 가까운 로케이션에서 응답을 주게 되어 있어 아주 빠르고 가용성이 높고 확장성이 뛰어난 구조를 가지고 있다.

Route53도 다른 서비스와 마찬가지로 API로 조작할 수 있다. 지금까지는 예를 들어,

주1 https://aws.amazon.com/jp/route53/sla/

BIND라면 nsupdate 명령어[주2]를 위해 손이 많이 가는 설정을 해야 하거나 MyDNS[주3]처럼 백엔드에 RDBMS(Relational Database Management System)를 가진 DNS 서버로 관리해야 하는 불편함이 많았다.

Route53에서는 이 설정들을 API로 할 수 있어 초기 비용이나 운용 비용을 고려해도 매우 좋은 서비스라고 할 수 있다. 기존 DNS 서버 운용에서 패치 등의 작업으로 어려움을 겪고 있는 분들에게 추천한다.

Route53의 주요 개념

Route53를 사용하는 데에 중요한 개념을 보도록 하자.

✚ Hosted Zone

Hosted Zone은 다른 DNS 시스템에 있는 존 파일(zone file)과 같이 관리되는 DNS 레코드(resource record) 집합을 의미한다.

✚ Record Set

Record Set은 간단하게 말하면 각 DNS 레코드다. 다음에 설명할 Routing Policy와 Set ID, Health Check 설정과 DNS 레코드 전부를 Record Set이라고 부른다.

✚ Routing Policy

Routing Policy는 Route53이 Record Set에 대해 어떻게 라우팅할지를 결정한다. 일반적으로 기본 설정인 'Simple'이라는 정책을 이용하면 일반 DNS와 같은 동작을 하게 된다. 그 이외에 'Weighted(가중치 라운드 로빈(round robin))', 'Latency(지연 시간 기반 라우팅)', 'Failover(DNS Failover)', 'Geolocation(Geo Routing)'이 있고, 각각에 대해서는 다음 절에서 설명한다.

주2 Dynamic DNS 갱신 요청을 네임 서버에 보내기 위한 명령어다.

주3 http://www.mydns.jp/

✚ Set ID

Set ID는 Routing Policy를 이용해 복수의 Record Set를 같은 이름으로 설정한 경우, 각각을 구별하여 인식하기 위해 설정하는 ID다.

✚ Health Check

호스트의 상태를 확인하기 위한 설정이다. DNS Failover를 사용하는 경우 Health Check 설정이 필요하다. Health Check는 HTTP/HTTPS/TCP로 체크할 수 있다.

HTTP/HTTPS의 경우, 체크할 대상의 경로를 지정하거나 response body의 문자열을 체크할 수도 있다. 이때 HTTPS 체크나 response body 문자열 매칭, 체크 간격 단축 옵션 기능을 사용하기 위해서는 추가 비용이 발생한다. 관리 콘솔을 사용하는 경우, 화면에 주의 사항이 표시되지만, 명령어를 사용하는 경우에는 아무런 가이드가 없으므로 주의해야 한다.

▍주요 기능

Route53가 제공하는 것은 IP 주소와 도메인명 매핑 등을 관리하는 데이터베이스로서의 역할인 '권한 네임 서버' 기능이다. 권한 네임 서버에 들어오는 질의 결과를 캐시하는 기능인 '캐시 네임 서버'로의 기능은 제공하지 않는다. BIND에서는 설정에 따라 두 기능 모두 제공하는 경우도 있지만, Route53은 권한 네임 서버 기능만 있다는 것을 기억하기 바란다.

Route53은 권한 네임 서버로의 기능뿐만 아니라 웹 사이트나 웹 시스템을 서비스로 제공할 때 편리한 기능들을 가지고 있다. DNS 레지스트리 기능도 제공하고 있어 '.com' 이나 '.jp'[주4] 등 구매할 수 있는 도메인이라면 Route53으로 등록할 수 있다.

또한, 다른 DNS 레지스트리에서 도메인을 이관(transfer)하는 것도 가능하여 도메인에 관한 모든 것을 Route53에 집중하여 관리할 수 있다. 더 자세한 DNS 레지스트리

주4 현재 범용 JP 도메인만 구입할 수 있다. kr 도메인은 아직 구매할 수 없다.

기능에 관해서는 별도의 공식 문서[주5]나 공식 블로그[주6]를 참고하기 바란다.

✚ 지연 시간 기반 라우팅

지연 시간 기반 라우팅(LBR, Latency Based Routing)은 Record Set의 Routing Policy 를 'Latency'로 설정하면 구현할 수 있다. 같은 이름으로 설정된 여러 리전에 존재하는 EC2 인스턴스의 공인 IP 주소나 ELB[주7]에 대해 보다 빠른 리전을 선택하여 요청을 라우팅해 주는 기능이다. 복잡한 설정은 필요 없고, Route53 만으로 전 세계의 어떤 사용자에게도 가장 빠른 응답을 주는 서버로 접속할 수 있게 해 준다.

✚ 가중치 라운드 로빈

가중치 라운드 로빈(WRR, Weighted Round Robin)은 Record Set의 Routing Policy를 'Weighted'로 설정하면 구현할 수 있다. 지연 시간 기반 라우팅에서는 같은 이름이 설정된 대상에 대해 Route53이 지연 시간에 따라 분배를 했었다. 가중치 라운드 로빈에서는 대상에 가중치를 두어 총 합계에서 지정한 가중치의 시간 비율로 전송 비율이 결정된다. 가중치를 0으로 설정하면 0으로 설정된 대상으로는 라우팅이 되지 않는다. 웹 사이트의 이전 작업 등에서 천천히 사이트를 이전하고 싶을 경우 사용할 수 있다.[주8]

✚ DNS Failover

DNS Failover는 Record Set의 Routing Policy를 'Failover'로 설정하면 구현할 수 있다. Record Set를 설정할 때 같은 이름으로 Primary와 Secondary 두 가지 세트를 생성하면 평소에는 Primary에 지정된 대상으로 라우팅이 된다. 이때 Primary 쪽에 설정된 Health Check에 문제가 발생하면 Secondary에 지정된 대상으로 라우팅이 된다.

주5 http://docs.aws.amazon.com/ko_kr/Route53/latest/DeveloperGuide/creating-migrating.html

주6 http://aws.amazon.com/ko/blogs/aws/route-53-domain-reg-geo-route-price-drop

주7 로드 밸런서 서비스다. 자세한 내용은 8장에서 설명한다.

주8 DB 접속이 필요한 경우 별도로 데이터 동기 방법도 검토해야 한다.

DNS Failover를 사용하면 서비스 중인 서버나 서버 군에 장애가 발생하더라도 Sorry 페이지를 제공할 수 있도록 별도로 준비한 서버로 라우팅을 간단히 만들 수 있다.

✚ Geo Routing

Geo Routing은 Record Set의 Routing Policy를 'Geolocation'으로 설정하면 구현할 수 있다. 지연 시간 기반 라우팅이 엔드 포인트와의 지연 시간을 줄이도록 라우팅해 주었다면 Geo Routing에서는 DNS 질의가 있는 장소에 따라 대상을 바꿀 수 있다. 예를 들어, 아시아에서의 요청이라면 서울 리전 EC2로 전송하고, 북아메리카에서의 요청은 버지니아 리전의 EC2로 전송하도록 설정할 수 있다. 지정한 장소와 맞지 않는 경우를 대비하여 기본 설정을 해두는 것을 추천한다.

✚ AWS 서비스와의 연계

Route53은 DNS 서비스 자체만으로도 정말 좋은 서비스이지만, S3나 CloudFront,[주9] ELB와 조합하며 사용함으로써 보다 편리하게 이용할 수 있다. 이런 경우 사용되는 기능이 Route53 자체 레코드 타입인 ALIAS 레코드다.

ALIAS 레코드는 CNAME 레코드와 같이 별명으로 지정하면서도 A 레코드와 같은 직접 IP 주소와 매핑을 하는 것이다. ALIAS 레코드가 지정할 수 있는 것은 AWS가 제공하는 서비스에 할당된 일부 DNS명에 대해서만 가능하다.

4.2 │ Route53 기본 조작

웹 사이트를 만들고 도메인을 구입한 후에는 웹 사이트를 외부에 공개하기 위해 DNS를 설정해야만 한다. 그때 도메인을 구입한 레지스트리가 제공하는 무료 DNS 서

주9 인터넷 스토리지 서비스 S3, Contents Delivery Network 서비스 CloudFront 상세 내용은 6장에서 설명한다.

비스가 아니라 비용이 좀 발생하더라도 앞으로 운용 측면을 생각하여 Route53을 사용하도록 하자.

Hosted Zone 생성

도메인을 구입하고 권한 네임 서버를 Route53으로 사용하게 되었다면 먼저, Hosted Zone을 생성한다.

✚ 관리 콘솔의 경우

관리 콘솔 홈에서 Route53을 선택하면 Route53 관리 화면이 표시된다. 초기 상태에서는 아무것도 등록되어 있지 않아 Route53에 관한 설명과 간단한 설정 방법 등을 볼 수 있다. 이 중에서 DNS management 아랫부분의 **Get Started Now** 버튼을 클릭한다. 다음은 화면 윗부분에 있는 **Create Hosted Zone** 버튼을 클릭하고, Hosted Zone 생성 화면으로 이동한다.

또한, Route53은 리전과는 관계없이 설정할 수 있는 서비스다. 평소에는 오른쪽 위에 'Asia Pacific(Seoul)'이나 'US East(N. Virginia)' 등 사용하고 있는 리전이 표시되지만, Route53 화면에서는 'Global'로 변경된다.

Domain Name에 구입한 도메인명, **Comment**에 추가 정보나 설명 등을 입력하고, **Type**은 'Public Hosted Zone'을 선택하고, **Create** 버튼을 클릭한다(그림 4.1).

그림 4.1 Hosted Zone의 등록

이것으로 무사히 Hosted Zone 등록이 완료되었다(그림 4.2). 설정을 수정할 경우 Delete Hosted Zone 버튼을 클릭하여 삭제한 후 다시 생성하면 된다. 또한, 지금 상태에서는 문제없지만, 같은 도메인명으로 여러 Hosted Zone을 생성할 수도 있어[주10] 주의해야 한다.

그림 4.2 등록된 Hosted Zone

위 설정으로는 아직 Hosted Zone으로 등록한 도메인의 네임 서버를 이전하지 않아 바로 Route53으로 이름 변환을 할 수 있는 상태는 아니다. 그림 4.2 오른쪽에 있는 Name Server에 직접 질의를 하면 등록 내용을 확인할 수 있다. 다음과 같이 NS 레코드를 질의하면 Name Servers에 표시되어 있는 네 개의 네임 서버가 출력되는 것을 확인할 수 있다.

```
$ dig @ns-59.awsdns-07.com NS cloudnoa.xyz
생략
;; ANSWER SECTION:
cloudnoa.xyz.         172800   IN      NS     ns-1011.awsdns-62.net.
cloudnoa.xyz.         172800   IN      NS     ns-1296.awsdns-34.org.
cloudnoa.xyz.         172800   IN      NS     ns-1779.awsdns-30.co.uk.
cloudnoa.xyz.         172800   IN      NS     ns-59.awsdns-07.com.
```

주10 같은 Hosted Zone이지만 Hosted Zone ID는 다르다.

✚ AWS CLI의 경우

AWS CLI를 사용할 경우에는 다음과 같이 route53 create-hosted-zone 명령어를 이용하여 Hosted Zone을 생성한다.

```
$ aws route53 create-hosted-zone --name cloudnoa.xyz \
--caller-reference cloudnoa.xyz \
--hosted-zone-config Comment="AWS Jpub"
{
    "HostedZone": {
        "ResourceRecordSetCount": 2,
        "CallerReference": "cloudnoa.xyz",
        "Config": {
            "Comment": "AWS Jpub",
            "PrivateZone": false
        },
        "Id": "/hostedzone/ZXXXXXXXXXXX",
        "Name": "cloudnoa.xyz."
    },
    "DelegationSet": {
        "NameServers": [
            "ns-665.awsdns-19.net",
            "ns-137.awsdns-17.com",
            "ns-1675.awsdns-17.co.uk",
            "ns-1460.awsdns-54.org"
        ]
    },
    "Location": "https://route53.amazonaws.com/2013-04-01/hostedzone/
ZV82W2V7049BS",
    "ChangeInfo": {
        "Status": "PENDING",
        "SubmittedAt": "2016-05-09T15:55:06.347Z",
        "Id": "/change/C1Q8YQF65IRA3R"
    }
}
```

caller-reference 옵션을 사용하고 있어 같은 caller-reference를 지정한 명령어를 실행해도 Hosted Zone은 생성되지 않는다. 다음과 같이 에러가 표시되며, 명령어는 실행되지 않고 실패한다. caller-reference가 같다면 도메인명이 다른 경우에도 에러가 발생하여 명령어를 저장하여 사용할 경우 주의해야 한다.

```
$ aws route53 create-hosted-zone --name cloudnoa.xyz \
--caller-reference cloudnoa.xyz \
--hosted-zone-config Comment="AWS Jpub"

A client error(HostedZoneAlreadyExists)occurred when calling the
CreateHostedZone operation: A hosted zone has already been created with the
specified caller reference.
```

caller-reference는 의도하지 않은 명령어가 여러 번 실행되었을 경우, 실수로 인해 같
은 도메인명의 Hosted Zone이 다수 생성되지 않게 하기 위해 반드시 필요한 옵션이다.
확인을 위해 route53 list-hosted-zone 명령어를 실행해 보자. 다음과 같이 관리 콘솔에
서 생성한 것과 명령어로 생성한 Hosted Zone 두 개가 JSON 형식으로 출력된다.

```
$ aws route53 list-hosted-zones
{
    "HostedZones": [
        {
            "ResourceRecordSetCount": 2,
            "CallerReference": "cloudnoa.xyz",
            "Config": {
                "Comment": "AWS Jpub",
                "PrivateZone": false
            },
            "Id": "/hostedzone/ZWWWWWWWWWWWW",
            "Name": "cloudnoa.xyz."
        },
        {
            "ResourceRecordSetCount": 2,
            "CallerReference": "96180365-E71E-2097-88AA-E79B385DDDD6",
            "Config": {
                "Comment": "AWS 실전 입문",
                "PrivateZone": false
            },
            "Id": "/hostedzone/ZXXXXXXXXXXXX",
            "Name": "cloudnoa.xyz."
        }
    ]
}
```

이것으로 Hosted Zone 생성은 끝났다.

Record Set 생성

다음은 Record Set를 생성하고 실제 이름에서 IP 주소로 변환될 수 있도록 하자.

✚ 지원하는 레코드 타입

Route53에서 제공하고 있는 레코드 타입은 표 4.1과 같이 10종류다.

표 4.1 Route53에서 지원하는 레코드 타입

레코드 타입	설명
A(Address Record)	호스트명과 IPv4의 IP 주소를 매핑한다
AAAA(IPv6 Address Record)	호스트명과 IPv6의 IP 주소를 매핑한다. AWS 서비스에서는 IPv6를 지원하는 것은 EC2-Classic ELB만 지원한다[주a]
CNAME(Cannonical Name Record)	다른 DNS 별명을 설정한다
MX(Mail Exchange Record)	메일 서버명 목록을 설정한다
NS(Name Server Record)	도메인의 위임된 네임 서버(권한 네임 서버)명을 설정한다 Route53에서는 Zone Apex의 NS 레코드가 기본으로 설정되어 평소에는 변경할 필요가 없다. 서브 도메인을 다른 계정이나 다른 Hosted Zone으로 관리하는 경우, 서브 도메인 NS 레코드를 설정해야 한다
PTR(Pointer Record)	주로 역질의(IP 주소에서 DNS명으로의 매핑)를 한다. 실제 IP 주소를 직접 지정하지 않는다. aaa.bbb.ccc.ddd라면 ddd.ccc.bbb.aaa.in-addr.arpa.과 같은 형식으로 다른 DNS명으로의 별명을 지정한다
SOA(Start Of Authority Record)	존에 관한 정보를 지정한다. 프라이머리 네임 서버, 도메인 관리자의 이메일 주소, 시리얼 번호, 갱신 간격과 캐시 유효기간 등을 지정한다
SPF(Sender Policy Framework Record)	IP 주소로 전자 메일의 송신 도메인 인증 기술인 SPF에 관해 기술한다. RFC4408[주b]에서는 SPF 레코드 사용이 추천되지만, SPF 레코드가 지원하지 않는 DNS 서버와 resolver가 존재하여 아래 TXT 레코드에도 같은 내용을 지정해 두는 것이 좋다

주a Default VPC 구성으로 변경하여 신규 계정을 만드는 경우 EC2-Classic을 사용할 수 없다.
주b http://www.ietf.org/rfc/rfc4408.txt

표 4.1 Route53에서 지원하는 레코드 타입(계속)

레코드 타입	설명
SRV(Service Locator Record)	RFC2219[주c]에 기록되어 있는 서비스와 별칭 지원은 well known port 이외의 포트로 운용되는 경우 포트 번호를 알 수 없다. SRV 레코드에서는 포트 번호 통지뿐만 아니라 MX 레코드처럼 부하 분산과 이중화 구성이 가능하다. Active Directory에서는 이 SRV 레코드가 이용된다
TXT(Text Record)	텍스트 정보를 제공하기 위한 레코드. 최근에는 SPF나 전자 서명을 이용한 송신 도메인 인증인 DKIM(DomainKeys Identified Mail)[주d]를 설정하기 위해 이용된다. Route53에서는 255문자를 넘는 TXT 레코드를 1 레코드로 기술하는 경우에 주의가 필요하다[주e]

➕ 기존 DNS 서버 존 파일 이전

지금까지 BIND 등으로 DNS 서버를 운용하고 있을 경우, Route53에 있는 존 (Zone) 파일 임포트 기능을 이용하면 기존 존 파일의 내용을 거의 그대로 이용하여 바로 Route53을 권한 DNS 서버로 가동시킬 수 있다. 이 책에서는 많이 사용하고 있는 BIND 존 파일을 Route53에 임포트하는 방법을 설명한다.

BIND 존 파일(리스트 4.1)을 Route53에 임포트한다. 관리 콘솔에서 임포트하는 방법 과 AWS CLI를 통한 방법을 보도록 한다. 주의해야 할 부분은 존 파일을 임포트할 경 우 Hosted Zone에는 최초 생성된 SOA 레코드와 NS 레코드 이외에 Record Set가 존재 하지 않는 상태여야만 한다는 점이다.

리스트 4.1 BIND 존 파일 예

```
$ORIGIN .
$TTL 86400      ; 1 day
cloudnoa.xyz    IN SOA cloudnoa.xyz. root.cloudnoa.xyz.(
                        2014080101 ; serial
```

주c http://www.rfc-editor.org/rfc/rfc2219.txt
주d http://www.ietf.org/rfc/rfc4871.txt
주e http://docs.aws.amazon.com/ko_kr/Route53/latest/DeveloperGuide/ResourceRecordTypes.html#TXTFormat

```
                                        3600       ; refresh(1 hour)
                                        900        ; retry(15 minutes)
                                        604800     ; expire(1 week)
                                        86400      ; minimum(1 day)
                                        )
                               NS    @
                               A     192.0.2.2
$ORIGIN cloudnoa.xyz.
$TTL 3600          ; 1 hour
batch001           A         192.168.2.101
batch002           A         192.168.2.102
web001             A         192.168.2.11
www                CNAME     Web001
```

➕ 존 파일 이전(관리 콘솔)

방금 생성한 Hosted Zone 목록 화면에 있는 Import Zone File 버튼을 클릭하면 오른쪽에 존 파일을 입력하는 텍스트 영역이 표시된다. 여기에 리스트 4.1을 붙여넣기하고 Import 버튼을 클릭한다(그림 4.3). SOA 레코드와 Zone Apex[주11]의 NS 레코드는 무시되므로 임포트하는 내용에 포함되어도 문제는 없다.

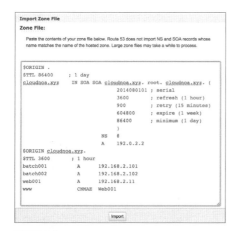

그림 4.3 임포트용 존 파일 붙여넣기

주11 구입한 도메인을 의미한다. Naked Domain이라고도 한다.

존 파일 내용에 문제가 없다면 임포트는 성공한다. 임포트가 성공해도 Record Set 목록은 갱신되지 않으므로 오른쪽 위에 있는 '새로 고침' 버튼을 클릭한다. 임포트한 레코드가 Record Set로 등록된 것을 확인할 수 있다(그림 4.4).

	Name	Type	Value	Evaluate Target Health	Health Check ID	TTL
	cloudnoa.xyz.	A	192.0.2.2	-	-	86400
	cloudnoa.xyz.	NS	ns-750.awsdns-29.net. ns-1848.awsdns-39.co.uk. ns-1419.awsdns-49.org. ns-264.awsdns-33.com.	-	-	172800
	cloudnoa.xyz.	SOA	ns-750.awsdns-29.net. awsdns-hostmaster.amazon.	-		900
	batch001.cloudnoa.xyz.	A	192.168.2.101	-	-	3600
	batch002.cloudnoa.xyz.	A	192.168.2.102	-	-	3600
	web001.cloudnoa.xyz.	A	192.168.2.11	-	-	3600
	www.cloudnoa.xyz.	CNAME	Web001.cloudnoa.xyz.	-	-	3600

그림 4.4 존 파일로 임포트한 Record Set

이와 같이 정말 간단하게 BIND 존 파일을 임포트할 수 있었다. 존 파일 안에 $GENERATE나 $INCLUDE와 같은 BIND 특유의 Directive를 사용하는 경우, 임포트 중 에러가 발생한다. 이 경우에는 named-compilezone 명령어로 특유의 Directive가 없는 상태로 수정한 후에 다시 시도해 보기 바란다. 아래 내용은 일시적으로 존 파일을 /tmp 아래에 복사하고, named-compilezone을 사용하여 $GENERATE나 $INCLUDE를 없는 상태로 수정하는 명령어다.

```
$ sudo yum install bind
$ ls -al /tmp
(생략)
-rw-rw-r-- 1 ec2-user ec2-user  719 May 10 12:59 cloudnoa.xyz.zone

$ sudo named-compilezone -t /tmp -o compliled_cloudnoa.xyz.zone cloudnoa.xyz
cloudnoa.xyz.zone
zone cloudnoa.xyz/IN: loaded serial 2014080101
dump zone to compliled_cloudnoa.xyz.zone...done
OK

$ ls -al /tmp
```

```
-rw-rw-r-- 1 ec2-user ec2-user  719 May 10 12:59 cloudnoa.xyz.zone
-rw-r--r-- 1 root     root       409 May 10 13:00 compliled_cloudnoa.xyz.
zone
```

이 명령어로 출력된 존 파일은 $GENERATE나 $INCLUDE가 없어진 상태의 존 파일을 생성하고, Route53에 임포트 가능한 상태로 되었을 것이다. 그러나 레코드 수가 1,000건을 넘는 경우는 1,000건까지를 관리 콘솔로 진행하고, 등록이 되지 않는 내용은 AWS CLI로 해야만 한다.

AWS CLI와는 다른 명령어 도구인 bindtoroute53.pl[주12](BIND 존 파일을 XML로 변환하는 도구)와 dnscurl.pl[주13](XML 형식의 존 파일을 기반으로 Route53에 등록을 하는 도구)를 조합하여 구현할 수 있다.

✚ 존 파일 이전(AWS CLI)

AWS CLI로 실행한 경우에도 관리 콘솔과 같이 한 번에 등록할 수 있는 레코드 수의 제한이 1,000건으로 되어 있다. 그러나 관리 콘솔에서의 임포트 작업은 한 번밖에 실행할 수 없는 반면에 AWS CLI로 임포트하는 경우, Record Set 등록을 지정된 JSON 파일로 실행하므로 1,000건씩 파일을 나누어서 실행하면 제한 없이 임포트할 수 있다. 방금 소개한 named-compilezone 명령어를 사용하여 존 파일을 수정한다. 출력 결과는 다음과 같다.

```
$ sudo named-compilezone -t /tmp -o compliled_cloudnoa.xyz.zone cloudnoa.xyz
cloudnoa.xyz.zone
생략
$ cat compliled_cloudnoa.xyz.zone
cloudnoa.xyz.                           86400 IN OA
cloudnoa.xyz. root.cloudnoa.xyz. 2014080101 3600 900 604800 86400
cloudnoa.xyz.                           86400 IN NSx  .
cloudnoa.xyz.                           86400 IN A    192.0.2.2
생략
```

주12 http://aws.amazon.com/developertools/Amazon-Route-53/4495891528591897

주13 http://aws.amazon.com/developertools/Amazon-Route-53/9706686376855511

이것을 이용하고 aws route53 change-resource-record-sets 명령어의 change-batch 옵션으로 전달할 JSON 파일을 생성한다. 단순한 존 파일이라면 리스트 4.2의 셸 스크립트로 등록용 JSON 파일을 출력한다.

리스트 4.2 named-compilezone 결과에서 등록용 JSON 파일을 생성하는 셸 스크립트

```bash
#!/bin/bash
OUTPUT_FILE=import_records.json
ZONE_FILE=compliled_cloudnoa.xyz.zone
record_str=""

while read line
do
  _name=`echo $line | awk '{print $1}'`
  _ttl=`echo $line | awk '{print $2}'`
  _type=`echo $line | awk '{print $4}'`
  _resource_record=`echo $line | awk '{ for(i = 5; i < NF; i++){ print-
f("%s", $i)} print $NF }'`
  if [ "$_type" != "NS" -a "$_type" != "SOA" ]; then
    if [ ! -z "$record_str" ]; then record_str="$record_str,"; fi
    record_str=`cat <<EOF
${record_str}
    {
        "Action": "CREATE",
        "ResourceRecordSet": {
                "Name": "${_name}",
                "Type": "${_type}",
                "TTL": ${_ttl},
                "ResourceRecords": [
                        {
                            "Value": "${_resource_record}"
                        }
                ]
        }
    }
EOF`
  fi
done < ${ZONE_FILE}

output_str=`cat <<EOF
{
  "Comment": "Import All records sets.",
  "Changes": [
${record_str}
```

```
  ]
}
EOF`

echo "$output_str" > $OUTPUT_FILE
```

리스트 4.2에서 출력된 JSON 파일을 이용하여 다음과 같이 Record Set를 등록한다.

```
$ aws route53 change-resource-record-sets --hosted-zone-id ZXXXXXXXXXXXX
--change-batch file:///tmp/import_records.json
{
    "ChangeInfo": {
        "Status": "PENDING",
        "Comment": "Import All records sets.",
        "SubmittedAt": "2016-05-10T16:03:21.235Z",
        "Id": "/change/C1AR16Q8VCZ3SR"
    }
}
```

출력 결과의 Status가 PENDING으로 되어 있어 이 상태가 INSYNC가 되면 등록은 끝난다. 등록 완료를 확인하려면 위에서 출력된 Id를 사용하여 다음과 같이 실행한다.

```
$ aws route53 get-change --id /change/C1AR16Q8VCZ3SR
{
    "ChangeInfo": {
        "Status": "INSYNC",
        "Comment": "Import All records sets.",
        "SubmittedAt": "2016-05-10T16:03:21.235Z",
        "Id": "/change/C1AR16Q8VCZ3SR"
    }
}
```

이것으로 임포트 작업은 끝났다. 등록된 Record Set를 확인하려면 다음과 같이 route53 list-resource-record-sets 명령어를 실행한다.

```
$ aws route53 list-resource-record-sets --hosted-zone-id ZXXXXXXXXXXXX
{
```

```
    "ResourceRecordSets": [
        {
            "ResourceRecords": [
                {
                    "Value": "192.0.2.2"
                }
            ],
            "Type": "A",
            "Name": "cloudnoa.xyz.",
            "TTL": 86400
        },
생략
```

✚ Record Set 등록(관리 콘솔)

기존 레코드의 임포트가 끝났다면 다음은 EC2에 동작 중인 서비스를 공개하기 위해 EC2 인스턴스에 연결된 EIP를 Record Set로 등록해 보자.

Record Set 목록 화면 윗부분에 있는 **Create Record Set** 버튼을 누르고, 오른쪽에 표시된 화면에서 EC2 정보를 입력하고, Record Set를 설정한다. 그림 4.5는 EIP를 A 레코드로 등록하고 있다.

그림 4.5 EIP를 A 레코드로 등록

✛ Record Set 등록(AWS CLI)

명령어로 Record Set를 등록하려면 임포트 때와 마찬가지로 aws route53 change-resource-record-sets 명령어를 다음과 같이 실행한다.

```
$ cat create_record.json
{
  "Comment": "Create records set for EIP.",
  "Changes": [
      {
              "Action": "CREATE",
              "ResourceRecordSet": {
                "Name": "blog.cloudnoa.xyz.",
                "Type": "A",
                "TTL": 3600,
                "ResourceRecords": [
                  {
                    "Value": "52.79.186.243"
                  }
                ]
              }
      }
   ]
}

$ aws route53 change-resource-record-sets --hosted-zone-id ZXXXXXXXXXXXXX
--change-batch file:///tmp/create_record.json
{
    "ChangeInfo": {
        "Status": "PENDING",
        "Comment": "Create records set for EIP.",
        "SubmittedAt": "2016-05-13T14:25:06.644Z",
        "Id": "/change/C10VREF99RJF1H"
    }
}
```

또한, 등록 상태를 확인하려면 aws route53 get-change 명령어를 이용하고, 등록 결과를 확인하려면 aws route53 list-resource-record-sets 명령어를 이용한다.

여기까지는 특별히 Route53만의 Routing Policy를 지정하지 않고, Record Set를 등록했다. Route53은 Routing Policy를 Simple 설정으로 라우팅 기능을 사용하지 않고 운용해도 가용성 등 여러 가지 이점을 얻을 수 있다. 그러나 Route53을 사용하면서 그 이점을 최대한 활용하는 것이 좋을 것이다.

Route53이 제공하는 기능 중에서 DNS Failover는 많은 사용자에게 필요한 기능이다. 여기서는 EC2에 구축한 웹 사이트가 응답하지 않는 경우 S3[주14]에 존재하는 Sorry 페이지로 Failover되도록 설정해 보자.

Health Check 설정

DNS Failover를 설정하려면 cloudnoa.xyz 설정이 필요하다. 일단 맨 처음 Health Check 설정을 한다. Health Check를 설정하면 HTTP 요청 User-Agent 헤더에 'Amazon Route 53 Health Check Service' 내용이 들어가게 된다.

✚ 관리 콘솔의 경우

Route53 메인 화면에서 Health check 아래에 있는 Get Started Now 버튼을 클릭하고, Health check 설정 화면으로 이동하여 Create health check 버튼을 클릭한다.

단순한 Health Check 대상 지정 방법으로는 엔드 포인트를 IP 주소로 지정하는 방법과 도메인명으로 지정하는 방법이 있다.[주15] 그림 4.6에서는 IP 주소로 확인하는 옵션의 Host Name을 지정하여 Host 헤더가 붙는 HTTP 액세스로 체크하도록 설정되어 있다.

주14 S3의 자세한 내용은 6장에서 설명한다.

주15 여러 Health Check 결과를 조합하여 하나의 Health Check로 할 수도 있다.

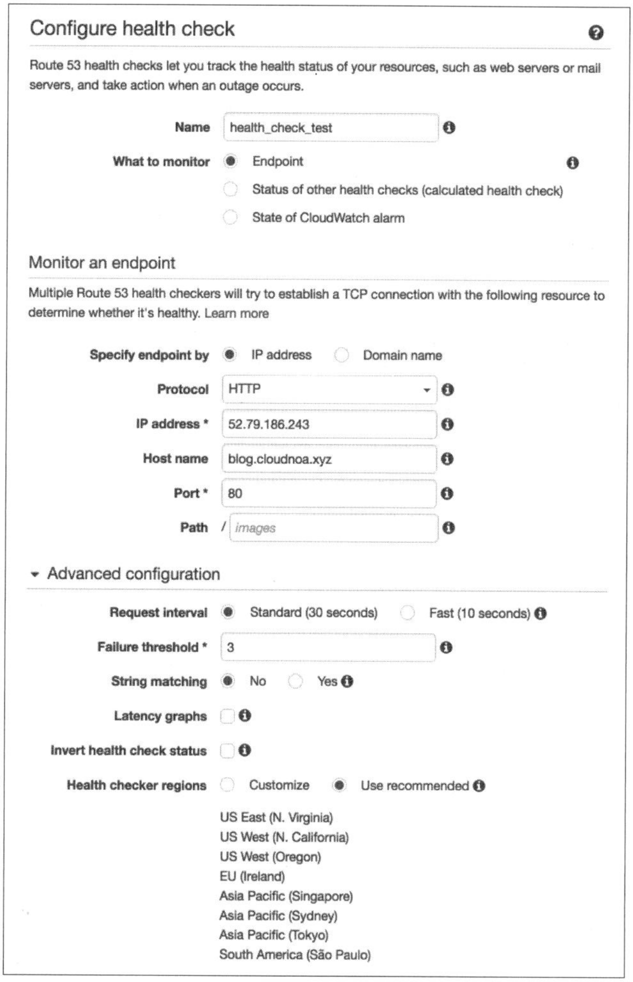

Configure health check ❓

Route 53 health checks let you track the health status of your resources, such as web servers or mail servers, and take action when an outage occurs.

Name `health_check_test` ⓘ

What to monitor ● Endpoint ⓘ
○ Status of other health checks (calculated health check)
○ State of CloudWatch alarm

Monitor an endpoint

Multiple Route 53 health checkers will try to establish a TCP connection with the following resource to determine whether it's healthy. Learn more

Specify endpoint by ● IP address ○ Domain name
Protocol `HTTP` ⓘ
IP address * `52.79.186.243` ⓘ
Host name `blog.cloudnoa.xyz` ⓘ
Port * `80` ⓘ
Path / `images` ⓘ

▼ Advanced configuration

Request interval ● Standard (30 seconds) ○ Fast (10 seconds) ⓘ
Failure threshold * `3` ⓘ
String matching ● No ○ Yes ⓘ
Latency graphs ☐ ⓘ
Invert health check status ☐ ⓘ
Health checker regions ○ Customize ● Use recommended ⓘ

US East (N. Virginia)
US West (N. California)
US West (Oregon)
EU (Ireland)
Asia Pacific (Singapore)
Asia Pacific (Sydney)
Asia Pacific (Tokyo)
South America (São Paulo)

그림 4.6 Health Checks 생성

HTTPS 선택, Request interval을 10초로 변경, String matching을 Yes로 했을 경우, 기본 Health Check 비용 이외에 옵션 요금[16]이 발생한다. 또한, 옵션 중에는 Latency 를 측정하여 CloudWatch[17] 그래프로 확인하는 방법도 있다. 옵션 요금이라고 해도

주16 http://aws.amazon.com/ko/route53/pricing/#HealthChecks
주17 AWS의 모니터링 서비스다. 9장에서 설명한다.

Health Check 1건당 그렇게 많은 비용이 발생하지는 않는다. 비용 절약을 위해 필요한 체크를 하지 않는 것보다 필요한 체크를 활성화하여 정확도를 높여 운용하는 편이 좋을 것이다. 이것으로 Health Check 설정은 끝났다.

✚ AWS CLI의 경우

명령어로 설정하는 경우, 다음과 같이 aws route53 create-health-check를 이용한다.

```
$ aws route53 create-health-check \
--caller-reference health-check-test \
--health-check-config IPAddress=52.79.186.243,Port=80,Type=HTTP,Resource-
Path=/,FullyQualifiedDomainName=blog.cloudnoa.xyz
{
    "HealthCheck": {
        "HealthCheckConfig": {
            "FailureThreshold": 3,
            "IPAddress": "52.79.186.243",
            "ResourcePath": "/",
            "EnableSNI": false,
            "Inverted": false,
            "MeasureLatency": false,
            "RequestInterval": 30,
            "Type": "HTTP",
            "Port": 80,
            "FullyQualifiedDomainName": "blog.cloudnoa.xyz"
        },
        "CallerReference": "health-check-test",
        "HealthCheckVersion": 1,
        "Id": "e6a84e28-6e43-431f-a2b0-1ce8f1ed38cc"
    },
    "Location": "https://route53.amazonaws.com/2015-01-01/healthcheck/
e6a84e28-6e43-431f-a2b0-1ce8f1ed38cc"
}
```

FailureThreshold와 RequestInterval은 기본 값을 사용하므로 위에서는 생략되어 있다. 관리 콘솔에서는 Name을 지정할 수 있었지만, 명령어에서는 지정할 수 없다.[18]

주18 필수 항목이 아닌 옵션 항목이므로 문제는 없다.

DNS Failover 설정

Health Check가 끝났고, 이제 하려고 했던 DNS Failover를 설정하여 실제 동작을 보도록 하자. Failover는 S3 정적 웹 호스트 기능을 이용하도록 한다.

➕ 관리 콘솔의 경우

먼저, 정상일 경우의 전송 대상(Primary Record Set)을 설정한다(그림 4.7). 일반 Record Set와 다른 점은 **Routing Policy**에 'Failover'를 선택하고, **Failover Record Type** 을 'Primary'로 하는 점과 **Associate with Health Check**를 'Yes'로 하고, 위에서 생성한 'health_check_test'라는 Health Check를 선택한다는 점이다. 또한, 설정 시 주의 사항 은 설정 화면에도 표시되지만, Failover까지 시간을 단축하기 위해 TTL(Time To Live, 캐 시 유효기간)을 60초 이하로 설정하는 것이 좋다는 점이다.

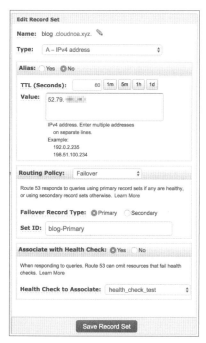

그림 4.7 Primary Record Set 생성

다음은 Health Check가 실패할 경우, 전송 대상(Secondary Record Set)을 설정한다. 여기서도 Routing Policy는 'Failover'로 설정하고, 장애 발생 시 전송 대상이 되므로 Failover Record Type을 'Secondary'로 지정한다. Primary Record Set와 달리 Secondary 쪽은 Health Check를 지정하지 않는다.

그림 4.8 Secondary Record Set 생성

➕ AWS CLI의 경우

명령어로 설정하는 경우, aws route53 change-resource-record-sets 명령어를 실행하여 한 번에 Primary Record Set와 Secondary Record Set를 등록할 수 있다. 아래 예제에서는 위에서 생성한 일반 레코드를 삭제하고, 생성하도록 한다.[주19] Primary Record Set에 지정한 HealthCheckId는 Health Check를 생성했을 때 출력되는 Id 항목을 이용한다. 생성된 Health Check를 선택하면, Info 메뉴에서도 확인할 수 있다.

주19 일반 Routing Policy에서 Failover로 변경하면 UPSERT에서는 에러가 발생한다.

```
$ cat create_failover_record_sets.json
{
 "Comment": "Create Failover Record Sets.",
 "Changes": [
        {
          "Action": "DELETE",
          "ResourceRecordSet": {
           "Name": "blog.cloudnoa.xyz.",
           "Type": "A",
           "TTL": 3600,
           "ResourceRecords": [
                 {
                    "Value": "52.79.186.243"
                 }
             ]
           }
     },
     {
          "Action": "CREATE",
          "ResourceRecordSet": {
           "Name": "blog.cloudnoa.xyz.",
           "Type": "A",
           "SetIdentifier": "blog-primary",
           "Failover": "PRIMARY",
           "TTL": 60,
           "ResourceRecords": [
        {
                    "Value": "52.79.186.243"
                 }
           ],
           "HealthCheckId": "cc0c8a9c-c9cf-4877-949c-9dc5621e90b2"
     }
     },
     {
        "Action": "CREATE",
          "ResourceRecordSet": {
           "Name": "blog.cloudnoa.xyz.",
           "Type": "A",
           "SetIdentifier": "blog-secondary",
           "Failover": "SECONDARY",
           "AliasTarget": {
                 "HostedZoneId": "Z3W03O7B5YMIYP",
                 "DNSName": "s3-website.ap-northeast-2.amazonaws.com.",
                 "EvaluateTargetHealth": false
           }
     }
  }
}
```

```
    ]
}
$ aws route53 change-resource-record-sets \
--hosted-zone-id ZXXXXXXXXXXXX \
--change-batch file:///tmp/create_failover_record_sets.json
{
    "ChangeInfo": {
        "Status": "PENDING",
        "Comment": "Create Failover Record Sets.",
        "SubmittedAt": "2016-05-14T12:40:09.900Z",
        "Id": "/change/C2R9GKBJ5F7YNH"
    }
}
```

S3의 ALIAS 레코드에서 사용하는 HostedZoneId는 Route53의 Id와는 별도록 리전별로 설정되어 있다. 위 예제에서 사용한 것은 서울 리전 HostedZoneId다. 서울 리전 이외의 정보는 공식 문서[주20]를 참고하기 바란다.

➕ DNS Failover 동작 확인

여기까지 DNS Failover 설정이 완료되었으면, 실제 Failover 동작 확인을 해보자. 먼저, Primary Record Set에 설정한 EC2 인스턴스로 웹 서버를 구축하고, 해당 콘텐츠가 표시되도록 하자. 다음 예제에서는 웹 서버가 정상일 때의 결과와 DNS 질의 결과를 나타낸 것이다.

```
$ curl http://blog.cloudnoa.xyz
<!DOCTYPE html>
<html lang="ko">
<head>
<meta charset="utf-8">
<title>Blog</title> </head>
<body>
 park sanguk test blog!!
</body>
```

주20 http://docs.aws.amazon.com/ko_kr/general/latest/gr/rande.html

```
</html>
$ dig blog.cloudnoa.xyz
생략
;; ANSWER SECTION:
blog.cloudnoa.xyz.    51   IN   A   52.79.186.243
생략
```

Failover될 때 표시되는 S3 정적 호스팅에 직접 접속한 내용은 다음과 같다.

```
$ curl http://blog.cloudnoa.xyz.s3-website.ap-northeast-2.amazonaws.com
<!DOCTYPE html>
<html lang="ko">
<head>
  <meta charset="utf-8">
  <title>Blog(Sorry)</title> </head>
<body>
장애가 발생하여 복구 중입니다. 잠시 후 접속해 주세요.
</body>
```

여기서 EC2 인스턴스의 웹 서버 프로세스를 정지해 본다. 정지 후 바로 페이지를 표시할 수 없는, 에러가 표시되지만, 빠르면 TTL과 같은 60초 정도에 Secondary Record에 지정한 페이지가 표시된다.

```
$ curl http://blog.cloudnoa.xyz
<!DOCTYPE html>
<html lang="ko">
<head>
  <meta charset="utf-8">
  <title>Blog(Sorry)</title> </head>
<body>
장애가 발생하여 복구 중입니다. 잠시 후 접속해 주세요.
</body>
```

Failover된 후에 DNS 질의 결과를 보면 다음과 같이 변경되어 있으며, S3 정적 호스팅 사이트로 전달되는 것을 알 수 있다.

```
$ dig blog.cloudnoa.xyz
  생략
;; ANSWER SECTION:
blog.cloudnoa.xyz.   5   IN   A   52.92.4.16   S3의 IP 주소는 질의할 때마다 바뀐다.
  생략
$ dig -x 52.92.4.16
  생략
;; ANSWER SECTION:
16.4.92.52.in-addr.arpa. 900   IN   PTR   s3-website.ap-northeast-2.
amazonaws.com.
  생략
```

마지막으로, 웹 서버를 시작하면 S3가 아닌 EC2로 접속이 된다면 Failover 동작 확인은 끝난 것이다.

4.4 | Route53 사용 정지

예를 들어, 이벤트 사이트에서 사용할 목적으로 한 도메인과 같이 단기간만 사용하고 계속 사용하지 않는 도메인도 있을 것이다. 이벤트가 끝나고 가용성 등을 특별히 고려하지 않아도 되고 DNS 질의만 가능한 상태로 두고 싶을 경우에는 레지스트리가 제공하는 무료 DNS 서버로 이전해 두는 방법도 있다. 이와 같은 상태로 만들기 위해서는 Route53에 등록한 Record Set와 Hosted Zone은 삭제하고, 만약 백업을 해야 하는 경우, AWS CLI로 Record Set 목록을 출력하여 저장해 두자. 다음과 같이 JSON형태로 출력되어 나중에 자유롭게 가공하여 사용할 수 있다.

```
$ aws route53 list-resource-record-sets \
--hosted-zone-id ZXXXXXXXXXXXXX > aws-cloudnoa.xyz_records.json
$ cat aws-cloudnoa.xyz_records.json
{
    "ResourceRecordSets": [
        {
            "ResourceRecords": [
```

```
            {
                "Value": "192.0.2.2"
            }
        ],
        "Type": "A",
        "Name": "cloudnoa.xyz.",
        "TTL": 86400
    },
    {
        "ResourceRecords": [
            {
                "Value": "ns-750.awsdns-29.net."
            },
            {
                "Value": "ns-1848.awsdns-39.co.uk."
            },
            {
                "Value": "ns-1419.awsdns-49.org."
            },
            {
                "Value": "ns-264.awsdns-33.com."
            }
        ],
        "Type": "NS",
        "Name": "cloudnoa.xyz.",
        "TTL": 172800
    },
    {
        "ResourceRecords": [
            {
                "Value": "ns-750.awsdns-29.net. awsdns-hostmaster.
amazon.com. 2 7200 900 1209600 86400"
            }
        ],
        "Type": "SOA",
        "Name": "cloudnoa.xyz.",
        "TTL": 900
    },
    {
        "ResourceRecords": [
            {
                "Value": "192.168.2.101"
            }
        ],
        "Type": "A",
        "Name": "batch001.cloudnoa.xyz.",
        "TTL": 3600
```

```
        },
        {
            "ResourceRecords": [
                {
                    "Value": "192.168.2.102"
                }
            ],
            "Type": "A",
            "Name": "batch002.cloudnoa.xyz.",
            "TTL": 3600
        },
        {
            "HealthCheckId": "cc0c8a9c-c9cf-4877-949c-9dc5621e90b2",
            "Name": "blog.cloudnoa.xyz.",
            "Type": "A",
            "Failover": "PRIMARY",
            "ResourceRecords": [
                {
                    "Value": "52.79.186.243"
                }
            ],
            "TTL": 60,
            "SetIdentifier": "blog-primary"
        },
        {
            "SetIdentifier": "blog-secondary",
            "Failover": "SECONDARY",
            "AliasTarget": {
                "HostedZoneId": "Z3W03O7B5YMIYP",
                "EvaluateTargetHealth": false,
                "DNSName": "s3-website.ap-northeast-2.amazonaws.com."
            },
            "Type": "A",
            "Name": "blog.cloudnoa.xyz."
        },
        {
            "ResourceRecords": [
                {
                    "Value": "192.168.2.11"
                }
            ],
            "Type": "A",
            "Name": "web001.cloudnoa.xyz.",
            "TTL": 3600
        },
        {
            "ResourceRecords": [                          {
```

```
                "Value": "Web001.cloudnoa.xyz."
          }
        ],
        "Type": "CNAME",
        "Name": "www.cloudnoa.xyz.",
        "TTL": 3600
      }
    ]
}
```

Record Set 삭제

Hosted Zone을 삭제하려면 먼저, SOA 레코드와 Zone Apex의 NS 레코드(예제에서는 cloudnoa.xyz)를 제외한 Record Set를 삭제해야 한다.

✚ 관리 콘솔의 경우

관리 콘솔에서 Record Set를 삭제하는 경우, 삭제 대상 Record Set 모두를 선택하고 Delete Record Set 버튼을 클릭한다. 그림 4.9와 같이 확인 화면이 표시되고 Confirm 버튼을 클릭하면 삭제가 끝난다.

그림 4.9 Record Set 삭제 확인 화면

➕ AWS CLI의 경우

AWS CLI를 이용하는 경우 다음과 같이 JSON을 작성하고, aws route53 change-resource-record-sets 명령어를 사용하여 Record Set를 삭제한다.

```
$ cat delete_record_sets.json
{
    "Comment": "Delete All records sets.",
    "Changes": [
      {
        "Action": "DELETE",
        "ResourceRecordSet": {
        "Name": "cloudnoa.xyz",
        "Type": "A",
        "TTL": 86400,
        "ResourceRecords": [
          {
            "Value": "192.0.2.2"
          }
          ]
        }
      },
      {
        "Action": "DELETE",
        "ResourceRecordSet": {
        "Name": "batch001.cloudnoa.xyz",
        "Type": "A",
        "TTL": 3600,
        "ResourceRecords": [
          {
            "Value": "192.168.2.101"
          }
          ]
        }
      },
      {
        "Action": "DELETE",
        "ResourceRecordSet": {
        "Name": "batch002.cloudnoa.xyz",
        "Type": "A",
        "TTL": 3600,
        "ResourceRecords": [
          {
            "Value": "192.168.2.102"
          }
```

```
      ]
    }
  },
  {
    "Action": "DELETE",
    "ResourceRecordSet": {
     "Name": "blog.cloudnoa.xyz",
     "Type": "A",
     "SetIdentifier": "blog-primary",
         "Failover": "PRIMARY",
     "TTL": 60,
     "ResourceRecords": [
      {
        "Value": "52.79.186.243"
      }
     ],
           "HealthCheckId": "cc0c8a9c-c9cf-4877-949c-9dc5621e90b2"
    }
  },
  {
        "Action": "DELETE",
        "ResourceRecordSet": {
         "Name": "blog.cloudnoa.xyz.",
         "Type": "A",
         "SetIdentifier": "blog-secondary",
         "Failover": "SECONDARY",
         "AliasTarget": {
               "HostedZoneId": "Z3W03O7B5YMIYP",
               "DNSName": "s3-website.ap-northeast-2.amazonaws.com.",
               "EvaluateTargetHealth": false
         }
    }
  },
  {
    "Action": "DELETE",
    "ResourceRecordSet": {
     "Name": "web001.cloudnoa.xyz",
     "Type": "A",
     "TTL": 3600,
     "ResourceRecords": [
      {
        "Value": "192.168.2.11"
      }
     ]
    }
  },
  {
```

```
          "Action": "DELETE",

        "ResourceRecordSet": {
          "Name": "www.cloudnoa.xyz",
          "Type": "CNAME",
          "TTL": 3600,
          "ResourceRecords": [
            {
              "Value": "Web001.cloudnoa.xyz."
            }
          ]
        }
      }
    ]
}

$ aws route53 change-resource-record-sets \
--hosted-zone-id ZXXXXXXXXXXXXX \
--change-batch file:///tmp/delete_record_sets.json
{
    "ChangeInfo": {
        "Status": "PENDING",
        "Comment": "Delete All records sets.",
        "SubmittedAt": "2016-05-14T14:36:49.226Z",
        "Id": "/change/C3AK1X4PQICDSN"
    }
}

$ aws route53 list-resource-record-sets --hosted-zone-id ZXXXXXXXXXXXXX
{
    "ResourceRecordSets": [
        {
            "ResourceRecords": [
                {
                    "Value": "ns-750.awsdns-29.net."
                },
                {
                    "Value": "ns-1848.awsdns-39.co.uk."
                },
                {
                    "Value": "ns-1419.awsdns-49.org."
                },
                {
                    "Value": "ns-264.awsdns-33.com."
                }
            ],
            "Type": "NS",
```

```
        "Name": "cloudnoa.xyz.",
        "TTL": 172800
    },
    {
        "ResourceRecords": [
            {
                "Value": "ns-750.awsdns-29.net. awsdns-hostmaster.
amazon.com. 2 7200 900 1209600 86400"
            }
        ],
        "Type": "SOA",
        "Name": "cloudnoa.xyz.",
        "TTL": 900
    }
  ]
}
```

이제 최소한의 Record Set만 남았으므로 Hosted Zone을 삭제할 수 있다.

Hosted Zone 삭제

✚ 관리 콘솔의 경우

마지막으로, Hosted Zone을 삭제하여 대상 도메인이 더 이상 Route53을 참조하지 못하도록 해보자. 관리 콘솔에서 Hosted Zone을 삭제하려면 Hosted Zone 목록 화면에서 삭제 대상을 선택하고, Delete Hosted Zone 버튼을 클릭한다. 그러면 확인 화면이 표시되는데 Confirm 버튼을 클릭하면 삭제된다.

✚ AWS CLI의 경우

AWS CLI를 사용하는 경우, 다음과 같이 aws route53 delete-hosted-zone 명령어를 사용하여 Hosted Zone을 삭제한다. 삭제가 완료되었는지를 확인하려면 aws route53 get-change 명령어를 사용한다.

```
$ aws route53 delete-hosted-zone --id Z36VOCCBY5EKGC
{
    "ChangeInfo": {
        "Status": "PENDING",
        "SubmittedAt": "2016-05-14T14:54:23.796Z",
        "Id": "/change/C28I2JHNTI5QKN"
    }
}
$ aws route53 get-change --id /change/C28I2JHNTI5QKN
{
    "ChangeInfo": {
        "Status": "INSYNC",
        "SubmittedAt": "2016-05-14T14:54:23.796Z",
        "Id": "/change/C28I2JHNTI5QKN"
    }
}
```

4.5 | VPC 내부 DNS로 사용

초기 Route53에서는 Public용으로 사용할 수 있었고, Private IP 주소를 등록하여 VPC[주21] 내부용으로 사용할 수 있었지만, Private IP 주소에 액세스 제한이 있는 내부 네트워크의 호스트명이나 IP 주소 정보가 외부에 노출되는 것을 허용하며 사용해야만 했다.

Private DNS 기능이 출시된 지금은 완전한 VPC 내부만의 DNS 서버로 설정할 수 있게 되었다. 또한, Route53 기능으로 제공되고 있어 API와 명령어로 관리나 조작이 가능하므로 운용에 대한 자동화를 쉽게 구현할 수 있다.

Route53에서 VPC 내부 DNS로 사용하기 위해서는 사용할 VPC에서 DNS resolution 과 DNS hostnames 설정 값이 'yes'로 되어 있는 것을 확인하기 바란다(그림 4.10). 이 설정이 활성화되어 있지 않으면 Route53의 Private DNS 기능을 사용할 수 없다.

주21 VPC에 대해서는 5장을 참고하기 바란다.

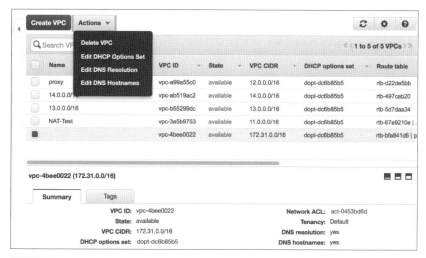

그림 4.10 VPC의 DNS 설정 값 확인

만약, 위의 설정 값이 'no'로 되어 있는 경우 대상 VPC를 선택하고, Action 버튼을 클릭하여 Edit DNS Resolution과 Edit DNS Hostname에서 설정 값을 변경한다. 이것으로 Private DNS 기능을 사용할 준비가 끝났다. 실제 설정해 보도록 하자.

관리 콘솔의 경우

Private DNS 설정과 Public DNS 설정의 다른 점은 Hosted Zone(Private Hosted Zone)을 생성할 때 Private DNS에 등록된 Record Set에 사용할 VPC를 지정하는 것이다. 그림 4.11과 같이 Hosted Zone의 Type에 'Private Hosted Zone for Amazon VPC'를 선택하고, VPC ID에는 사용할 VPC ID를 선택한다.[주22] VPC ID를 여러 개 등록하고 싶을 경우에는 그림 4.12와 같이 Associate New VPC 버튼으로 추가할 수 있다.

주22 관리 콘솔에 로그인하고 있는 계정에서 사용할 수 있는 VPC ID가 선택 값으로 표시된다.

그림 4.11 Private Hosted Zone

그림 4.12 VPC ID 추가

　Record Set 등록에 대해서는 특별히 Public 사용법과 다르지 않다. 동작 확인을 위해 표 4.2와 같이 Record Set를 등록한다. 2016년 4월 현재 Private Hosted Zone에서는 CloudFront 엔드 포인트로 ALIAS 레코드를 등록할 수 없다. CloudFront의 경우

CNAME으로 설정하여 사용할 수 있다.

표 4.2 Private Hosted Zone 동작 확인용 Record Set

Name	Type	Value
web001	A	172.31.12.9
blog	A Alias	s3-website.ap-northeast-2.amazonaws.com

그러면 생성한 Hosted Zone에 설정된 VPC 내부 EC2 인스턴스에서 표 4.2의 Record Set로 질의가 가능한지 확인해 보자. 다음과 같이 출력되는 것을 확인할 수 있다.

```
$ dig web001.internal.cloudnoa.xyz
생략
;; ANSWER SECTION:
web001.internal.cloudnoa.xyz. 300 IN       A       172.31.12.9
;; Query time: 3 msec
생략
$ dig blog.internal.cloudnoa.xyz
생략
;; ANSWER SECTION:
blog.internal.cloudnoa.xyz. 5      IN      A       52.92.4.12
;; Query time: 2 msec
생략
```

위의 실행 결과와 같이 Private DNS 동작을 확인하였다. 이것으로 내부용으로 BIND 등을 별도로 구축하여 관리할 필요가 없어졌으며, 운용과 패치 작업 등이 좀 더 편해질 것이다.

AWS CLI의 경우

명령어로 Private DNS 설정을 해보자. Private Hosted Zone 관련 명령어를 사용하기 위해 AWS CLI를 최신 버전으로 업데이트한다. AWS CLI 버전에 따라 옵션이 추가/변경되는 경우도 있으므로 매뉴얼을 참고하여 실행하면 좋을 것이다.

```
$ sudo pip install awscli --upgrade
```

AWS CLI의 업데이트가 끝나면 다음과 같이 Private Hosted Zone을 생성한다. Public Hosted Zone과 다른 점은 '--VPC' 옵션으로 리전과 VPC ID를 지정하는 부분이다.

```
$ aws route53 create-hosted-zone --name internal.cloudnoa.xyz \
--vpc VPCRegion=ap-northeast-2,VPCId=vpc-4bee0022 \
--caller-reference AWS-create-private-hosted-zone \
--hosted-zone-config Comment="AWS PRIVATE DNS(CLI)"
{
    "ChangeInfo": {
        "Status": "PENDING",
        "SubmittedAt": "2016-05-14T15:59:11.668Z",
        "Id": "/change/CFUA8ZHNWIBYC"
    },
    "HostedZone": {
        "ResourceRecordSetCount": 2,
        "CallerReference": "AWS-create-private-hosted-zone",
        "Config": {
            "Comment": "AWS PRIVATE DNS(CLI)",
            "PrivateZone": true
        },
        "Id": "/hostedzone/ZBDE3N6Z5GTIM",
        "Name": "internal.cloudnoa.xyz."
    },
    "Location": "https://route53.amazonaws.com/2013-04-01/hostedzone/ZB-
DE3N6Z5GTIM",
    "VPC": {
        "VPCId": "vpc-4bee0022",
        "VPCRegion": "ap-northeast-2"
    }
}
```

VPC를 추가할 경우에는 다음과 같이 aws route53 associate-vpc-with-hosted-zone 명령어를 사용한다.

```
$ aws route53 associate-vpc-with-hosted-zone \
--hosted-zone-id ZBDE3N6Z5GTIM \
--vpc VPCRegion=ap-northeast-2,VPCId=vpc-b55299dc
{
```

```
    "ChangeInfo": {
        "Status": "PENDING",
        "Comment": "",
        "SubmittedAt": "2016-05-14T16:02:09.173Z",
        "Id": "/change/C2GTX98056A7R9"
    }
}
```

Record Set 설정은 Public과 다르지 않다. 다음과 같이 Record Set를 등록하고, 내부 질의가 가능한지 확인해 보자. 등록한 Record Set은 표 4.2와 같다.

```
$ cat create_internal_record.json
{
 "Comment": "Create records set for internal",
 "Changes": [
     {
      "Action": "CREATE",
      "ResourceRecordSet": {
      "Name": "web001.internal.cloudnoa.xyz.",
      "Type": "A",
      "TTL": 300,
      "ResourceRecords": [
        {
          "Value": "172.31.12.9"
        }
      ]
     }
    },
    {
      "Action": "CREATE",
      "ResourceRecordSet": {
        "Name": "blog.internal.cloudnoa.xyz.",
        "Type": "A",
        "AliasTarget": {
          "HostedZoneId": "Z3W0307B5YMIYP",
          "DNSName": "s3-website.ap-northeast-2.amazonaws.com.",
          "EvaluateTargetHealth": false
      }
     }
    }
  ]
}
```

```
{
    "ChangeInfo": {
        "Status": "PENDING",
        "Comment": "Create records set for internal",
        "SubmittedAt": "2016-05-14T16:17:41.070Z",
        "Id": "/change/C1Q66HN94YY6ID"
    }
}
$ dig web001.internal.cloudnoa.xyz
(생략)
;; ANSWER SECTION:
web001.internal.cloudnoa.xyz. 87 IN      A       172.31.12.9

;; Query time: 1 msec
(생략)

$ dig blog.internal.cloudnoa.xyz
(생략)
;; ANSWER SECTION:
blog.internal.cloudnoa.xyz. 5    IN      A       52.92.4.12

;; Query time: 2 msec
(생략)
```

이것으로 명령어로도 Private DNS 설정이 가능한 것을 확인하였다. Public/Private 모든 DNS 설정을 명령어로 완벽하게 구현하기 위해 조금씩 자동화를 해나가면 좋을 것이다.

4.6 │ 정리

이번 장에서는 AWS의 DNS 서비스 Route53의 여러 가지 사용법에 관하여 설명했다. Public DNS뿐만 아니라 VPC 내부의 Private DNS로도 사용할 수 있으니 SLA 100%을 보장하는 Route53을 이용하여 보다 안정적인 서비스를 구축하도록 하자. 그리고 패치 등과 같은 작업에서 해방되기 바란다.

네트워크 설계와
설정(VPC)

IT에서 서버 가상화와 컨테이너화가 활성화되고 있고, 네트워크도 예외는 아니다. 이 장에서는 AWS에서 가상 네트워크 환경을 구성하는 Amazon VPC(Virtual Private Cloud)와 VPC로의 접속 등에 관해 설명한다.

5.1 | Amazon VPC의 개요

AWS는 'Public Cloud'로 널리 알려져 있지만, 맞을 수도 있고 틀릴 수도 있다. 분명한 것은 이 장에서 설명할 VPC라는 기능이 제공되기 전의 AWS에서는 인터넷을 통해야만 모든 서비스를 이용할 수 있었다는 것이다. 그러나 지금은 VPC를 사용해 자유롭게 네트워크를 설계하고, 외부에 공개되지 않은 전용 데이터 센터와 같이 사용할 수 있게 되었다. 이 장에서는 VPC를 활용하기 위한 기능과 팁들을 설명한다.

▌VPC란?

VPC는 그 이름 그대로 AWS상의 논리적인 가상 네트워크를 생성할 수 있는 서비스다. VPC를 사용함에 따라 애플리케이션 서버가 존재하는 외부 네트워크에서 인터넷에 접속할 수 있는 DMZ 서브넷을 생성할 수 있다. 그리고 데이터베이스 서버 등이 존재하는 인터넷에서는 접속할 수 없는 사설 서브넷을 생성할 수 있다. 또한, 인터넷 VPN과 Direct Connect라고 부르는 폐색망[주1]을 사용한, 보안을 위한 접속 방법도 가능하다.

▌가상 사설 네트워크

위에서 설명한 것처럼 VPC가 나오기 전에는 그림 5.1과 같이 AWS는 모두 인터넷을 통해 접속하는 Public Cloud Service였다.

주1 통신 사업자 중에서 외부에서 접속할 수 없는 네트워크를 말한다.

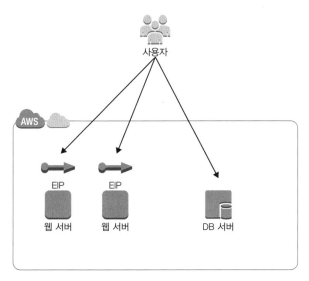

그림 5.1 Public Cloud Service

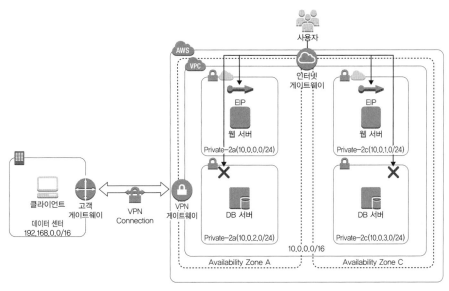

그림 5.2 Private Cloud Service

그러나 VPC가 출시된 지금은 AWS상에서 가상 사설 네트워크를 생성하고, 그림 5.2와 같이 시스템 구성도 쉽게 할 수 있게 되었다. 이 장을 통해 그림 5.2에 필요한 VPC와 각 요소들의 설정에서 주의해야 할 점들을 공부한다.

가상 네트워크 설계

"VPC를 사용한 가상 네트워크를 설계한다"라는 말을 들으면 갑자기 어렵게 느껴질 수 있겠지만, 온프레미스[주2]에서 배운 지식과 약간의 AWS의 특성을 공부한다면 그렇게 어렵지는 않을 것이다. 예를 들어, VPC와 인터넷 VPN을 접속하는 경우 네트워크 주소가 중복되어 통신이 되지 않는 것은 AWS에서만 일어나는 현상은 아니며, 온프레미스 환경에서도 똑같이 발생한다.

반대로 온프레미스와 다른 점은 네트워크 기기나 서버 설치, 케이블링 등의 물리적인 부분을 AWS에게 맡기므로 네트워크를 설계하기 위한 상상력이 필요할 때도 있다.

AWS에서는 구성도 작성에 필요한 AWS 심플 아이콘[주3]을 제공한다. 이것을 사용하여 구성도를 그리고, 생각했던 구성을 팀원들에게 설명하면 이해하기 쉬울 것이다.

이 장에서는 관리 콘솔 설정 화면만을 설명하지 않고, 실제 설정 내용을 구성도로 이미지화하여 설명하도록 하겠다. 이것은 자신이 수행한 작업 결과가 어떻게 되는지 이해를 돕기 위해 준비한 것이다.

Default VPC

현재 AWS에서는 AWS 계정을 생성한 직후에도 VPC가 생성되어 있고, 이것을 default VPC라고 부른다.[주4] VPC가 생성되어 있는 이유는 몇 가지가 있지만, 이 책에서는 설명하지 않는다. 필자의 환경에서 확인한 결과, default VPC에서 사용하는 네트

주2 자사에서 하드웨어나 소프트웨어를 가지고 시스템을 운용하는 것을 말한다.

주3 http://aws.amazon.com/ko/architecture/icons/

주4 예전부터 사용한 AWS 사용자는 아니겠지만, 지금부터 AWS를 사용하기 시작한 사용자나 처음 사용하는 리전에서는 기본으로 VPC가 생성되어 있을 것이다.

워크 주소는 172.16.0.0/16으로 되어 있었다. 생성하지 않은 VPC가 존재해도 놀라지 말기 바란다.

5.2 │ VPC 생성

앞에서 설명한 default VPC를 사용해도 좋지만, 여기서는 신규 VPC를 생성하자. 신규 VPC를 생성하면 네트워크 주소와 리전, 라우팅 등을 자유롭게 설정할 수 있다.

▌VPC 생성

✚ 관리 콘솔의 경우

VPC를 생성하기 위해서는 VPC에서 사용하는 네트워크 주소가 필요하다. VPC 전체 네트워크 주소를 정의하고, 그 네트워크 주소 안에 각 서브넷을 생성하는 환경이다. 이중화를 고려하여 복수의 가용 영역을 사용하는 것을 추천하지만, 서브넷은 가용 영역별로 존재해야 하는 것을 주의해야 한다.

또한, 다른 AWS 서비스와 마찬가지로 VPC도 리전별로 완전히 분리되어 있다(그림 5.3). 하나의 리전에서 서비스를 하는 경우에는 특별히 고려하지 않아도 되지만, 복수의 리전에서 서비스를 하는 경우에는 네트워크 주소 설계에 주의를 해야 한다.

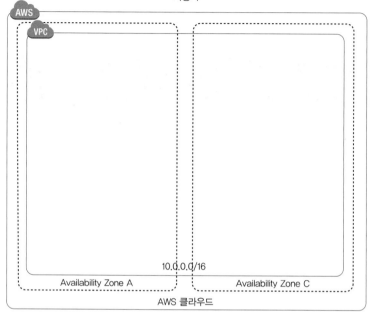

그림 5.3 VPC 구성

그러면 VPC를 생성해 보자. 관리 콘솔 메인 페이지에서 **VPC**를 선택하고, 다음 화면 왼쪽 메뉴에서 **Your VPC**를 선택한다.

화면 상단에 있는 **Create VPC** 버튼을 클릭한다. VPC 생성 화면(그림 5.4)이 표시되는데 다음과 같은 항목을 입력한다.

- Name tag
- CIDR block
- Tenancy

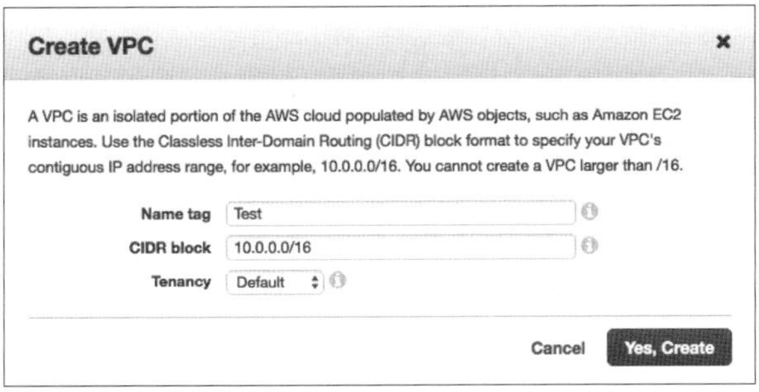

그림 5.4 VPC 생성

Name tag에는 VPC를 구별하는 이름을 입력한다. 그림 5.4에서는 테스트용으로 'test'라고 입력한다.

CIDR block은 VPC 전체 네트워크 주소를 CIDR 표기로 입력한다. 그림 5.4에서는 '10.0.0.0/16'을 입력한다. 기본으로 생성할 수 있는 최대 네트워크 주소는 '/16'이고, 최소 네트워크 주소는 '/28'이므로 주의하기 바란다.

Tenancy는 전용 물리 하드웨어 옵션이다. 주로 기업 컴플라이언스나 라이선스 등의 관계로 물리적인 분리나 전용 장비가 필요한 경우에 사용한다. Tenancy를 'Dedicated'로 설정하면 전용 하드웨어 옵션이 활성화되고, 일반 EC2 사용 비용보다 높다는 것에 주의하기 바란다. 여기서는 전용 하드웨어는 필요 없으므로 'Default'로 생성한다. Yes, Create 버튼을 클릭하면 ID(VPC ID)가 발행된다.

✚ AWS CLI의 경우

VPC 생성은 ec2 create-vpc 명령어도 다음과 같이 실행한다. 생성 옵션은 표 5.1과 같다.

```
$ aws ec2 create-vpc --cidr-block 10.0.0.0/16
{
    "Vpc": {
        "VpcId": "vpc-c3b611aa",
        "InstanceTenancy": "default",
        "State": "pending",
        "DhcpOptionsId": "dopt-dc6b85b5",
```

```
        "CidrBlock": "10.0.0.0/16",
        "IsDefault": false
    }
}
```

표 5.1 ec2 create-vpc 명령어 옵션

옵션	설명
--cidr-block	VPC에서 사용할 네트워크 주소를 지정한다
--instance-tenancy	전용 하드웨어 옵션을 선택한다

Subnet 생성

✚ 관리 콘솔의 경우

VPC을 생성한 후에 VPC 내에 서브넷을 생성한다. 서브넷은 위에서 생성한 10.0.0.0/16 네트워크 안에 생성되도록 한다. 위에서 설명한 것처럼 서브넷은 각 가용 영역에 존재해야 하며, 각 가용 영역별로 서브넷을 생성한다. 복수 가용 영역을 사용하면 한쪽 가용 영역에 장애가 발생해도 정상적인 서비스 제공에 대한 영향도를 줄일 수 있다. 가능한 한 복수 가용 영역을 사용할 수 있도록 서브넷을 생성한다.

이 책의 예제에서는 알기 쉽게, 인터넷에서 접속하는 Public 서브넷을 두 개 생성하고, 인터넷에서 접속하지 못하는 Private 서브넷을 두 개 생성하도록 한다. 화면 왼쪽 메뉴에서 Subnet을 클릭하고, 화면 상단의 Create Subnet을 클릭한다. 서브넷 생성 화면이 표시되면 다음과 같은 항목을 입력한다(그림 5.5).

- Name tag
- VPC
- Availability Zone
- CIDR block

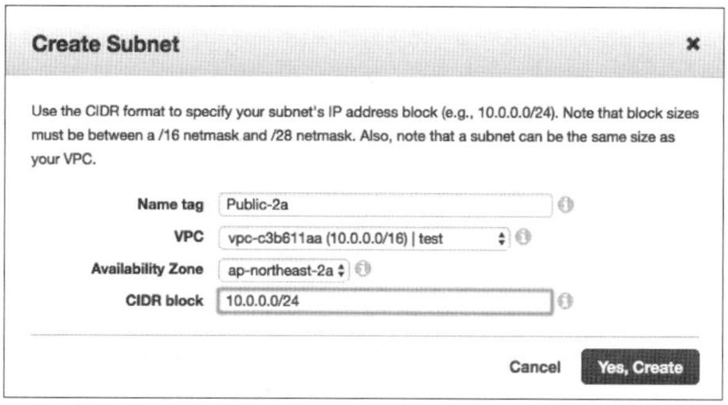

그림 5.5 서브넷 생성

name tag에는 VPC 생성 때와 마찬가지로 서브넷을 구분하기 위한 이름을 입력한다. 그림 5.5에서는 서브넷 용도를 알기 쉽게 표현하기 위해 'Public-2a'라고 입력한다.

VPC에서는 서브넷을 생성할 VPC를 선택한다. 위에서 생성한 'VPC(VPC ID)'를 선택한다.

Availiability Zone에는 서브넷을 생성할 가용 영역을 지정한다. Public-2a용으로 'ap-northeast-2a'를 선택한다.

CIDR block에는 생성할 서브넷에서 사용하는 네트워크 주소를 CIDR 형식으로 입력한다. 그림 5.5에서는 '10.0.0.0/24'를 입력한다.

남은 세 개의 서브넷도 위와 같은 방법으로 생성한다(그림 5.6). 필자가 생성한 네트워크 예제에서는 표 5.2와 같이 생성했다.

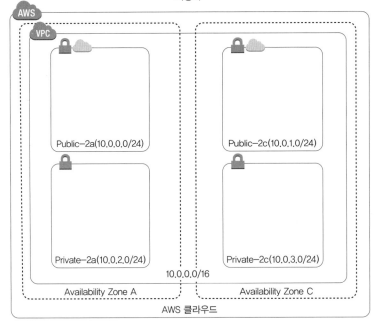

그림 5.6 서브넷 생성

표 5.2 서브넷 설정 예제

Name Tag	가용 영역	CIDR block
Public-2a	ap-northeast-2a	10.0.0.0/24
Public-2c	ap-northeast-2c	10.0.1.0/24
Private-2a	ap-northeast-2a	10.0.2.0/24
Private-2c	ap-northeast-2c	10.0.3.0/24

✚ AWS CLI의 경우

서브넷은 다음과 같이 ec2 create-subnet 명령어로 생성한다. 생성 시의 옵션은 표 5.3과 같다.

```
$ aws ec2 create-subnet \
--vpc-id vpc-c3b611aa --cidr-block 10.0.0.0/24 \
--availability-zone ap-northeast-2a
{
    "Subnet": {
        "VpcId": "vpc-c3b611aa",
        "CidrBlock": "10.0.0.0/24",
        "State": "pending",
        "AvailabilityZone": "ap-northeast-2a",
        "SubnetId": "subnet-0a78d963",
        "AvailableIpAddressCount": 251
    }
}
```

표 5.3 ec2 create-subnet 명령어 옵션

옵션	설명
--vpc-id	서브넷을 생성할 VPC ID를 지정한다
--cidr-block	서브넷에서 사용할 네트워크 주소를 지정한다
--availability	가용 영역을 지정한다

DHCP 설정

다음은 DHCP 옵션이다. 온프레미스에서 운용하고 있는 서버에서는 일반적으로 고정 IP 주소를 사용하고 DHCP로 관리하지 않는 경우가 많지만, EC2에서는 AWS에서 IP 주소가 동적으로 할당되어 DHCP를 사용해야만 한다.

DHCP를 사용하면 IP 주소를 지정하여 사용하지 못하게 된다고 생각할 수 있겠지만, VPC를 사용하면 임의의 EC2에 Private IP 주소를 고정할 수 있도록 유연한 설정이 가능하다. 또한, DHCP 옵션을 사용하면 DNS 서버와 NTP 서버도 설정이 가능하므로 도메인 컨트롤러를 사용하는 때 설정해야 할 필수적인 옵션들이라고 말할 수 있을 것이다.

이 책의 예제에서는 도메인 컨트롤러를 설명하지 않지만, DHCP 옵션을 신규로 만들려면 화면 왼쪽 메뉴에서 DHCP Options Sets를 선택하고, 화면 위의 Create DHCP options Set를 클릭한다. DHCP 옵션 생성 화면에서 아래의 필요한 항목을 입력한다.

- Name tag
- Domain name
- Domain name servers
- NTP servers
- NetBIOS name servers
- NetBIOS node type

도메인 컨트롤러 구축 경험이나 네트워크 운용 경험이 있는 분이라면 위의 항목들을 알고 있을 것이다. 그러나 주의해야 할 점은 각 네임 서버는 최대 네 대까지만 설정할 수 있고, VPC에서는 멀티캐스트, 브로드캐스트를 지원하지 않으므로 NetBIOS node type가 무조건 '2'로 된다는 것이다.

또한, VPC 위에서 도메인 컨트롤러를 구축하거나 또는 인터넷 VPN이나 폐쇄망에 연결된 다른 지점의 도메인 컨트롤러를 참조하는 경우에도 DHCP 옵션을 사용한다.

네트워크 ACL 설정

AWS에서는 방화벽 용도로 보안 그룹이 있지만, VPC를 사용함에 따라 네크워크 ACL(Access Control List)도 사용할 수 있다. 방화벽이라는 의미에서 역할은 같지만, 보안 그룹과 네트워크 ACL에서는 표 5.4와 같은 차이점이 있다.

표 5.4 보안 그룹과 네트워크 ACL 비교

기능	룰의 서식	적용 방법	유효 범위	상태 관리
보안 그룹	IP 주소, 네크워크 주소, 보안 그룹명에서의 TCP/IP 포트 번호	화이트 리스트	EC2 단위	stateful
네크워크 ACL	IP 주소, 네크워크 주소의 TCP/IP 포트 번호	화이트 리스트 블랙 리스트	서브넷 단위	stateless

네트워크 ACL은 서브넷 단위로 활성화되고, 대상 서브넷 안에 있는 모든 EC2에 적용된다. 또한, 적용 방법에는 블랙 리스트도 사용할 수 있어 공격 외부 네트워크 IP 주소에서 접속을 차단할 수 있다. 주의해야 할 점은 상태 관리가 stateless로 되어 통신 인바운드와 아웃바운드 모두 정책을 추가해야 한다.

보안 그룹과 네트워크 ACL은 기능이 조금 다르지만, AWS의 방화벽이라는 의미에서는 같은 역할을 한다. 필자의 개인적인 의견으로는 둘 중에 어느 하나를 사용하여 액세스 제어 관리를 하는 것이 나중에 문제가 발생했을 때 문제를 파악하는 데 조금 편하게 운용할 수 있을 것이다. 기업의 보안 정책과 요건 등에 맞춰 검토하고 사용하기 바란다.

✚ 기본 네트워크 ACL 설정

네크워크 ACL은 기본 상태는 인바운드, 아웃바운드 통신 정책이 모두 허용되는 정책으로 설정되어 있다(표 5.5, 표 5.6).

표 5.5 기본 네트워크 ACL 설정(인바운드)

Rule #	Type	Protocol	Port Range	Source	Allow/Deny
100	ALL Traffic	ALL	ALL	0.0.0.0/0	ALLOW
*	ALL Traffic	ALL	ALL	0.0.0.0/0	DENY

표 5.6 기본 네트워크 ACL 설정(아웃바운드)

Rule #	Type	Protocol	Port Range	Destination	Allow/Deny
100	ALL Traffic	ALL	ALL	0.0.0.0/0	ALLOW
*	ALL Traffic	ALL	ALL	0.0.0.0/0	DENY

네트워크 ACL 정책은 룰 번호가 작은 순서대로 적용된다. 기본 설정의 경우 '모든 통신을 허가한다' 설정이 룰 100에 들어가 있으므로 모든 통신을 허용하고 있다. '*(별표)'는 어떤 정책에도 매칭되지 않을 때 적용되는 최종적인 룰이므로 모든 통신을 거부한다.

네트워크 ACL을 설정하는 경우에는 기본으로 설정된 룰 100을 삭제하고, 신규 정책을 생성한다. 네트워크 ACL을 생성하려면 화면 왼쪽 메뉴에서 **Network ACLs**를 클릭하고, 화면 상단에 있는 **Create Network ACL**을 클릭하여 네트워크 ACL을 신규 생성한다.

✚ 웹 서버를 위한 네트워크 ACL 설정

표 5.7과 표 5.8은 웹 서버를 외부에 공개하는 경우 설정하는 예다. 아웃바운드에 Ephemeral port[주5] 접속 허가 설정을 하는 것이 중요하다. 실제 환경에서 관리용 SSH나 RDP에 사용할 포트도 접속 허용 설정을 해야 한다.

표 5.7 웹 서버를 외부에 공개하기 위한 네트워크 ACL 설정(인바운드)

Rule #	Type	Protocol	Port Range	Source	Allow/Deny
100	HTTP(80)	TCP	80	0.0.0.0/0	ALLOW
110	HTTPS(443)	TCP	443	0.0.0.0/0	ALLOW
*	ALL Traffic	ALL	ALL	0.0.0.0/0	DENY

표 5.8 웹 서버를 외부에 공개하기 위한 네트워크 ACL 설정(아웃바운드)

Rule #	Type	Protocol	Port Range	Destination	Allow/Deny
100	Custom TCP Rule	TCP	1024~65535	0.0.0.0/0	ALLOW
*	ALL Traffic	ALL	ALL	0.0.0.0/0	DENY

주5 다른 서비스 포트와 겹치지 않도록 일시적으로 할당되는 포트를 말한다. Dynamic port라고도 한다.

인터넷 게이트웨이 생성

✚ 관리 콘솔의 경우

VPC에서는 기본 설정으로 VPC 내부 EC2 인스턴스가 인터넷과 통신은 할 수 없다. EC2 인스턴스에서 인터넷에 접속하거나 외부에서 EC2 인스턴스에 접속하는 경우, 인 터넷 게이트웨이(IGW, Internet Gateway) 생성과 VPC 연결, 서브넷의 라우팅 설정 변경 이 필요하다.

인터넷 게이트웨이는 VPC와 인터넷을 연결하는, 눈에 보이지 않는 가상 라우터라고 인식하면 된다. 인터넷 게이트웨이를 생성하기 위해서는 특별한 설정이 필요 없다. 화 면 왼쪽 메뉴의 **Internet Gateways**를 클릭하고, **Create Internet Gateway**를 클릭하여 생성하고, 필요한 VPC에 연결한다.

✚ AWS CLI의 경우

인터넷 게이트웨이를 생성하려면 다음과 같이 ec2 create-internet-gateway 명령어를 실행한다. 생성 시에 옵션은 없다.

```
$ aws ec2 create-internet-gateway
{
    "InternetGateway": {
        "Tags": [],
        "InternetGatewayId": "igw-7b975512",
        "Attachments": []
    }
}
```

VPC에 연결

✚ 관리 콘솔의 경우

인터넷 게이트웨이를 생성하고, 임의의 VPC에 연결한다. 생성한 인터넷 게이트웨이를 선택하고, Attach to VPC를 클릭하고, 연결할 VPC를 선택한다.

✚ AWS CLI의 경우

인터넷 게이트웨이는 ec2 attach-internet-gateway 명령어로 VPC에 연결한다. 연결설정을 할 때 사용되는 옵션은 표 5.9와 같다.

```
$ aws ec2 attach-internet-gateway \
--internet-gateway-id igw-xxxxxxxx \
--vpc-id vpc-xxxxxxxx
```

표 5.9 ec2 attach-internet-gateway 명령어 옵션

옵션	설명
--vpc-id	인터넷 게이트웨이를 연결할 VPC ID를 지정한다
--internet-gateway-id	VPC에 연결할 인터넷 게이트웨이 ID를 지정한다

라우팅 설정

✚ 관리 콘솔의 경우

다음은 라우팅(routing)을 설정한다. VPC 내에서 기동 중인 EC2 인스턴스 라우팅은 기본적으로 VPC 라우트 테이블로 제어된다. EC2상에서 라우팅을 제어할 수도 있지만, 특별한 이유가 없는 경우에는 VPC 라우트 테이블로 관리하는 것이 운용적인 측면에서 편리하다.

라우트 테이블은 VPC의 각 서브넷에 대해 통신 대상의 네트워크 주소 또는 IP 주소로 라우팅 제어를 할 수 있다. 위에서 인터넷 게이트웨이를 생성하고, VPC에 연결했지만, VPC 라우팅으로 라우팅 설정을 하지 않으면 외부와의 통신이 되지 않는다는 점에 주의하기 바란다.

그러면 라우트 테이블을 생성해 보자. 화면 왼쪽 메뉴의 **Route Tables**를 클릭하고, **Create Route Table**을 클릭한다. 그러면 라우트 테이블 생성화면이 표시된다.

Name Tag에는 라우트 테이블의 이름을 입력하고, VPC에는 생성한 VPC를 선택한다. 생성이 끝나면 고유의 라우트 테이블 ID가 부여되고, 라우트 테이블 목록에 생성한 라우트 테이블이 표시된다.

목록에서 방금 생성한 라우트 테이블을 선택하고, 화면 아래쪽에 표시되는 **Routes** 탭, **Subnet Associations** 탭에서 상세 설정을 한다. Public-2a, Public-2c를 인터넷에 접속할 서브넷에 Private-2a, Private-2c를 인터넷에 접속하지 않는 서브넷에 표 5.10~표 5.13과 같이 라우트 테이블을 설정한다[주6](그림 5.7).

표 5.10 Routes(Public)

Destination	Target
10.0.0.0/16	local
0.0.0.0/0	Igw-XXXXXXXX

표 5.11 Subnet Associations(Public)

Destination	CIDR
subnet-XXXXXXXX(10.0.0.0/24)| Public-2a	10.0.0.0/24
subnet-XXXXXXXX(10.0.1.0/24)| Public-2c	10.0.1.0/24

주6 VPC 생성 시에 기본 라우트 테이블이 생성되어 있지만, 이 라우트 테이블은 어떤 라우트 테이블에도 속하지 않는 서브넷에 적용되는 기본 라우트 테이블이다.

표 5.12 Routes(Private)

Destination	Target
10.0.0.0/16	local

표 5.13 Subnet Associations(Private)

Destination	CIDR
subnet-XXXXXXXX(10.0.2.0/24)| Private-2a	10.0.2.0/24
subnet-XXXXXXXX(10.0.3.0/24)| Private -2c	10.0.3.0/24

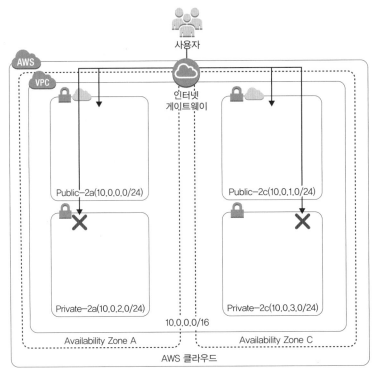

그림 5.7 라우트 테이블 생성

VPC를 사용하는 가장 큰 이유는 AWS와 인터넷 VPN Connection과 폐쇄망 접속을 할 수 있다는 것이다. 인터넷 VPN이나 폐쇄망에 접속하여 사용하면 AWS 환경을 마치 같은 네트워크에 서버나 시스템을 구축한 것처럼 쓸 수 있다.

특히, 기업의 사내 시스템이나 회계 시스템은 인터넷 연결이 필요 없는 경우가 많으므로 인터넷 VPN과 폐쇄망 연결은 보안적인 측면에서 매우 유용한 접속 방법이다.

VPC와 인터넷 VPN 접속을 하기 위한 방법은 뒤에서 설명하겠지만, 설정 작업 순서의 대략적인 이해를 돕기 위해 큰 작업 항목에 관해 설명하겠다. 설정 항목은 다음과 같다. 그리고 인터넷 VPN의 기술적인 상세한 내용과 폐쇄망에 연결하기 위한 내용은 이 책에서 다루지 않는다.

- VPC와 연결할 쪽의 Public IP 주소 등록과 라우팅 선택
- VPC 쪽 가상 VPN 라우터 생성과 접속할 VPC 선택
- 인터넷 VPN 접속 생성과 VPC와 연결한 VPN 라우터 설정
- 라우트 테이블 설정

CGW 생성

✚ 관리 콘솔의 경우

AWS는 인터넷 VPN 접속에 IPSec을 지원하고 있다. 다시 말하면, IPSec(Internet Protocol Security)를 지원하지 않는 VPN 장비에서는 VPC과 인터넷 VPN 접속을 할 수 없다. 인터넷 VPN에 접속하기 위해 공유 키나 암호화 방식 등 상세한 설정 정보가 필요하지만, 뒤에서 설명할 AWS 쪽 가상 VPN 라우터 설정은 사용자가 변경할 수 없는 상태로 되어 있으므로 VPC 반대쪽 VPN 장비 설정을 AWS에 맞춰 구성해야 한다.

VPC와 인터넷 VPN 접속을 구성하기 위해서는 먼저, 인터넷 VPN에 접속할 상대방 IP 주소를 AWS에 등록한다. AWS에서는 상대방 Public IP 주소를 CGW(Customer GateWay)로 등록하는데 이때 라우팅 방식을 결정하여 등록해야 한다.

VPC와 인터넷 VPN 접속은 정적 라우팅과 동적 라우팅, 두 종류의 라우팅을 지원한다. 정적 라우팅의 경우, VPN 라우터과 AWS 쪽에 모두 네트워크 주소에 관한 라우팅 설정을 해야 하지만, 최소한의 라우팅 정보만 설정하면 접속할 수 있다. 반대로, 동적 라우팅의 경우에는 BGP(Border Gateway Protocol)[주7]를 통해 라우팅이 전파되어 관리가 편한 반면, 필요 이상의 라우팅이 상태방에 전파될 가능성이 있으므로 주의가 필요하다.

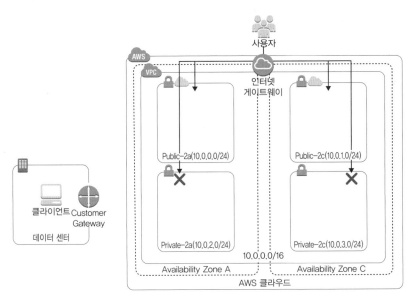

그림 5.8 CGW 생성

그러면 CGW를 생성해 보자. CGW는 화면 왼쪽 메뉴의 **Customer Gateways**를 선택하고, **Create Customer Gateway** 버튼을 클릭한다. 생성할 때 라우팅 방식을 선택해야 한다. 사전에 라우팅 방식을 정해 두고, 'Static', 'Dynamic' 두 가지 방법 중에 하나를 선택한다. 여기서는 동적 라우팅으로 CGW를 생성했다(그림 5.8).

주7 자율 시스템(AS, Autonomous System) 간 경로 정보를 주고 받기 위한 프로토콜이다. 인터넷의 백본 등에 사용된다.

➕ AWS CLI의 경우

CGW는 ec2 create-customer-gateway 명령어로 다음과 같이 생성한다. 생성 시에 옵션은 표 5.14와 같다.

```
$ aws ec2 create-customer-gateway --type ipsec.1 --public-ip 203.0.113.1
--bgp-asn 65000
{
    "CustomerGateway": {
        "CustomerGatewayId": "cgw-3d23ae0d",
        "IpAddress": "203.0.113.1",
        "State": "available",
        "Type": "ipsec.1",
        "BgpAsn": "65000"
    }
}
```

표 5.14 ec2 create-customer-gateway 명령어 옵션

옵션	설명
--type	VPN 접속 타입을 지정한다
--public-ip	VPC에 접속할 Public IP 주소를 설정한다
--bgp-asn	BGP AS 번호를 지정한다

VGW 생성

➕ 관리 콘솔의 경우

CGW 생성이 끝나면 다음은 VPC 쪽 가상 VPN 라우터를 생성한다. AWS에서는 이 가상 VPN 라우터를 VGW(Virtual GateWay)라고 부른다. VGW는 VPC에 연결하여 VPC와 1대1로 만들어야 하는 것에 주의하기 바란다.

VGW는 화면 왼쪽 메뉴 Virtual Private Gateways를 선택하고, Create Virtual Private Gateway 버튼을 클릭한다. 생성한 VGW를 선택하고, Attach to VPC 버튼을 클릭하여 원하는 VPC에 연결한다(그림 5.9).

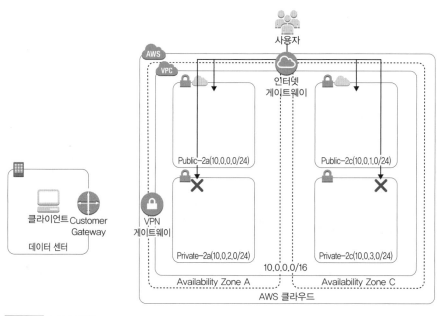

Public-2a(10.0.0.0/24)

Private-2a(10.0.2.0/24)

Public-2c(10.0.1.0/24)

Private-2c(10.0.3.0/24)

클라이언트 Customer Gateway

데이터 센터

사용자

인터넷 게이트웨이

VPN 게이트웨이

10.0.0.0/16

Availability Zone A

Availability Zone C

AWS 클라우드

그림 5.9 VGW 생성

✚ AWS CLI의 경우

VGW 생성하려면 ec2 create-vpn-gateway 명령어를 다음과 같이 실행한다. 실행 시 옵션은 표 5.15와 같다.

```
$ aws ec2 create-vpn-gateway \
--type ipsec.1
{
    "VpnGateway": {
        "State": "available",
        "Type": "ipsec.1",
        "VpnGatewayId": "vgw-34c24e04",
        "VpcAttachments": []
    }
}
```

표 5.15 ec2 create-vpn-gateway 명령어 옵션

옵션	설명
--type	VPN 접속 타입을 지정한다

✚ AWS CLI의 경우(VGW의 VPC 연결)

VGW은 ec2 attach-vpn-gateway 명령어로 다음과 같이 임의의 VPC에 연결한다. 연결 옵션은 표 5.16과 같다.

```
$ aws ec2 attach-vpn-gateway \
--vpn-gateway-id vgw-34c24e04  \
--vpc-id vpc-c3b611aa
{
    "VpcAttachment": {
        "State": "attaching",
        "VpcId": "vpc-c3b611aa"
    }
}
```

표 5.16 ec2 attach-vpn-gateway 명령어 옵션

옵션	설명
--vpn-gateway-id	VPC에 연결할 VGW를 지정한다
--vpc-id	VGW를 연결할 VPC를 지정한다

▌VPN Connection 생성

✚ 관리 콘솔의 경우

CGW, VGW이 생성되면 마지막으로 VPN Connection을 생성하고, VPC 쪽 접속 준비를 끝낸다. 왼쪽 메뉴 VPN Connections를 선택하고, Create VPN Connection을 클릭한다. VPN Connection을 생성하려면 CGW, VGW, 라우팅 방식이 필요하다. Virtual Private Gateways에서 생성된 CGW와 VGW를 선택한다.

이 작업이 끝나면 VPC는 인터넷 VPN 접속을 기다리는 상태가 된다. VPC는 아직 상대방 접속을 기다리는 상태이므로 접속할 VPN 라우터에 VPN Connection 설정을 한다. 인터넷 VPN 접속에 필요한 정보는 AWS에서 제공된다. Download Configuration 버튼을 클릭하고, 상대방 VPN 라우터 설정에 필요한 정보와 샘플 설정을 다운로드한다.

설정 파일은 AWS가 지원하는 몇 가지 벤더와 제품의 설정에 맞춘 형식의 파일을 다운로드할 수 있다. 사용하는 VPN 라우터에 맞게 벤더, 플랫폼, 소프트웨어 및 버전을 선택하여 다운로드한다. 또한, 이 설정 파일은 일반적인 샘플 파일이므로 사용 중인 VPN 라우터 환경에 맞게 수정하여 사용한다. 상대방 VPN 라우터 설정이 완료되면 터널의 상세 상태가 'UP'이 되고, 인터넷 VPN 접속이 가능하게 된다.

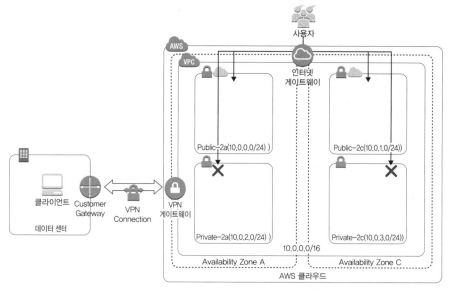

그림 5.10 VPN Connection 생성

상대방 VPN 라우터를 설정할 때 확인했겠지만, VPC에서는 두 개의 VPN 터널을 사용한다. 이것은 AWS 쪽에서 이중화를 하기 위한 구성으로 한 개의 인터넷 VPN 접속에 장애나 점검이 있다고 해도 다른 한 개의 VPN 터널을 사용하여 인터넷 VPN 접속을 계속 사용할 수 있도록 하기 위함이다. 실제로 VPC와 인터넷 VPN을 접속할 경우, 여러 장애를 대비하고 한쪽 VPN 터널을 수동으로 다운시키고, 통신에 문제가 있는지 확인하기 바란다. 장애가 있을 때의 동작을 확인해 둠에 따라 안심하고 서비스 환경 운용을 할 수 있을 것이다(그림 5.10).

➕ AWS CLI의 경우

VPN Connection은 ec2 create-vpn-connection 명령어로 다음과 같이 생성한다. 생성 시 옵션은 표 5.17과 같다.

```
$ aws ec2 create-vpn-connection
--type ipsec.1 \
--customer-gateway-id cgw-3d23ae0d \
--vpn-gateway-id vgw-32c24e02
{
    "VpnConnection": {
        "VpnConnectionId": "vpn-2429e113",
        "CustomerGatewayConfiguration":
 :
생략
```

표 5.17 ec2 create-vpn-connection 명령어 옵션

옵션	설명
--type	VPN 접속 타입을 지정한다
--customer-gateway-id	VPN 접속에 이용할 CGW를 지정한다
--vpn-gateway-id	VPN 접속에 이용할 VGW를 지정한다

📗 인터넷 VPN으로 라우팅 설정

지금까지의 설정 작업으로 인터넷 VPN 접속이 완료되었다. 마지막으로, 라우팅을 설정한다. CGW를 생성할 때 Static 또는 Dynamic 라우팅을 선택했지만, 이것은 VPN 라우터 간의 라우팅 방식을 지정하는 것으로 라우트 테이블에 명시적으로 라우팅을 설정해야 한다. 반대쪽 네트워크 주소가 192.168.0.0/16일 경우에 Private-2a, Private-2c 서브넷과 라우팅되는 라우트 테이블 설정은 표 5.18, 표 5.19와 같다.

표 5.18 Private Route(Routes)

Destination	Target
10.0.0.0/16	local
192.168.0.0/16	vgw-XXXXXXXX

표 5.19 Private Route(Subnet Associations)

Subnet	CIDR
subnet-XXXXXXXX(10.0.2.0/24)| Private-2a	10.0.2.0/24
subnet-XXXXXXXX(10.0.3.0/24)| Private -2c	10.0.3.0/24

　라우팅 설정이 끝나면 VPC 내부의 EC2 인스턴스와 반대편 지점의 서버 간 통신이 가능해진다(그림 5.11). 또한, 동적 라우팅을 사용하는 경우 반대편 지점 라우팅을 AWS 쪽에 전달할 수 있다. 라우팅을 전달할 경우 반대편 지점 VPN 라우터에 BGP를 적절하게 설정하고, VPC 라우트 테이블에서 라우트 전달을 설정하면 된다.

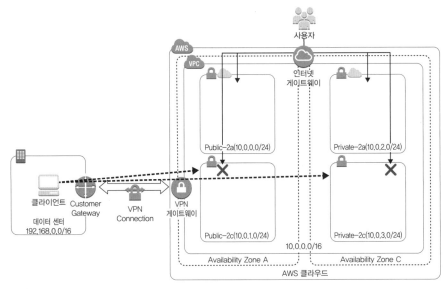

그림 5.11 VPN과 라우팅

5.4 │ VPC 간 접속

VPC는 논리적으로 분리된 가상 사설 네트워크로서 VPC 간 관계나 통신에 영향을 주지 않도록 설계되어 있다. 그래서 서로 다른 VPC를 연결하려면 인터넷을 통해 접속해야만 한다. 그러나 2014년에 업데이트된 VPC Peering 기능으로 같은 리전 내에 있는 서로 다른 VPC 사이를 인터넷을 통하지 않고 서로 통신할 수 있게 되었다. 이 기능으로 VPC의 편리성이 높아졌으며, 또한 VPC의 설계 방법이 바뀌게 되었다.

▌VPC Peering이란?

VPC Peering은 같은 리전 내의 VPC 간을 연결하는 기능이다(그림 5.12). VPC Peering으로 연결된 VPC 간에는 Private IP 주소로 로컬 네트워크 통신이 가능하게 된다. 같은 AWS 계정 내의 VPC 간 접속은 물론이고, 같은 리전 내에 VPC가 존재한다면 서로 다른 계정의 VPC를 VPC Peering을 통해 연결할 수 있다. 예를 들어, 모니터링 시스템으로 VPC를 준비하고 모니터링 대상 서버가 가동 중인 VPC와 VPC Peering으로 연결하면 로컬 네트워크 통신으로 모니터링을 할 수 있다.

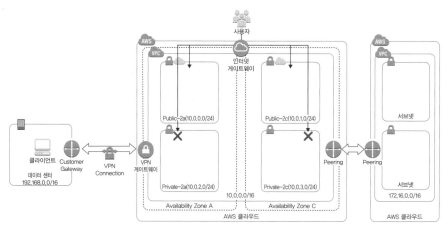

그림 5.12 VPC Peering

정말 편리한 VPC Peering이지만, 표 5.20과 같이 몇 가지 제한 사항이 있다.

표 5.20 VPC Peering 제한 사항

제한 사항	설명
VPC Peering 접속 이외의 라우팅	연결된 VPC 간 라우팅만 가능. 인터넷 VPN에서 VPC Peering으로 연결된 VPC로는 라우팅을 할 수 없다
같은 네트워크 주소와의 연결	같은 네트워크 주소를 사용하는 VPC 간은 라우팅을 할 수 없다
다른 리전 간의 연결	같은 리전을 사용하는 VPC만 지원한다

VPC Peering은 연결된 VPC 간 라우팅을 지원한다. 인터넷 VPN을 통한 VPC Peering을 통해 연결된 VPC로의 라우팅은 지원하지 않는다. 어떻게든 연결하고 싶다면 소프트웨어 라우터 등을 이용하여 라우팅 또는 NAT를 사용하여 구현할 필요가 있다.

또한, VPC Peering은 L3(레이어 3)로 통신하므로 연결할 VPC 네트워크 주소가 같을 경우, 정확한 라우팅이 불가능하여 VPC를 설계할 때 주의해야 한다.

> Column
>
> ### NAT 인스턴스
>
> NAT 인스턴스로 서브넷 간 통신을 세세하게 제어하거나 인터넷으로 나가는 통신 통로로 사용할 수 있다. NAT 인스턴스는 AWS에서 AMI로 제공하고 있는 것을 사용하면 되고, AWS에서 NAT 인스턴스 설정 방법을 문서[주a]로 공개하고 있어 그 문서를 참고하면 된다.
>
> NAT 인스턴스로 동작시킬 때는 대상 EC2 인스턴스의 Change Source/Dest. Check 설정을 'Disable'로 변경하는 것을 잊지 말기 바란다.
>
> ---
>
> 주a http://docs.aws.amazon.com/ko_kr/AmazonVPC/latest/UserGuide/VPC_NAT_Instance.html

VPC Peering 생성

➕ 관리 콘솔의 경우

VPC Peering을 설정하려면 화면 왼쪽 메뉴의 Peering Connections를 선택하고,

Create VPC Peering을 클릭한다. 이 메뉴에서 연결하고 싶은 VPC를 선택하고, Accept Request 버튼을 클릭하면 VPC 간 피어링(peering)이 연결된다. 같은 AWS 계정 내에서도 이 절차는 필요하므로 기억해 두기 바란다.

다른 AWS 계정에서 연결 요청이 있는 경우도 Accept Request 버튼을 클릭하여 승인한다. 또한, VPC Peering으로 연결한 경우에도 라우팅은 사용자가 설정해야만 한다. 위에서 설명한 라우트 테이블에서 VPC 간 통신을 원하는 서브넷을 선택하고, 피어링 생성 시에 발급된 'pcx-XXXXXXXX'를 target으로 지정한다.

✛ AWS CLI의 경우

VPC Peering 연결을 생성하려면 ec2 create-vpc-peering-connection 명령어를 다음과 같이 실행한다. 생성 시 옵션은 표 5.21과 같다.

```
$ aws ec2 create-vpc-peering-connection --vpc-id vpc-c3b611aa --peer-vpc-id
vpc-a99a55c0
{
    "VpcPeeringConnection": {
        "Status": {
            "Message": "Initiating Request to 588305784594",
            "Code": "initiating-request"
        },
        "Tags": [],
        "RequesterVpcInfo": {
            "PeeringOptions": {
                "AllowEgressFromLocalVpcToRemoteClassicLink": false,
                "AllowEgressFromLocalClassicLinkToRemoteVpc": false
            },
            "OwnerId": "588305784594",
            "VpcId": "vpc-c3b611aa",
            "CidrBlock": "10.0.0.0/16"
        },
        "VpcPeeringConnectionId": "pcx-31a14e58",
        "ExpirationTime": "2016-06-04T09:38:33.000Z",
        "AccepterVpcInfo": {
            "OwnerId": "588305784594",
            "VpcId": "vpc-a99a55c0"
        }
    }
}
```

표 5.21 ec2 create–vpc–peering–connection 명령어 옵션

옵션	설명
--vpc-id	피어링 연결이 필요한 VPC ID를 지정한다
--peer-vpc-id	피어링 연결이 될 반대쪽 VPC ID를 지정한다
--peer-owner-id	피어링 연결이 될 반대쪽 VPC가 다른 AWS 계정에 있을 때 계정 ID를 지정한다

Column

하나의 지점(Public IP 주소)에서 VPC로의 복수 VPN 접속

AWS의 제한 항목으로 "인터넷 VPN에 접속하는 경우, 하나의 리전별로 Public IP 주소가 필요하다"라는 내용이 있다. 한 개의 Public IP 주소에서 접속할 수 있는 VPC(VGW)는 각 리전에서 한 개뿐이라는 것이다.

이것은 AWS 쪽의 정책으로서 인터넷 VPN 접속이 되는 VGW에서 사용하는 IP 주소가 매우 제한적인 것이 원인이다. 예를 들어, 기업이 사용하고 있는 Public IP 주소가 한 개인 경우, 서울 리전의 여러 VPC와 인터넷 VPN 연결이 어렵다는 것을 뜻한다. 만약, 복수의 인터넷 VPN을 사용하고 싶을 경우 EC2 위에 소프트웨어 라우터나 VPN 서버를 구축하여 구성할 수가 있다.

이전까지는 위와 같이 구성을 해야만 했지만, 2016년 4월 현재 한 개의 Public IP 주소로 복수의 VPN 접속을 구성할 수 있도록 업데이트되었다. 자세한 내용은 VPC 문서를 확인하기 바란다.

5.5 | 정리

이번 장에서는 VPC 생성에서부터 VPN 접속까지 설명했다. 중요 시스템 등 보안 요구사항이 많은 시스템이나 대량의 리소스가 필요한 웹 서비스도 VPC 설계에 따라서 전용 데이터 센터와 같이 사용할 수 있다. VPC도 온프레미스 환경과 같이 초기 설계가 매우 중요하므로 요구 사항과 향후 확장성 등을 고려하여 계획적으로 사용하기 바란다.

CHAPTER

6

콘텐츠 전송
(S3/CloudFront)

이번 장에서는 간편하고 높은 신뢰성으로 인기가 있는 인터넷 스토리지 서비스 Amazon S3(Simple Storage Service)의 개요와 사용법에 관해 설명한다.

6.1 | Amazon S3의 개요

S3란?

S3는 간결하고 사용하기 편한 인터넷 스토리지 서비스다. 인터넷 스토리지는 로컬 스토리지와 네트워크 스토리지와 비교하면 서버에서 파일을 읽고 쓰는 등의 성능에 대해서는 높은 성능을 낸다고는 말할 수 없다. 그러나 저장된 콘텐츠를 인터넷을 통해 전송하는 경우 서버의 로컬 스토리지에서의 전송과 S3에서의 전송에는 차이가 없다. 그리고 S3가 가진 99.999999999%의 내구성, 확장성, 저렴한 비용[주1] 등을 고려하면 S3에 이점이 있다고 말할 수 있다.

S3는 콘텐츠를 직접 전송하므로 프런트엔드라는 사용법도 있지만, 로컬 스토리지나 네트워크 스토리지로 관리하려면 비용이 많이 드는 대량의 파일을 전송하는 서버의 백엔드에 위치하는 스토리지로도 매우 활용도가 높다.

여러 대의 웹 서버나 애플리케이션 서버에서 사용하는 공유 스토리지를 가용성이 높게 구축하고 운용하기 위해서는 높은 기술과 높은 비용이 발생하지만, S3를 사용하면 이런 문제들을 한 번에 해결할 수 있다. 기존의 파일 시스템에 읽고 쓰기를 했던 부분을 S3로 읽고 쓰기를 하도록 하면 용량을 걱정할 필요 없고, 저렴하며, 제한 없는 스토리지를 사용할 수 있게 되는 것이다. 디스크 장애를 걱정하거나 디스크 교체 후의 RAID(Redundant Arrays of Inexpensive Disks)를 리빌드(rebuild)할 때 마음 졸이던 경험을 할 수 없는 것에 대해서는 조금 아쉬울 수도 있을 것이다.

주1 비용에 관해서는 요금 관련 페이지 http://aws.amazon.com/ko/s3/pricing/을 확인하기 바란다.

그러나 비즈니스를 할 때 비즈니스와 관계없는 일에 시간을 들이지 않고, 비즈니스에 꼭 필요한 작업에만 집중할 수 있게 된다. 이런 의미에서 S3는 많은 사용자에게 많은 이점을 줄 수 있다.

S3의 특징

S3의 구성 요소는 단순하다. 저장되는 데이터를 표시하는 '오브젝트(object)'와 오브젝트를 분리하여 저장해 두는 저장소가 되는 '버킷(bucket)' 두 가지다. 여기에 각각 속성을 부여함에 따라 여러 가지 기능을 제공하고 있다. 또한, 오브젝트 이름은 '키명(키)'이라고 부른다.

✚ 99.999999999%의 내구성

S3의 대표적인 특성으로 99.999999999%의 내구성이 있다. 이런 특성을 구현하기 위해서 스탠더드 스토리지[주2]에서는 하나의 리전에 오브젝트를 세 곳 이상의 데이터 센터에 복사본을 가지도록 설계되어 있다. 그래서 두 곳의 데이터 센터에 장애가 발생하여 오브젝트가 없어지더라도 남아 있는 데이터 센터에서 복구를 할 수 있다. 이런 내구성을 높인 설계로 오프젝트를 저장할 때는 여러 곳에 저장되는 작업이 성공해야 결과를 반환하므로 조금 느린 경우가 발생할 수도 있다.

그러나 이러한 높은 내구성을 가지고 있으므로 데이터 갱신에 관한 실수 등 운용 실수에 대한 대비책과는 별개로 시스템 장애에 대한 대책으로 실행하는 백업은 거의 신경쓰지 않아도 될 것이다. 또한, 운용 실수의 대응책으로 매일 스냅샷을 별도로 복제하지 않아도 버전 관리 기능을 사용하여 구현할 수 있다.

더욱이 99.999999999%의 내구성을 가지고 있지만, 가용성이 99.99%[주3]라는 것을 잊지 말고 꼭 기억해 두자.

주2 내구성이 99.99%의 낮은 이중화 스토리지, 액세스 빈도가 낮은 오브젝트를 위한 스탠더드-IA(Infrequent Access) 스토리지도 있다.

주3 스탠더드-IA 스토리지 가용성은 99.9%다.

➕ 보안 대책

관심도가 높은 보안 측면에서는 기본으로 버킷과 오브젝트 소유자만이 액세스 권한이 부여되어 소유자 인증을 거치지 않고는 액세스할 수 없다. 버킷과 오브젝트의 공개는 뒤에서 설명할 ACL 설정에 따라 상세하게 제어할 수 있다. 이외에도 서버 사이드 암호화나 클라이언트 사이드 암호화도 지원하고 있으므로 여러 가지 보안 요구에도 대응할 수 있다.

➕ 라이프사이클 관리 기능

로그 파일이나 백업 파일 아카이브 장소로도 사용되는 S3의 편리한 기능에는 라이프사이클(lifecycle) 관리 기능이 있다. 라이프사이클 관리로 로그 로테이션과 같은 보관된 시간에서 지정 시간이 경과한 파일은 삭제하거나 더 저렴한 스토리지인 Amazon Glacier(이하 Glacier)로 아카이브를 할 수 있다. 이 라이프사이클 관리 기능을 설정해 두면 사용자는 아카이브를 위해 S3에 저장만 하면 되므로 많은 부분에서 편리해진다.

▌ 제한 사항

S3에는 표 6.1과 같은 제한 사항이 있다. S3를 이용함에 있어 확인해 두기 바란다.

표 6.1 S3에서의 제한 사항

항목	제한 내용
데이터 용량	무제한
오브젝트 수	무제한
1오브젝트 사이즈	1바이트~5TB(0바이트 오브젝트는 생성 불가)
1회 PUT으로 업로드 가능한 사이즈	5GB(100MB를 넘는 경우 뒤에서 설명할 멀티 파트 업로드 사용을 추천)
버킷 최대 수	1계정당 100개

표 6.1 S3에서의 제한 사항(계속)

항목	제한 내용
버킷명	모든 사용자가 고유한 이름을 사용해야 하며 DNS명으로 사용 가능한 형태만 가능하다[주a]
버킷/오브젝트당 ACL수	1버킷/오브젝트당 100개
버킷 정책 사이즈	20KB

액세스 제한

S3에서는 표 6.2와 같은 세 가지 방법으로 버킷과 오브젝트에 액세스 제한을 설정할 수 있다.

표 6.2 S3의 액세스 제한

액세스 제한	설명
ACL	버킷과 오브젝트에 대해 개별적 허가를 부여. AWS 계정과 모든 사용자(인증 없는 사용자), S3 액세스 로그 전용 사용자에 대해 'READ(읽기)', 'WRITE(쓰기)', 'READ_ACP(ACL의 읽기)', 'WRITE_ACP(ACL의 쓰기)', 'FULL_CONTROL(READ+WRITE+READ_ACP+WRITE_ACP)'를 부여할 수 있다. 이것들을 조합한 규정 ACL[주b]도 있고, 그 액세스 제한 또한 지정할 수 있다
버킷 정책	정책 언어를 이용하여 버킷에 대한 버킷 자체나 그 아래 오브젝트로의 액세스 제한을 JSON 형태로 기술한다. READ나 WRITE와 같은 큰 범위에서의 지정이 아닌 Get/Put/Delete/List와 같은 API 액션 단위로 제한이 가능하다. AWS 계정이나 IP 주소에 대한 액세스 제한을 설정할 수 있다
IAM 정책	IAM(10장 참고)을 이용한 액세스 제한. 정책 언어를 이용하여 IAM 사용자/그룹/롤에 관한 정책을 JSON 형태로 기술한다

이 중 어떤 방법을 사용하더라도 액세스 제한 정책은 다음과 같이 적용된다.

1. 기본 정책은 전체 거부로부터 출발하여 적용을 시작한다.

주a 자세한 내용은 http://docs.aws.amazon.com/ko_kr/AmazonS3/latest/dev/BucketRestrictions.html을 확인하기 바란다.

주b http://docs.aws.amazon.com/ko_kr/AmazonS3/latest/dev/acl-overview.html

2. 명시적인 거부 정책이 있다면 최종 결과는 거부가 되어 적용된다.

3. 명시적인 거부 정책이 없고, 명시적인 허가 정책이 있다면 최종 결과가 허가로 적용되고 끝난다.

4. 명시적인 정책이 없다면 기본 정책인 거부 그대로 적용되고 끝난다.

최종 결과가 허가로 되는 것은 명시적으로 허가 정책이 존재하고, 그 정책을 덮어쓰는 거부 정책이 존재하지 않을 경우다.

세 가지 액세스 제한과는 별개로 인증 문자열을 URL에 부여하여 제한적으로 오브젝트를 공개할 수 있다. 지정 오브젝트를 항상 공개하는 것은 아니지만, 일시적으로 액세스 가능한 상태로 만들고 싶을 경우 매우 편리하다. 이 방법을 이용하면 URL 안에 expire라는 파라미터가 포함되어 있어 그 파라미터를 변경하면 처음 지정한 기간을 지나도 액세스 가능할 것이라고 생각할 수 있다. 그러나 인증 문자열을 생성할 때에도 유효 기한이 포함되어 있어 유효 기한이 지난 URL을 이용하여 expire 파라미터를 변경하여도 인증 에러가 발생한다.

S3에서는 여러 가지 방법으로 액세스 제한을 할 수 있으니 목적에 맞는 방법을 선택하여 편리하고 안전하게 사용하도록 하자.

6.2 | S3 기본 조작

그러면 S3의 기본적인 사용법부터 알아보도록 하자. S3 명령어에는 s3명령어와 s3api 명령어 두 가지가 있다.

버킷 생성

먼저, 버킷(bucket)을 생성한다. S3의 버킷명은 모든 리전에서 고유한 이름만을 사용해야만 한다. 다른 사용자가 사용하고 있는 버킷명이나 다른 리전에서 사용하고 있는 버킷명으로는 생성할 수 없으므로 주의하기 바란다.

일반적인 이름은 이미 많이 사용하고 있으므로 서비스나 시스템 고유의 접두사 (prefix)를 붙인 버킷명을 사용하면 중복을 피할 수 있다. 서비스 환경과 개발 환경 등을 나누는 경우에도 환경 특성을 고려한 이름을 사용하면 애플리케이션 환경 변수 등에서 구분하여 사용하기 쉬울 것이다.

버킷명이 결정되었다면 버킷을 만들어 보자.

✚ 관리 콘솔의 경우

먼저, 관리 콘솔 화면에서 S3 관리 콘솔로 이동한다. S3를 처음 사용하고 계정에 버킷이 하나도 없는 경우에는 그림 6.1과 같이 표시될 것이다.

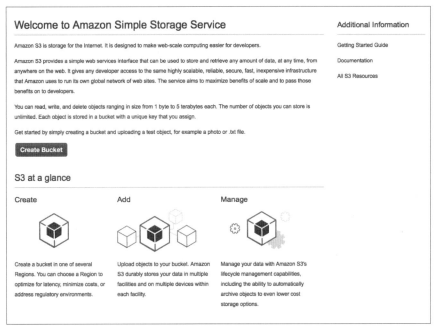

그림 6.1 Amazon S3 초기 화면

Create Bucket 버튼을 선택하면 그림 6.2와 같이 표시되며, Bucket Name과 Region에 버킷을 생성할 리전을 선택하고, Create 버튼을 클릭하면 버킷이 생성된다. 버킷을 생성할 리전은 콘텐츠를 사용할 사용자의 속도를 생각하여 대상 사용자와 가장 가까운 위치를 선택하는 것이 좋다. 여기서는 서울 리전을 생성한다.

그림 6.2 버킷 생성

Set Up Logging 버튼을 클릭하면 S3 버킷의 액세스 로그(로그 기록)를 설정할 수 있다(그림 6.3). 여기서는 액세스 로그를 활성화하여 사용하지 않지만, 나중에 활성화할 수 있어 S3 버킷에 자세한 액세스 내용을 확인하고 싶을 경우 활성화하여 사용한다.[주4]

그림 6.3 버킷 액세스 로그 설정 화면

이상으로 버킷 생성은 끝났다. 생성한 버킷은 S3 버킷 목록에서 확인할 수 있다(그림 6.4).

주4 버킷 속성에서 Logging을 선택하여 나중에도 설정할 수 있다.

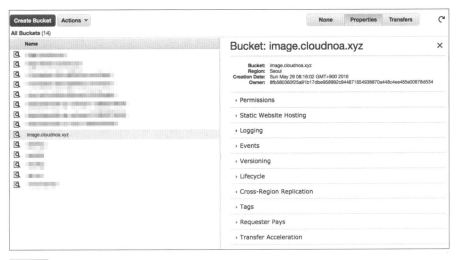

그림 6.4 생성된 버킷

✚ AWS CLI의 경우

버킷은 s3api create-bucket 명령으로 다음과 같이 버킷을 생성한다.

```
$ aws s3api create-bucket --bucket image.cli.cloudnoa.xyz \
--create-bucket-configuration LocationConstraint=ap-northeast-2
{
    "Location": "http://image.cli.cloudnoa.xyz.s3.amazonaws.com/"
}
```

생성이 끝나면 s3api list-bucket 명령어로 생성한 버킷이 있는지 다음과 같이 확인한다. 위에서 생성한 두 개의 버킷을 확인할 수 있을 것이다.

```
$ aws s3api list-buckets
{
    "Owner": {
        "ID": "8fb560360f25a91b17dbe958992c944871654938870a448c4e-
e465e00878d534"
    },
    "Buckets": [
        생략
```

```
{
        "CreationDate": "2016-05-28T23:58:41.000Z",
        "Name": "image.cli.cloudnoa.xyz"
    },
    {
        "CreationDate": "2016-05-28T23:16:02.000Z",
        "Name": "image.cloudnoa.xyz"
    },
    생략
]
}
```

또한, 명령어로는 버킷 생성 시 로그 기록 설정은 할 수 없다. 설정이 필요하다면 버킷을 생성한 후에 s3api put-bucket-logging 명령어를 사용하여 설정한다.

오브젝트 업로드

버킷이 생성되면 오브젝트를 업로드해 보자.

➕ 관리 콘솔의 경우

위에서 생성한 버킷을 선택하고, **Create Folder** 버튼을 클릭하고, test-gui라는 폴더를 생성한다. 다음은 폴더를 클릭하여 폴더 내부로 이동하고, 테스트용 이미지를 업로드해 본다. **Actions** 버튼을 클릭하고, **Upload**를 선택한다. 업로드 화면에서 **Add Files**를 선택하여 파일을 선택하거나 업로드할 파일을 'Drag and drop files and folders to upload here'라고 적혀 있는 부분에 드래그 앤 드롭한다.

업로드 대상 파일명과 파일 크기를 확인했다면 **Start Upload** 버튼을 선택하여 업로드를 실행한다. 업로드할 때 대상 오브젝트를 어떤 스토리지 클래스에 저장할지, 서버 사이드 암호화를 할지 액세스 제한 등의 권한, HTTP 헤더 등 메타데이터 지정도 가능하지만, 업로드 후에도 설정할 수 있으니 여기서는 업로드만 하도록 한다.

그림 6.5와 같이 오른쪽에는 업로드 중의 오브젝트 상태가 표시된다. 업로드가 끝나면 왼쪽 화면과 같이 표시된다.

그림 6.5 업로드 상태 확인

➕ AWS CLI의 경우

오브젝트 업로드는 s3api put-object 명령어를 사용하는 방법과 s3 cp 명령어를 사용하는 방법이 있다. S3로 1회의 PUT로 업로드할 수 있는 크기는 5GB다. 그러므로 크기가 그 이상이거나 수십 GB를 넘는 파일을 업로드할 경우에는 파일을 분할하여 업로드할 수 있는 멀티 파트 업로드라는 방법으로 업로드해야 한다.

s3 cp 명령어라면 파일 사이즈를 신경 쓰지 않고, 크기가 10MB를 넘는 정도부터 백그라운드에서 멀티 파트 업로드가 실행된다. s3 cp 명령어를 사용하여 다음과 같이 업로드를 한다.

```
$ aws s3 cp /home/ec2-user/upload_test.png s3://image.cli.cloudnoa.xyz/test-
cli/upload_test.png --region ap-northeast-2    전체는 1행
upload: ../home/ec2-user/upload_test.png to s3://image.cli.cloudnoa.xyz/
test-cli/upload_test.png
```

명령어를 사용하는 경우도 옵션을 지정하여 메타데이터 등을 지정할 수 있지만, 여기서는 업로드만을 실행한다.[주5] 업로드한 오브젝트를 확인하려면 다음과 같이 s3 ls 명령어로 확인한다.[주6] 폴더 내부도 확인하기 위해 recursive 옵션을 사용하고 있다.

주5 명령어 옵션 상세 내용은 AWS CLI 매뉴얼을 참고하기 바란다.

주6 s3api list-objects 명령어로도 업로드한 오브젝트를 확인할 수 있다.

```
$ aws s3 ls s3://image.cli.cloudnoa.xyz/ --recursive --region ap-northeast-2
전체는 1행
2016-05-29 00:05:42          0 test-cli/
2016-05-29 00:37:59      40854 test-cli/upload_test.png
```

Column

Folder(폴더)? Prefix(접두사)?

관리 콘솔에서는 폴더 생성 버튼이 있고, 눈으로 보기에는 폴더를 생성할 수 있다. 그러나 S3에는 폴더라는 개념은 없으며, 오브젝트의 키명 마지막이 슬래시(/)인 것을 폴더라고 부르는 것뿐이다. 오브젝트가 '/hoge/fuga/piyo.txt'가 있을 경우 이것은 하나의 키명으로 폴더와 같은 표기는 오브젝트를 검색/탐색하거나 액세스 제한 등을 할 때 Prefix로 사용된다.

Prefix를 이용한 필터 방법(관리 콘솔)

AWS CLI에서는 명시적으로 Prefix를 지정하여 오브젝트를 필터링할 수 있지만, 관리 콘솔에서는 Prefix를 지정하기 위한 메뉴를 찾을 수 없다. 단순히 폴더 안에 들어가는 것만으로 필터링을 한다고 볼 수 있지만, 폴더 아래에 많은 양의 폴더나 오브젝트가 있을 경우에는 스크롤해서 찾는 것은 불가능할 수도 있다.

이런 경우 표시된 오브젝트 목록에서 적당한 위치를 클릭하고(폴더의 링크를 선택하지 않도록 주의한다), 어떤 하나가 선택된 상태로 두고, Prefix로 지정한 문자열을 입력하면, 지정한 문자열 이후에 해당하는 오브젝트와 폴더만 필터링이 된다. 예를 들어, abc/, abd/, bcd/라는 세 개의 폴더가 있는 상태에서 'abd'로 필터링을 하면 abd/와 bcd/만 표시된다.

액세스 제한 설정

위에서 생성한 버킷에 업로드한 오브젝트에 액세스 제한을 설정해 보자. 여기서는 ACL을 통한 액세스 제한에 관해 설명한다.

➕ 관리 콘솔의 경우

관리 콘솔에서 버킷과 오브젝트에 ACL을 설정할 경우, 버킷과 오브젝트의 Properties에 있는 Permissions에서 설정한다(그림 6.6). 초기 상태에서는 버킷 소유자에게 모든 권한이 부여된 상태가 되어 있다.

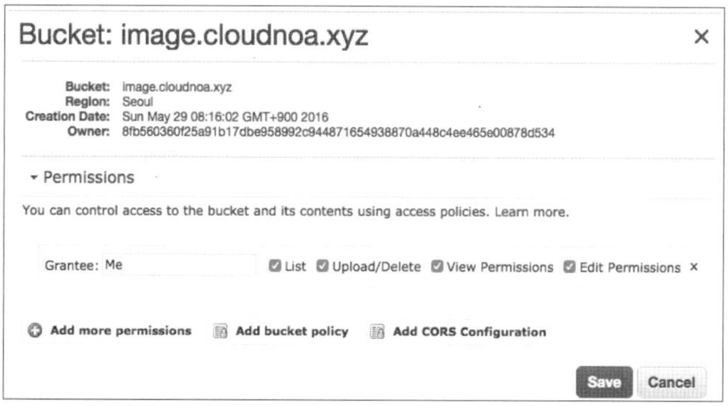

그림 6.6 초기 상태 버킷 ACL 확인

먼저, 권한을 부여하기 전에 버킷이 어떻게 보이는지 아래의 URL로 확인한다.[주7]

URL http://s3-ap-northeast-2.amazonaws.com/[버킷명]/

URL http://[버킷명].s3-ap-northeast-2.amazonaws.com

그림 6.7과 같이 XML 형식의 에러가 표시되고, 버킷에 접근할 수 있는 권한이 없는 것을 알 수 있다.

```
▼<Error>
  <Code>AccessDenied</Code>
  <Message>Access Denied</Message>
  <RequestId>AC5D0ACCBEA60C8C</RequestId>
 ▼<HostId>
    tpkAQmwrCGarY6WnnQZ9FS588nQ4vEdGQ/ogZdq2RupUEgLHIolw//YtDdgidGWFaWHHm0JKgOk=
  </HostId>
</Error>
```

그림 6.7 권한이 없는 버킷에 액세스했을 경우의 에러

주7 버킷을 생성한 리전별로 S3의 엔드 포인트 URL이 다르다. Seoul 이외의 버킷을 생성한 경우에는 http://docs.aws.amazon.com/ko_kr/general/latest/gr/rande.html#s3_region을 확인하기 바란다.

그러면 모든 사용자가 버킷 전체를 참조할 수 있도록 권한을 주고, 다시 한 번 접속해 보도록 하자. Properties의 Permissions를 선택한 뒤 Add more permissions를 클릭하고, 설정 메뉴를 추가하고, Grantee를 'Everyone'으로 변경하고, List에 체크한 후, Save 버튼을 클릭하고, 설정을 저장한다. 저장이 끝나면 다시 브라우저에서 접속해 보자. 위에서 생성한 폴더와 오브젝트를 확인할 수 있다(그림 6.8).

```
▼<ListBucketResult xmlns="http://s3.amazonaws.com/doc/2006-03-01/">
   <Name>image.cloudnoa.xyz</Name>
   <Prefix/>
   <Marker/>
   <MaxKeys>1000</MaxKeys>
   <IsTruncated>false</IsTruncated>
 ▼<Contents>
    <Key>test-gui/</Key>
    <LastModified>2016-05-29T00:06:46.000Z</LastModified>
    <ETag>"d41d8cd98f00b204e9800998ecf8427e"</ETag>
    <Size>0</Size>
    <StorageClass>STANDARD</StorageClass>
   </Contents>
 ▼<Contents>
    <Key>test-gui/upload_test.png</Key>
    <LastModified>2016-05-29T00:06:58.000Z</LastModified>
    <ETag>"b69818d530addabe5a23eba157759a47"</ETag>
    <Size>40854</Size>
    <StorageClass>STANDARD</StorageClass>
   </Contents>
</ListBucketResult>
```

그림 6.8 List 권한을 부여한 버킷을 List한 결과

이 설정만으로는 그다지 재미가 없을 것 같으니 오브젝트에 모든 사용자의 읽기 권한을 부여하고, 확인해 보자. 현 시점에는 오브젝트에 권한을 부여하지 않아 그림 6.7과 같은 XML 에러가 표시된다.

오브젝트에 읽기 권한을 주려면 버킷과 같이 액세스를 허가하는 설정 방법과 Action 메뉴의 'Make Public'을 실행하는 방법이 있다. 두 가지 방법 모두 같은 동작을 하므로 편한 방법으로 설정을 하도록 한다.

읽기 권한 설정이 끝나면 Properties의 Link에 있는 공개 상태 표시 아이콘이 자물쇠 아이콘에서 변경된 것을 알 수 있다(그림 6.9).

```
Object: upload_test.png                                          ×

        Bucket:  image.cloudnoa.xyz
        Folder:  test-gui
         Name:   upload_test.png
          Link:  🔗 https://s3.ap-northeast-2.amazonaws.com/image.cloudnoa.xyz/test-gui/upload_test.png
          Size:  40854
 Last Modified:  Sun May 29 09:06:58 GMT+900 2016
         Owner:  8fb560360f25a91b17dbe958992c944871654938870a448c4ee465e00878d534
          ETag:  b69618d530addabe5a23eba157759a47
   Expiry Date:  None
Expiration Rule: N/A
```

그림 6.9 변경된 공개 상태 아이콘

아이콘 변화를 확인했다면 실제 오브젝트에 액세스해 보자. 업로드한 오브젝트가 표시되면 정확하게 설정된 것이다. 또한, 버킷의 List 권한을 빼도 오브젝트에 Open/Download 권한이 체크되어 있다면 오브젝트는 계속적으로 보일 것이다. 여기까지 설정과 확인 작업이 끝나면 다음 내용을 위해 ACL을 초기 상태로 되돌려 두자.

✚ AWS CLI의 경우

지금부터는 AWS CLI로 ACL을 설정하는 방법을 설명한다. 초기 상태의 버킷 ACL을 확인하려면 다음과 같이 s3api get-bucket-acl 명령어를 실행한다.

```
$ aws s3api get-bucket-acl --bucket image.cli.cloudnoa.xyz \
--region ap-northeast-2
{
    "Owner": {
        "ID": "8fb560360f25a91b17dbe958992c944871654938870a448c4ee465e00878d534"
    },
    "Grants": [
        {
            "Grantee": {
                "Type": "CanonicalUser",
                "ID": "8fb560360f25a91b17dbe958992c944871654938870a448c4e-
e465e00878d534"
            },
            "Permission": "FULL_CONTROL"
        }
    ]
}
```

이 출력 결과에서 소유자만이 FULL_CONTROL 권한이 부여되어 있는 것을 알 수 있다. 소유자 인증을 거치지 않은 상태에서 curl 등으로 버킷에 액세스해도 다음과 같이 에러가 표시된다.

```
$ curl http://image.cli.cloudnoa.xyz.s3-ap-northeast-2.amazonaws.com
<?xml version="1.0" encoding="UTF-8"?>
<Error><Code>AccessDenied</Code><Message>Access Denied</Message><RequestId>
AF0B02255258D330</RequestId><HostId>ixg8ojnnsSm8juXJH+1GSvRzSwp+qnVUs9tm
J43qFoywzJk9ml5XBLLtBXJwICStvZaq5ijV5wk=</HostId></Error>
```

버킷에 List 권한을 모든 사용자에게 부여해 보자. 버킷 ACL을 설정하려면 aws s3api put-bucket-acl 명령어를 사용한다. aws s3api put-bucket-acl 명령어를 사용할 때 주의해야 할 점은 추가할 권한만 지정하는 것이 아니라 기존 권한도 지정해야만 한다는 것이다. 다음과 같이 기존 소유자 FULL_CONTROL 권한도 잊지 말고 추가해 주자.

```
$ aws s3api put-bucket-acl --bucket "image.cli.cloudnoa.xyz" \
--grant-full-control id="8fb560360f25a91b17dbe958992c944871654938870a448c4e
e465e00878d534" \
--grant-read uri="http://acs.amazonaws.com/groups/global/AllUsers" \
--region "ap-northeast-2"
```

명령어 실행이 성공해도 특별히 결과가 출력되지 않는다. 결과를 다음과 같이 s3api get-bucket-acl 명령어로 확인해 보자.

```
$ aws s3api get-bucket-acl --bucket image.cli.cloudnoa.xyz \
--region ap-northeast-2
{
    "Owner": {
        "ID": "8fb560360f25a91b17dbe958992c944871654938870a448c4ee465e00878d534"
    },
    "Grants": [
        {
            "Grantee": {
                "Type": "CanonicalUser",
                "ID": "8fb560360f25a91b17dbe958992c944871654938870a448c4e-
e465e00878d534"
            },
```

```
            "Permission": "FULL_CONTROL"
        },
        {
            "Grantee": {
                "Type": "Group",
                "URI": "http://acs.amazonaws.com/groups/global/AllUsers"
            },
            "Permission": "READ"
        }
    ]
}
```

처음에 확인한 결과(전 페이지)와 비교하면 AllUsers에 READ 권한이 부여된 것을
알 수 있다. 이것으로 사용자에게도 대상 버킷의 오브젝트 목록을 볼 수 있도록 했다.
curl로 다음과 같이 버킷에 접속해 보자.

```
$ curl http://image.cli.cloudnoa.xyz.s3-ap-northeast-2.amazonaws.com
<?xml version="1.0" encoding="UTF-8"?>
<ListBucketResult xmlns="http://s3.amazonaws.com/doc/2006-03-01/">
  <Name>image.cli.cloudnoa.xyz</Name>
  <Prefix></Prefix>
  <Marker></Marker>
  <MaxKeys>1000</MaxKeys>
  <IsTruncated>false</IsTruncated>
  <Contents>
    <Key>test-cli/</Key>
    <LastModified>2016-05-29T00:05:42.000Z</LastModified>
    <ETag>&quot;d41d8cd98f00b204e9800998ecf8427e&quot;</ETag>
    <Size>0</Size>
    <StorageClass>STANDARD</StorageClass>
  </Contents>
  <Contents>
    <Key>test-cli/upload_test.png</Key>
    <LastModified>2016-05-29T00:37:59.000Z</LastModified>
    <ETag>&quot;b69818d530addabe5a23eba157759a47&quot;</ETag>
    <Size>40854</Size>
    <StorageClass>STANDARD</StorageClass>
  </Contents>
</ListBucketResult>
```

이것으로 대상 버킷 오브젝트 목록을 볼 수 있게 된 것을 확인할 수 있다. 실제 출력
결과는 XML 선언을 제외하고 콘텐츠 부분은 개행이 없이 출력되지만, 편집기로 수정

하여 가공한 것이다.

다음은 오브젝트의 읽기 권한을 부여해 보도록 하자. 버킷의 읽기 권한도 소유자에게 FULL_CONTROL과 모든 사용자에게 읽기 원한을 부여한다. 권한 부여가 끝나면 다음과 같은 설정 내용을 확인해 보자. 오브젝트 권한 부여의 경우 실행이 성공하여도 결과는 아무것도 표시되지 않는다.

```
$ aws s3api put-object-acl --bucket image.cli.cloudnoa.xyz \
--key test-cli/upload_test.png \
--grant-full-control 'id="8fb560360f25a91b17dbe958992c944871654938870a
448c4ee465e00878d534"' --grant-read 'uri="http://acs.amazonaws.com/groups/
global/AllUsers"' \
--region ap-northeast-2

$ aws s3api get-object-acl --bucket image.cli.cloudnoa.xyz \
--key test-cli/upload_test.png --region ap-northeast-2
{
    "Owner": {
        "ID": "8fb560360f25a91b17dbe958992c944871654938870a448c4ee465e00878d534"
    },
    "Grants": [
        {
            "Grantee": {
                "Type": "Group",
                "URI": "http://acs.amazonaws.com/groups/global/AllUsers"
            },
            "Permission": "READ"
        },
        {
            "Grantee": {
                "Type": "CanonicalUser",
                "ID": "8fb560360f25a91b17dbe958992c944871654938870a448c4e-
e465e00878d534"
            },
            "Permission": "FULL_CONTROL"
        }
    ]
}
```

위 예제의 **s3api get-object-acl** 명령어 결과를 보면 모든 사용자에게 읽기 권한을 부여한 것을 확인할 수 있다. 이 상태에서 오브젝트를 볼 수 있는지는 다음과 같이 확인할 수 있다.

```
$ curl -s -O http://image.cli.cloudnoa.xyz.s3-ap-northeast-2.amazonaws.com/
test-cli/upload_test.png -w "status:%{http_code}\n"
status:200   전체는 1행

$ ls -l
total 16
-rw-r--r-- 1 root root 40854 May 29 13:25 upload_test.png

$ md5sum upload_test.png
b69818d530addabe5a23eba157759a47  upload_test.png
```

오브젝트를 정상적으로 가지고 왔는지 확인하기 위해 curl 결과 출력으로 HTTP 상태 코드를 출력하도록 하고 있다. 또한, 실제 저장된 파일이 오브젝트와 일치하는지 확인하기 위해 파일 사이즈와 MD5 체크섬도 확인하도록 하자. 위 예제에서는 이전 페이지의 curl 명령어 결과에서 표시된 Size와 ETag 값이 위 예제에서 표시된 파일 사이즈와 MD5 체크섬 값과 각각 일치하고 있는 것을 알 수 있다. 이것으로 정상적으로 오브젝트가 저장된 것을 확인할 수 있었다.[주8]

버킷 정책 설정

조금 전 ACL로 액세스를 제한하는 방법에 대해 설명했고, 여기서는 버킷 정책에 의한 액세스 제어에 대해 설명한다.

➕ 관리 콘솔의 경우

관리 콘솔에서 버킷 정책을 설정하려면 설정 대상 버킷을 선택하고, Properties의 Permissions를 클릭한다. Add bucket policy 버튼을 클릭하면 Bucket Policy Editor가 열리게 된다.

버킷 정책을 생성할 때에는 편집기 왼쪽 아래에 있는 'AWS Policy Generator[주9]'를 이

주8 멀티 파트 업로드의 경우 MD5 체크섬 값과 S3의 ETag는 일치하지 않는다.

주9 http://awspolicygen.s3.amazonaws.com/policygen.html

용한다. AWS Policy Generator는 S3뿐만 아니라 AWS 서비스에서 정책을 설정할 때 매우 편리하므로 기억해 두는 것이 좋다.

첫 번째로 버킷 정책을 사용하여 IP 주소 제한을 해보자. AWS 계정과 사용자와는 관계 없이, 지정한 IP 주소(192.0.2.100)에서 지정한 버킷(image.cloudnoa.xyz)에 존재하는 오브젝트에 GetObject가 가능하도록 해보자. AWS Policy Generator를 이용하여 정책을 생성할 때 표 6.3과 같이 설정한다.

표 6.3 AWS Policy Generator에 입력할 IP 주소 제한 시의 설정

항목	값
Select Policy Type	S3 Bucket Policy
Effect	Allow
Principal	*[주a]
AWS Service	Amazon S3(선택한 상태로 되어 있음)
Actions	GetObject
Amazon Resource Name(ARN)	arn:aws:s3:::image.cli.cloudnoa.xyz/*
Condition	IpAddress
Key	Aws:SourceIp
Value	액세스를 허가하고 싶은 IP 주소[주b](예제에서는 192.0.2.100/32)

위 내용의 입력이 끝나면 **Add Statement** 버튼으로 Statement를 정책에 추가한다. 이 번에 추가할 Statement는 이 내용뿐이지만, 다른 내용도 추가하려면 같은 방식으로 반 복하여 설정하면 된다. Statement를 추가했다면 **Generate Policy** 버튼을 클릭한다. 그러 면 JSON 형식의 정책이 생성된다(그림 6.10).

주a AWS 계정이나 사용자를 지정하지 않기 위해서다.

주b RFC2632의 CIDR(Classless Inter-Domain Routing) 표기로 기입한다. Prefix를 지정하지 않으면 /32가 된다.

```
Policy JSON Document                                                    ✕

Click below to edit. To save the policy, copy the text below to a text editor.
Changes made below will not be reflected in the policy generator tool.

{
  "Id": "Policy1464531511334",
  "Version": "2012-10-17",
  "Statement": [
    {
      "Sid": "Stmt1464531510278",
      "Action": [
        "s3:GetObject"
      ],
      "Effect": "Allow",
      "Resource": "arn:aws:s3:::image.cloudnoa.xyz/*",
      "Condition": {
        "IpAddress": {
          "aws:SourceIp": "192.0.2.100/32"
        }
      },
      "Principal": "*"
    }
  ]
}

                              Close
```

그림 6.10 AWS Policy Generator로 생성한 정책

생성된 정책을 S3 Bucket Policy Editor에 복사해 붙이고, Save 버튼을 클릭한다. 이 것으로 버킷 'image.cloudnoa.xyz' 내부 오브젝트를 '192.0.2.100'에서만 Get이 가능하도 록 설정하였다. 지정한 IP 주소에서 오브젝트에 액세스하면 표시되지만, 다른 IP 주소 에서는 액세스를 할 수 없으며, 에러 화면이 표시된다.

✚ AWS CLI의 경우

여기에서는 AWS CLI로 버킷 정책을 설정한다. 그 전에 방금 설정한 액세스 제한 ACL을 기본 상태로 설정을 변경한다.

버킷 정책을 명령어로 설정해 보자. 버킷 정책은 s3api put-bucket-policy 명령어로 설정한다. 관리 콘솔과 같이 JSON으로 지정하므로 익숙해지기 전까지는 AWS Policy Generator로 JSON을 생성하여 사용하도록 하자.

먼저, IP 주소 제한 설정은 관리 콘솔에서 했던 설정과 반대로 해보겠다. 모든 IP 주 소에 허용을 하지만, 특정 IP 주소 대역(192.0.2.0/24)의 사용자에게 보여 주기 싫은 경우 에는 다음과 같이 설정한다.

```
$ vim bucket-policy01.json
{
  "Id": "Policy1464532179446",
  "Version": "2012-10-17",
  "Statement": [
    {
      "Sid": "Stmt1464532125847",
      "Action": [
        "s3:GetObject"
      ],
      "Effect": "Allow",
      "Resource": "arn:aws:s3:::image.cli.cloudnoa.xyz/*",
      "Condition": {
        "IpAddress": {
          "aws:SourceIp": "0.0.0.0/0"
        }
      },
      "Principal": "*"
    },
    {
      "Sid": "Stmt1464532177613",
      "Action": [
        "s3:GetObject"
      ],
      "Effect": "Deny",
      "Resource": "arn:aws:s3:::image.cli.cloudnoa.xyz/*",
      "Condition": {
        "IpAddress": {
          "aws:SourceIp": "192.0.2.0/24"
        }
      },
      "Principal": "*"
    }
  ]
}
$ aws s3api put-bucket-policy --bucket image.cli.cloudnoa.xyz \
--policy file:///home/ec2-user/bucket-policy01.json --region ap-northeast-2
```

설정한 정책을 확인해 보자. aws s3api get-bucket-policy 명령어로 확인해 보면 JSON 이 출력되지만, 중요 정책 내용이 JSON 문자열로 등록되어 있어서 읽기가 어렵다. 다 음과 같이 jq 명령어 등을 이용하여 읽기 편한 형태로 변형하여 출력해 보자.

```
$ sudo yum install -y jq

$ aws s3api get-bucket-policy --bucket image.cli.cloudnoa.xyz \
--region ap-northeast-2 | jq -r ".Policy" | jq "."
{
  "Version": "2012-10-17",
  "Id": "Policy1464532179446",
  "Statement": [
    {
      "Sid": "Stmt1464532125847",
      "Effect": "Allow",
      "Principal": "*",
      "Action": "s3:GetObject",
      "Resource": "arn:aws:s3:::image.cli.cloudnoa.xyz/*",
      "Condition": {
        "IpAddress": {
          "aws:SourceIp": "0.0.0.0/0"
        }
      }
    },
    {
      "Sid": "Stmt1464532177613",
      "Effect": "Deny",
      "Principal": "*",
      "Action": "s3:GetObject",
      "Resource": "arn:aws:s3:::image.cli.cloudnoa.xyz/*",
      "Condition": {
        "IpAddress": {
          "aws:SourceIp": "192.0.2.0/24"
        }
      }
    }
  ]
}
```

전체에서 읽기를 허가하고, 특정 IP 주소에서는 읽기를 거부한 설정을 확인할 수 있다. 실제 동작을 확인하려면 거부 설정이 된 IP 주소를 자기 자신이 사용하고 있는 네트워크에서 인터넷으로 나가는 Public IP 주소로 지정하여 확인해 보자. 거부 설정이된 IP 주소에서의 액세스는 Access Denied가 표시되고, 휴대전화 사업자의 LTE나 3G로 접속하여 문제가 없다면 설정에는 문제가 없다고 볼 수 있다.

기본적인 조작 방법에 관해서는 거의 다 설명을 했고, 이제부터 실제 서비스에서 사용할 경우의 조작 방법에 관해 설명하도록 한다.

EC2만으로 운용되던 사이트가 SNS나 미디어 등에 소개되어 사용자 수가 많아지면 정적 콘텐츠 전송을 분산해야 하는 경우가 발생한다. 이런 상황에서 먼저 생각할 수 있는 것이 S3 서비스다. 이번 장에서는 EC2 파일 시스템에 있는 정적 콘텐츠를 S3로 이전하는 방법을 소개한다.

정적 콘텐츠를 디렉터리별로 이전

먼저, 가장 간단한 방법으로 파일 시스템상에 있는 정적 파일용 디렉터리 자체를 S3 버킷으로 복사하는 방법이다. s3 cp 명령어 또는 s3 sync 명령어를 이용한다. 각각의 명령어는 복사와 동기화라는 원래의 용도가 있지만, S3상에 아무것도 없는 상태라면 결국 디렉터리가 복사되는 결과는 같을 것이다. 아래는 각각의 명령어 실행 결과와 실행 후 버킷 내의 오브젝트를 확인한 결과다.

```
$ ls
cp-test  sync-test

$ aws s3 cp /root/s3/cp-test s3://image.cli.cloudnoa.xyz/cp-test/ \
--recursive --region ap-northeast-2
upload: cp-test/text3.txt to s3://image.cli.cloudnoa.xyz/cp-test/text3.txt
upload: cp-test/text2.txt to s3://image.cli.cloudnoa.xyz/cp-test/text2.txt
upload: cp-test/text4.txt to s3://image.cli.cloudnoa.xyz/cp-test/text4.txt
upload: cp-test/text1.txt to s3://image.cli.cloudnoa.xyz/cp-test/text1.txt

$ aws s3 ls s3://image.cli.cloudnoa.xyz --recursive --region ap-north-
east-22016-05-30 11:24:22         0 cp-test/text1.txt
2016-05-30 11:24:22         0 cp-test/text2.txt
2016-05-30 11:24:22         0 cp-test/text3.txt
2016-05-30 11:24:22         0 cp-test/text4.txt
2016-05-29 00:05:42         0 test-cli/
2016-05-29 00:37:59     40854 test-cli/upload_test.png
```

s3 cp 명령어와 s3 sync 명령어의 다른 점은 파일을 변경하고 명령을 실행할 때 나타난다. 이전한 데이터를 교체하는 경우, 한 개 파일만 교체하고 같은 명령어를 실행하면 차이점을 잘 알 수 있다.

다음과 같이 s3 cp 명령어에서는 어떤 파일이 변경되었는지에 상관없이 모든 파일을 복사하지만, s3 sync 명령어는 동기화를 하므로 변경이 된 파일만 복사하게 된다.

```
$ touch cp-test/text3.txt
$ touch sync-test/text3.txt

$ aws s3 cp /root/s3/cp-test s3://image.cli.cloudnoa.xyz/cp-test/ \
--recursive --region ap-northeast-2
upload: cp-test/text4.txt to s3://image.cli.cloudnoa.xyz/cp-test/text4.txt
upload: cp-test/text1.txt to s3://image.cli.cloudnoa.xyz/cp-test/text1.txt
upload: cp-test/text3.txt to s3://image.cli.cloudnoa.xyz/cp-test/text3.txt
upload: cp-test/text2.txt to s3://image.cli.cloudnoa.xyz/cp-test/text2.txt

$ aws s3 sync /root/s3/sync-test s3://image.cli.cloudnoa.xyz/sync-test/ \
--region ap-northeast-2
upload: sync-test/text3.txt to s3://image.cli.cloudnoa.xyz/sync-test/text3.
txt
```

단순히 디렉터리를 그대로 S3로 이전하는 경우에는 이 방법으로 데이터 이전은 끝난다. 위에서 설명한 ACL이나 버킷 정책을 이용하거나 나중에 설명할 정적 웹 사이트 호스팅(static website hosting)을 이용하여 콘텐츠를 공개하도록 하자.

Movable Type 정적 콘텐츠를 S3로 이전

Movable Type[주10]과 같이 각 글들을 사용자가 액세스할 때마다 정적으로 출력하지 않고 정적인 HTML로 만든다. 이렇게 만들어진 HTML로 사용자가 액세스하는 타입의 CMS(Content Management System)에서는 검색 기능이나 덧글 기능과 같은 동적 부분을 사용하지 않는 한 공개되어 있는 모든 콘텐츠를 모두 S3상에서 운용할 수 있다.

공개 콘텐츠가 모두 S3로 이전되어 사용자에게 보여지는 부분에 대해서는 운용 비

주10 https://movabletype.com/#aws

용을 많이 줄일 수 있다. 콘텐츠 갱신 등의 관리자 기능을 빼고 동적 콘텐츠가 없다면, 갱신 작업 이외에는 EC2 인스턴스를 정지시켜 둘 수도 있어 비용 측면에서 많은 절감 효과를 가져다 준다.

간편하게 이전하고 싶을 경우에는 s3fs[주11]를 사용하여 S3 버킷을 인위적으로 파일 시스템으로 마운트하여 사용할 수 있다. 그러나 로컬의 파일 시스템에 파일을 저장하는 것과 비교하면 s3fs 환경을 재구성하는 데 어느 정도 시간이 걸리는 것은 이해하고 사용하기 바란다. 아래는 s3fs 설치에서 마운트까지의 내용이다.

```
$ sudo yum -y install git gcc-c++ fuse fuse-devel libcurl-devel
libxml2-devel openssl-devel automake   전체는 1행
생략
$ git clone https://github.com/s3fs-fuse/s3fs-fuse.git
Cloning into 's3fs-fuse'...
remote: Counting objects: 2982, done.
remote: Compressing objects: 100%(15/15), done.
remote: Total 2982(delta 6), reused 0(delta 0), pack-reused 2967
Receiving objects: 100%(2982/2982), 1.55 MiB | 273.00 KiB/s, done.
Resolving deltas: 100%(2026/2026), done.
Checking connectivity... done.
$ cd s3fs-fuse/
$ ./autogen.sh
생략
$ ./configure --prefix=/usr
생략
$ make
생략
$ sudo make install
생략
$ sudo mv /data/file/static /data/file/static.backup
$ sudo mkdir /data/file/static
$ sudo chown www.www /data/file/static
$sudo /usr/bin/s3fs mt1-test.wait1-st.net /data/file/static -o rw,allow_oth-
er,uid=700,gid=700,default_acl=private (전체는 1행)
$ df
Filesystem        1K-blocks      Used    Available Use% Mounted on
/dev/xvda1         8123812   1709716      6313848  22% /
devtmpfs            500712        56       500656   1% /dev
tmpfs               509720         0       509720   0% /dev/shm
s3fs            274877906944        0 274877906944   0% /data/file/static
```

주11 https://github.com/s3fs-fuse/s3fs-fuse

위의 내용은 마켓 플레이스에 있는 Movable Type 6의 HVM AMI[주12]로 기동한 인스턴스를 이용한다. mt1-test.wait1-st.net는 S3에 버킷을 생성해야 한다.

이 방법으로 재구성되었다면 S3에 지정한 버킷에 정적 콘텐츠를 생성한다. 주의해야 할 점은 AWS는 s3fs의 사용을 추천하지 않고, API나 SDK를 사용한 액세스 방법을 추천한다는 것이다. 위 예제처럼 재구성할 때 마운트만 되어 있으면 되는 조건에서는 사용해도 좋지만, 항상 정확히 마운트되어야 하는 환경에서는 사용하지 않기 바란다. 만일 그런 환경에서 꼭 사용해야 한다면 사용자가 책임을 지는 범위에서 사용하기 바란다. 명령어 사용이 어렵지 않다면 로컬 파일 시스템에 저장된 것을 s3 cp 명령어나 s3 sync 명령어로 매번 복사나 동기를 하는 방법이 좋을 것이다.

6.4 | 이전된 콘텐츠 공개

S3에 이전한 콘텐츠는 ACL과 버킷 정책을 이용하여 공개 설정을 하면 외부에 공개할 수 있다. 이미지나 CSS 등 사용자의 눈에 URL이 노출되지 않는 콘텐츠라면 그대로 S3에서 제공하는 엔드 포인트 URL을 사용해도 괜찮을지 모른다.

그러나 CMS에서 생성된 HTML 등도 포함해 S3에서 운용할 경우 개인 도메인으로 운용하고 싶을 것이다. 개인 도메인을 적용하거나 '/'에 액세스했을 때 index 페이지나 페이지가 없을 때 표시되는 에러 페이지를 지정하려면 정적 웹 사이트 호스팅을 사용한다.[주13]

S3에서 개인 도메인을 사용하여 호스팅하는 경우에 제약 사항으로 버킷명을 공개할 도메인명과 똑같이 맞출 필요가 있다. 미리 같은 도메인명으로 운용하는 것이 결정되었다면 사용할 도메인명으로 버킷을 생성하도록 한다.

또한, 도중에 개인 도메인으로 운용할 경우 버킷을 다시 생성하고 콘텐츠를 복사

주12 https://aws.amazon.com/marketplace/pp/B00M9ODCAA/
주13 자세한 내용은 10장에서 설명한다.

해야 한다. 버킷 간의 복사는 관리 콘솔의 경우 잘 안 될 경우가 있으므로 다음과 같이 명령어로 실행하는 것을 추천한다. 아래 예제는 matetsu-test-bucket에서 image.cli.cloudnoa.xyz로 복사하는 예제다.

```
$ aws s3 cp s3://matetsu-test-bucket/ s3://image.cli.cloudnoa.xyz/ \
--recursive --region ap-northeast-2
copy: s3://matetsu-test-bucket/robots.txt to s3://image.cli.cloudnoa.xyz/
robots.txt
copy: s3://matetsu-test-bucket/favicon.ico to s3://image.cli.cloudnoa.xyz/
favicon.ico
copy: s3://matetsu-test-bucket/index.html to s3://image.cli.cloudnoa.xyz/
index.html
copy: s3://matetsu-test-bucket/mt-theme-scale2.js to s3://image.cli.cloud-
noa.xyz/mt-theme-scale2.js
copy: s3://matetsu-test-bucket/mt.js to s3://image.cli.cloudnoa.xyz/mt.js
copy: s3://matetsu-test-bucket/atom.xml to s3://image.cli.cloudnoa.xyz/atom.
xml
copy: s3://matetsu-test-bucket/styles.css to s3://image.cli.cloudnoa.xyz/
styles.css
copy: s3://matetsu-test-bucket/test.txt to s3://image.cli.cloudnoa.xyz/test.
txt
copy: s3://matetsu-test-bucket/styles_ie.css to s3://image.cli.cloudnoa.xyz/
styles_ie.css
```

또한, S3의 정적 웹 사이트 호스팅 기능만으로 개인 도메인 + SSL 웹 사이트를 구현할 수는 없다. 구현하기 위해서는 별도의 EC2 인스턴스를 준비하여 Reverse proxy로 사용하거나 뒤에서 설명하는 CloudFront를 사용해야 한다. 이중화나 관리 비용을 고려한다면 CloudFront로 구현하는 것이 좋을 것이다. 버킷 준비는 끝났고, 정적 웹 사이트 호스팅을 활성화해 보자.

개인 도메인으로 정적 웹 사이트 호스팅 설정

✚ 관리 콘솔의 경우

정적 웹 사이트 호스팅을 활성화하자. 대상 버킷의 Properties에서 Static Website Hosting 메뉴를 클릭하고, Enable website hosting을 선택하여 필요에 따라 Index

Document, Error Document에 값을 입력하고, Save 버튼을 클릭한다(그림 6.11)

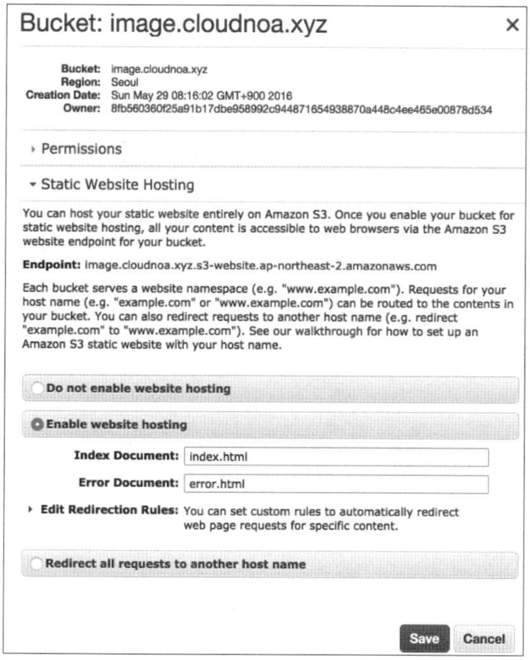

그림 6.11 정적 웹 사이트 호스팅을 활성화

정적 웹 사이트 호스팅이 활성화되었으니 개인 도메인으로 공개하기 위해 Route53에서 도메인을 설정한다. 그림 6.11에서 표시된 Endpoint를 CNAME 레코드로 설정하거나 A 레코드의 Alias Target으로 Endpoint를 설정하여 개인 도메인으로 S3 정적 웹 사이트 호스팅을 사용할 수 있다. 두 가지 방법 모두 설정에는 문제가 없지만, Alias로 설정이 가능하다면 Alias로 설정하는 것을 추천한다.

Route53 설정이 끝나고, 브라우저에서 설정한 DNS명으로 액세스하게 되면 S3에 있는 콘텐츠를 확인할 수 있다. 만약, 여기서 '404 Forbbiden'이 표시된다면 버킷 정책에 GetObject 설정이 안 된 것으로 생각할 수 있다. 버킷 정책을 수정하여 모든 사용자가 버킷 내에 있는 콘텐츠에 접근할 수 있도록 GetObject를 설정하도록 하자.

✚ AWS CLI의 경우

AWS CLI에서 정적 웹 사이트 호스팅을 활성화하려면 s3api put-bucket-website 명령어를 사용한다. 다음과 같이 JSON 형식으로 설정을 생성하고 명령어를 실행한다.

```
$ cat set-website.json
{
    "IndexDocument": {
      "Suffix": "index.html"
    },
    "ErrorDocument": {
      "Key": "error.html"
    }
}

$ aws s3api put-bucket-website --bucket image.cli.cloudnoa.xyz \
--website-configuration file:///root/set-website.json \
--region ap-northeast-2
```

정적 웹 사이트 호스팅이 활성화되었는지는 다음처럼 aws s3api get-bucket-website 명령어로 확인할 수 있다. 명령어가 실행되었다면 등록할 때 사용한 JSON과 거의 같은 내용의 JSON이 표시된다.

```
$ aws s3api get-bucket-website --bucket image.cli.cloudnoa.xyz \
--region ap-northeast-2
{
    "IndexDocument": {
        "Suffix": "index.html"
    },
    "ErrorDocument": {
        "Key": "error.html"
    }
}
```

명령어를 실행하여 설정이 되었다면 이제 개인 도메인으로 설정하기 위해 Route53 에서 도메인을 설정한다. Seoul 리전의 경우 S3의 웹사이트 엔드 포인트는 [버킷명].s3-website.ap-northeast-2.amazonaws.com[주14]이다. 아래와 같이 Alias Target이 되도록 A

주14 http://docs.aws.amazon.com/ko_kr/AmazonS3/latest/dev/WebsiteEndpoints.html을 참고하기 바란다.

레코드를 설정한다. S3 웹사이트 엔드 포인트의 Hosted Zone Id는 공식 문서[주15]에서 찾아보기 바란다.

```
$ cat create_alias_record.json
{
  "Comment": "Create Alias record.",
  "Changes": [
    {
      "Action": "CREATE",
      "ResourceRecordSet": {
        "AliasTarget": {
              "HostedZoneId": "Z3W03O7B5YMIYP",
              "EvaluateTargetHealth": false,
              "DNSName": "s3-website.ap-northeast-2.amazonaws.com."
        },
        "Type": "A",
        "Name": "image.cli.cloudnoa.xyz."
      }
    }
  ]
}
$ aws route53 change-resource-record-sets --hosted-zone-id ZKYNA6HAJQQ1I
--change-batch file:///root/create_alias_record.json     전체는 1행
{
    "ChangeInfo": {
        "Status": "PENDING",
        "Comment": "Create Alias record.",
        "SubmittedAt": "2016-05-31T05:55:59.869Z",
        "Id": "/change/C2B9CC3TC0E20H"
    }
}
$ aws route53 get-change --id C2B9CC3TC0E20H
{
    "ChangeInfo": {
        "Status": "INSYNC",
        "Comment": "Create Alias record.",
        "SubmittedAt": "2016-05-31T05:55:59.869Z",
        "Id": "/change/C2B9CC3TC0E20H"
    }
}
```

주15 http://docs.aws.amazon.com/ko_kr/general/latest/gr/rande.html#s3_region

DNS명 설정이 'INSYNC'라고 되어 있다면 실제 브라우저 등에서 설정한 DNS명으로 정상적인 접속이 되는지를 확인하자.

6.5 | 액세스 로그 수집

S3의 기본 설정에서는 모든 액세스에 대한 로그를 남기지는 않는다. 그러나 활성화해 두면 액세스 분석이나 부정 접속 확인, 장애 등이 발생할 때 도움이 된다. 로그 수집 전용 버킷에 각 버킷의 로그를 수집할 수 있으므로 로그를 확인할 때 각 버킷을 조사할 필요 없이 하나의 버킷에서 모든 로그를 확인할 수 있다. 로그 확인용 IAM 사용자나 롤도 수집용 버킷에만 접근 권한을 주면 되므로 보안 측면에서도 좋을 것이다.

이번 예제에서는 aws-access-logs-test라는 액세스 로그 수집용 버킷에서 각 버킷명을 Prefix(폴더명)로 액세스 로그를 수집할 수 있도록 설정한다. 로그 수집용 버킷은 '로그 전송(Log Delivery)'이라는 특정 사용자에 대해 ACL로 '업로드/삭제(WRITE)'와 '액세스 허용 표시(READ_ACP)' 권한을 설정한다.

또한, 로그 수집을 활성화하고 실제 로그가 저장되기까지는 시간이 걸린다. 로그가 버킷에 저장되기까지 약 1시간 정도이고, 저장되기 몇 분 전까지의 로그가 저장되는 구조로 되어 있으므로 실시간 분석에는 사용할 수 없다. 그래서 일 단위나 시간 단위로 분석할 때 사용할 수 있다.

액세스 로그 설정

➕ 관리 콘솔의 경우

로그 저장을 활성화하려면 대상 버킷의 Properties에서 Logging을 선택하여 Enabled에 체크하고, Target Bucket에 로그를 수집할 버킷을 선택한다(여기서는 aws-access-logs-test). 그리고 Target Prefix에 '버킷명/'를 입력하고, Save 버튼을 클릭한다(그림 6.12). 이것으로 로그 저장은 활성화되었다.

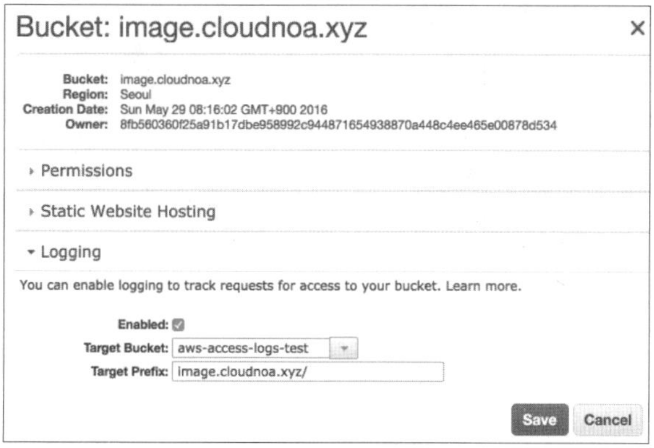

Bucket: image.cloudnoa.xyz ✕

```
          Bucket:  image.cloudnoa.xyz
          Region:  Seoul
   Creation Date:  Sun May 29 08:16:02 GMT+900 2016
           Owner:  8fb560360f25a91b17dbe958992c944871654938870a448c4ee465e00878d534
```

▸ Permissions

▸ Static Website Hosting

▾ Logging

You can enable logging to track requests for access to your bucket. Learn more.

```
        Enabled: ☑
   Target Bucket: aws-access-logs-test  ▾
   Target Prefix: image.cloudnoa.xyz/
```

[Save] [Cancel]

그림 6.12 로그 수집 활성화

➕ AWS CLI의 경우

AWS CLI에서 로그 수집 활성화를 하려면 다음과 같이 s3api put-bucket-logging 명령어를 이용한다.

```
$ cat set-logging.json
{
  "LoggingEnabled": {
    "TargetBucket": "aws-access-logs-test",
    "TargetPrefix": "image.cli.cloudnoa.xyz/",
    "TargetGrants": [
      {
        "Grantee": {
          "Type": "CanonicalUser",
          "ID": "8fb560360f25a91b17dbe958992c944871654938870a448c4ee465e00878d534"
        },
        "Permission": "FULL_CONTROL"
      },
      {
            "Grantee": {
                    "Type": "Group",
                    "URI": "http://acs.amazonaws.com/groups/s3/LogDelivery"
            },
```

```
                "Permission": "WRITE"
            },
            {
                    "Grantee": {
                    "Type": "Group",
                    "URI": "http://acs.amazonaws.com/groups/s3/LogDelivery"
            },
                "Permission": "READ_ACP"
        }
    ]
  }
}

$ aws s3api put-bucket-logging --bucket "image.cli.cloudnoa.xyz" --buck-
et-logging-status "file:///root/set-logging.json" --region ap-northeast-2

$ aws s3api get-bucket-logging image.cli.cloudnoa.xyz
{
  "LoggingEnabled": {
    "TargetBucket": "aws-access-logs-test",
    "TargetPrefix": "image.cli.cloudnoa.xyz/",
    "TargetGrants": [
      {
        "Grantee": {
          "Type": "CanonicalUser",
    "ID": "8fb560360f25a91b17dbe958992c944871654938870a448c4ee465e00878d534"
        },
        "Permission": "FULL_CONTROL"
      },
      {
                "Grantee": {
                    "Type": "Group",
                    "URI": "http://acs.amazonaws.com/groups/s3/LogDelivery"
            },
                "Permission": "WRITE"
            },
            {
                    "Grantee": {
                    "Type": "Group",
                    "URI": "http://acs.amazonaws.com/groups/s3/LogDelivery"
            },
                "Permission": "READ_ACP"
        }
    ]
  }
}
```

로그 수집 설정 내용은 위의 예제에서는 JSON 형식으로 지정했다. 명령어의 상세 내용은 문서를 확인하기 바란다. 위와 같이 JSON을 지정하여 실행하면 로그 수집 설정이 가능하다. 실행 결과는 출력되지 않는다. 그러므로 아무것도 출력되지 않았다면 명령어 실행에 성공한 것이다.

외부 공개 설정과 로그 수집 설정이 끝났다. 사용자에게 공개할 준비는 끝난 것이다. S3만으로도 충분한 가용성과 성능이 보장되지만, 다음에서 설명한 전송을 고속화하기 위해 CDN(Contents Delivery Network)인 CloudFront를 도입해 보도록 한다.

6.6 │ CloudFront를 통한 전송 고속화

이미지 등의 정적 콘텐츠가 많고 파일 크기가 크거나 액세스가 많은 경우에는 S3 앞에 Amazon CloudFront(이하 CloudFront)를 설정하여 전송 고속화를 하는 것이 일반적이다. 동적 콘텐츠의 프록시로도 사용할 수 있어 캐시 시간이나 캐시 정책 설정을 잘만 한다면 모든 콘텐츠를 CloudFront 를 경유하여 전송할 수 있다. 이번 장에서는 CloudFront 소개와 S3와 연동하여 사용하는 방법을 소개한다.

▌CloudFront란?

CloudFront는 AWS가 제공하는 CDN 서비스다. CloudFront를 사용하면 EC2나 S3 등 한 대 이상의 오리진 서버(원본 콘텐츠가 저장되어 있는 서버)에 있는 콘텐츠를 전 세계에 존재하는 에지 로케이션에 복사하고, 그 에지 로케이션에서 전송할 수 있어 빠른 콘텐츠 전송이 가능하다.

CloudFront는 Distributions라는 룰에 따라 오리진 서버에서 콘텐츠를 복사하여 전송한다. Distributions 설정은 오리진 서버, 캐시 정책, 전송 설정(전송용 도메인이나 SSL 설정)을 지정한다.

캐시 정책 설정에 따라 오리진 서버에서 복사되는 콘텐츠의 유효 기간에 큰 영향을 미친다. 캐시 유효 기간은 캐시 정책에서 설정한 Minimum/Maximum/Default TTL 값과 오리진 서버에서 출력되는 HTTP 헤더의 Cache-Control과 Expires의 값으로 결정된다.[16] 동적 콘텐츠를 전송하기 위해서는 Cache-Control에서 no-cache를 설정하고, 세 가지 TTL 값을 0으로 설정하면 CloudFront가 리버스 프록시 역할을 하여 요청이 들어오면 오리진 서버에 전달하게 된다.

CloudFront는 기본으로 랜덤한 문자열로 설정된 cloudfront.net 도메인으로 액세스할 수 있지만, 도메인을 설정하여 사용할 수도 있다. 도메인으로 HTTPS를 사용하는 경우 각 에지 로케이션에 전용 고정 IP를 준비하는 방법과 SNI(Server Name Indication)[17]라는 방법으로 증명서별로 IP 주소 구별 없이 여러 SSL 증명서를 이용하는 방법을 선택할 수 있다.

각 에지 로케이션에 전용 고정 IP를 준비하는 방법은 모든 브라우저와 클라이언트를 지원하지만, SSL 인증서 한 개당 추가 요금[18]이 발생한다. SNI를 사용하는 경우 오래된 브라우저를 지원하지 않는 경우가 있으니 주의해야 한다.

S3와 CloudFront 연계

S3로 이전한 이미지 콘텐츠가 예상외로 인기가 있어 외국에서도 액세스가 발생하고 있다고 하자. 서버 부하는 S3 확장성으로 문제가 없지만, 외국에서 서울에 있는 버킷으로 접속할 경우에 속도 저하 문제가 발생한다. S3와 CloudFront를 연동하여 전송 속도 문제를 해결할 수 있다.

➕ 관리 콘솔의 경우

그러면 CloudFront를 사용하여 S3에 있는 콘텐츠를 전송할 준비를 하자. 관리 콘솔

주16 http://docs.aws.amazon.com/ko_kr/AmazonCloudFront/latest/DeveloperGuide/Expiration.html#ExpirationDownloadDist

주17 https://en.wikipedia.org/wiki/Server_Name_Indication

주18 http://aws.amazon.com/ko/cloudfront/custom-ssl-domains/

에서 CloudFront를 선택하고, **Create Distribution** 버튼을 클릭하고, Distribution 전송 방식을 선택한다. 여기서는 RTMP을 사용한 스트리밍이 아닌 웹 콘텐츠 전송을 설정하므로 웹의 **Get Started** 버튼을 클릭한다(그림 6.13).

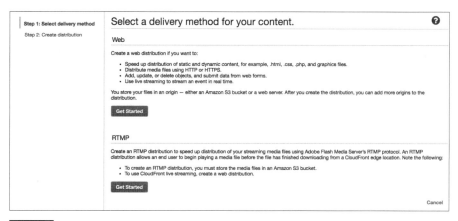

그림 6.13 Distribution 전송 방식 선택

Distribution 설정 화면이 표시되면 각 설정 항목을 입력한다. 먼저, 도메인 등은 신경쓰지 말고 S3에서 전송되고 있는 콘텐츠를 CloudFront로 전송하도록 설정한다.

여기서는 입력 항목을 표 6.4와 같이 입력한다. S3 버킷을 오리진 서버로 사용하는 경우 Origin Domain Name 항목에서 버킷 리스트가 표시되며, 그중에서 오리진 서버로 사용할 버킷을 선택한다. 생략된 항목은 기본 설정으로 그대로 사용한다.

입력이 완료되면 **Create Distribution** 버튼을 클릭하여 Distribution을 생성한다. Distribution이 생성되면 목록에서 확인할 수 있고(표 6.4), 별도 도메인을 설정하지 않은 경우에는 CloudFront에 접속 가능한 도메인도 여기서 확인할 수 있다.

표 6.4 Distribution 설정 내용(일부 항목 생략)

항목	값	설명
Origin Domain Name	image.cloudnoa.xyz.s3.amazonaws.com	오리진 서버 도메인명
Origin ID	S3-image.cloudnoa.xyz	Distribution으로 복수의 오리진을 지정하는 경우 이를 구분하기 위한 ID

표 6.4 Distribution 설정 내용(일부 항목 생략)(계속)

항목	값	설명
Restrict Bucket Access	No	S3로 액세스를 CloudFront에서만 할 수 있도록 허용
Forward Headers	None	오리진 서버에 전송되는 HTTP 헤더(EC2가 오리진 서버인 경우 Host 등을 지정 가능)
Object Caching	Use Origin Cache Headers	오리진 서버 Cache Control 헤더를 사용한 캐시 기간을 결정
Forward Query Strings	No	쿼리 문자열을 캐시할지를 결정(CSS 등을 쿼리 문자열로 갱신하는 경우 사용)
Price Class	Use All Edge Locations	모든 에지 로케이션을 사용하지 않고, 가격이 싼 에지 로케이션을 사용할지를 결정
Alternate Domain Names(CNAMEs)	여기서는 설정 안 함	개인 도메인을 설정할 경우 사용
SSL Certificate	DefaultCloudFront Certificate(*.cloudfront.net)	개인 도메인을 SSL로 사용하는 경우, 'Custom SSL Certificate(example.com):'를 지정
Default Root Object	index.html	Distribution 루트에 액세스했을 때 표시되는 콘텐츠
Logging	image.cloudnoa.xyz.s3.amazonaws.com	액세스 로그를 S3에 보존할지를 결정
Bucket for Logs	aws-access-logs-test.s3.amazonaws.com	액세스 로그를 저장할 버킷
Log Prefix	cf/image.cloudnoa.xyz/	로그 오브젝트에 적용될 프리픽스
Distribution State	Enabled	Distribution 활성화/비활성화 지정

그림 6.14 Distribution 목록

등록이 끝나면 Status가 'In Progress'로 되며 CloudFront 준비가 진행되고 있는 것을 의미한다. 준비가 끝나기 전까지는 사용할 수 없다. Status가 'Deployed'가 되면 CloudFront 도메인으로 액세스가 가능하도록 되었으며 실제 액세스가 가능한지를 확인해 보자.

비교를 위해서 S3 도메인에 직접 액세스하는 경우의 응답 속도와 비교해 보았다(표 6.5). 실행한 명령어는 다음과 같다. CloudFront에 최초 액세스하기 전에 CloudFront상의 캐시 오브젝트를 무효화하고 측정을 진행한다.

```
$ curl http://d1tcz14kvtdj58.cloudfront.net/test-gui/upload_test.png -o /
dev/ null -w "%{http_code}\t%{time_total}\n" 2> /dev/null  전체는 1행

$ curl http://image.cloudnoa.xyz.s3-ap-northeast-1.amazonaws.com/test-gui/
upload_test.png -o /dev/null -w "%{http_code}\t%{time_total}\n" 2>/dev/null
전체는 1행
```

표 6.5 S3와 CloudFront 오브젝트 액세스 응답 시간(단위: 초)

	CloudFront 1차	CloudFront 2차	CloudFront 3차	S3 1차	S3 2차	S3 3차
집(서울)	0.131	0.028	0.029	0.038	0.457	0.030
서울 리전의 EC2인스턴스	0.109	0.013	0.014	0.096	0.028	0.042
오리건 리전의 EC2 인스턴스	0.435	0.023	0.027	0.556	0.552	0.713

표 6.5에서 CloudFront에 처음 액세스할 때는 오리진 서버에 액세스가 발생하여 응답 속도가 느리지만, 두 번째부터는 응답 속도가 빨라지는 것을 확인할 수 있다. CloudFront 와 비교하면 S3에 직접 액세스하는 경우, 서울 리전이나 서울 안에서는 그렇게 느리지 않지만, CloudFront를 통해 전송하는 경우는 전송 속도가 안정적이고 빨라진다. 미국 오리건 리전에서 S3에 액세스하는 경우 평균 500밀리초 이상이 걸리지만, CloudFront를 이용하면 서울에서 액세스하는 경우와 비슷한 응답 속도를 구현할 수 있다.

이 상태에서도 HTML의 이미지 소스를 CloudFront 도메인을 붙여 지정하면 빠른 액세스가 가능하다. 그러나 어떤 서비스를 제공하고 있는 경우, 서비스 내부에서 사용

되는 도메인을 사용해야만 하는 경우가 많을 것이다. CloudFront에 도메인을 설정하여 사용할 수 있으며, 그 도메인을 사용하여 CloudFront에 액세스할 수도 있다.

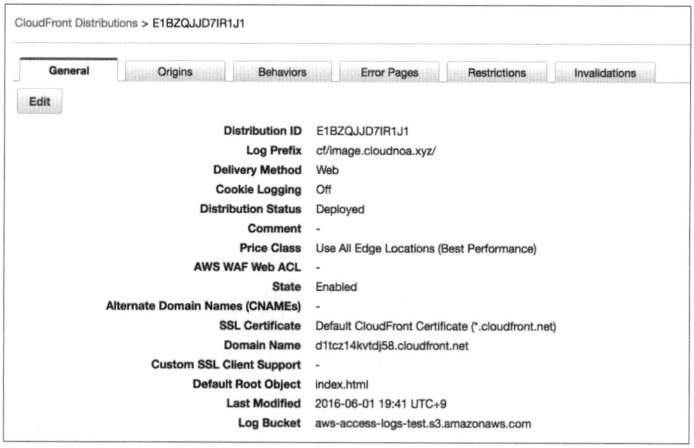

CloudFront Distributions > E1BZQJJD7IR1J1
General
Origins
Behaviors
Error Pages
Restrictions
Invalidations
Edit
Distribution ID E1BZQJJD7IR1J1
Log Prefix cf/image.cloudnoa.xyz/
Delivery Method Web
Cookie Logging Off
Distribution Status Deployed
Comment -
Price Class Use All Edge Locations (Best Performance)
AWS WAF Web ACL -
State Enabled
Alternate Domain Names (CNAMEs) -
SSL Certificate Default CloudFront Certificate (*.cloudfront.net)
Domain Name d1tcz14kvtdj58.cloudfront.net
Custom SSL Client Support -
Default Root Object index.html
Last Modified 2016-06-01 19:41 UTC+9
Log Bucket aws-access-logs-test.s3.amazonaws.com

그림 6.15 Distribution 편집

그림 6.14의 Distribution 목록에서 위에서 생성한 Distribution을 선택하고, Distribution Settings 버튼을 클릭한다. 그림 6.15 화면이 표시되면 General 탭에서 Edit 버튼을 클릭하여 편집 화면으로 들어간다. 편집 화면에서 Alternate Domain Names (CNAMEs) 항목에 설정할 도메인명을 입력한다(그림 6.16).

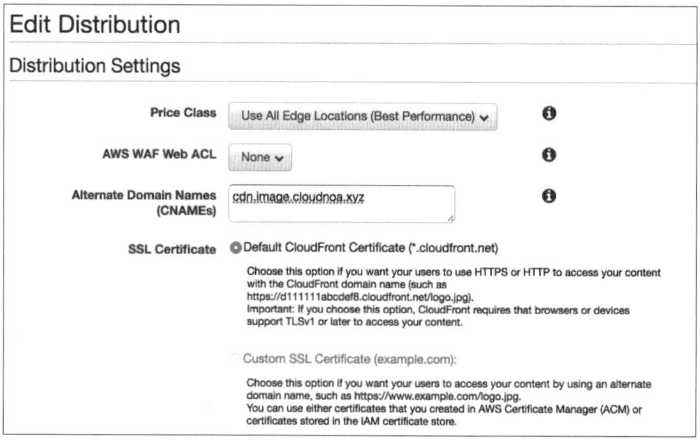

Edit Distribution
Distribution Settings
Price Class Use All Edge Locations (Best Performance)
AWS WAF Web ACL None
Alternate Domain Names (CNAMEs) cdn.image.cloudnoa.xyz
SSL Certificate Default CloudFront Certificate (*.cloudfront.net)
Choose this option if you want your users to use HTTPS or HTTP to access your content with the CloudFront domain name (such as https://d111111abcdef8.cloudfront.net/logo.jpg).
Important: If you choose this option, CloudFront requires that browsers or devices support TLSv1 or later to access your content.
Custom SSL Certificate (example.com):
Choose this option if you want your users to access your content by using an alternate domain name, such as https://www.example.com/logo.jpg.
You can use either certificates that you created in AWS Certificate Manager (ACM) or certificates stored in the IAM certificate store.

그림 6.16 도메인 설정

편집이 끝나면 DNS를 설정한다. Route53의 경우 A 레코드의 Alias로 Alias Target에 설정한 CloudFront Distribution을 설정한다(그림 6.17). Route53 이외의 DNS 서버는 CNAME으로 설정한다.

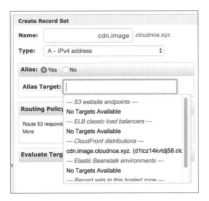

그림 6.17 Distribution을 Route53의 Alias Target으로 설정

도메인으로 CloudFront에 액세스가 가능한 상태가 되었다. CloudFront를 사용하지 않으려면 Distribution를 삭제하면 된다. 삭제할 때 Status가 'Deployed'인 상태에서 Status가 'Disabled'로 변경되어야만 삭제할 수 있다. 기억해 두기 바란다.

➕ AWS CLI의 경우

2016년 4월 현재 CloudFront 설정은 AWS CLI로 할 수 없게 되어 있으며, 프리뷰 상태로 사용할 수 있다. 다음 명령어를 실행하여 프리뷰 버전 CloudFront 명령어를 사용할 수 있도록 설정한다.

```
$ aws configure set preview.cloudfront true
```

명령어로 생성하는 Distribution은 표 6.4의 오리진 도메인이 되는 S3 버킷을 image.cli.cloudnoa.xyz로 변경하여 다음과 같이 작성한다.

```
$ cat create-distribution.json
cat create-distribution.json
{
  "CallerReference": "create-distribution-fron-cli-20140922",
  "Origins": {
    "Quantity": 1,
    "Items": [
        {
                "Id": "S3-image.cli.cloudnoa.xyz",
                "DomainName": "image.cli.cloudnoa.xyz.s3.amazonaws.com",
                "OriginPath": "",
                "CustomHeaders": {
                                         "Quantity": 0
                            },
                "S3OriginConfig": {
                        "OriginAccessIdentity": ""
                }
        }
    ]
  },
  "DefaultCacheBehavior": {
    "TargetOriginId": "S3-image.cli.cloudnoa.xyz",
    "ForwardedValues": {
        "Headers": {
                                "Quantity": 0
        },
        "QueryString": false,
        "Cookies": {
        "Forward": "none"
    }
  },
    "TrustedSigners": {
        "Enabled": false,
        "Quantity": 0
  },
  "ViewerProtocolPolicy": "allow-all",
  "MinTTL": 0,
  "DefaultTTL": 86400,
  "MaxTTL": 31536000,
  "SmoothStreaming": false,
  "AllowedMethods": {
      "Quantity": 2,
      "Items": [
              "GET",
              "HEAD"
      ],
      "CachedMethods": {
```

```
                            "Items": [
                                "HEAD",
                                "GET"
                            ],
            "Quantity": 2
            }
        },
        "Compress": false
    },
    "CacheBehaviors": {
        "Quantity": 0
    },
    "PriceClass": "PriceClass_All",
    "Aliases": {
        "Quantity": 0
    },
    "ViewerCertificate": {
        "CloudFrontDefaultCertificate": true,
                    "MinimumProtocolVersion": "SSLv3",
                    "CertificateSource": "cloudfront"
    },
    "DefaultRootObject": "index.html",
    "CustomErrorResponses": {
    "Quantity": 0
    },
    "Comment": "",
    "Logging": {
        "Enabled": true,

    "IncludeCookies": false,
    "Bucket": "aws-access-logs-test.s3.amazonaws.com",
        "Prefix": "cf/image.cli.cloudnoa.xyz/"
    },
    "Enabled": true,
    "Restrictions": {
    "GeoRestriction": {
    "RestrictionType": "none",
    "Quantity": 0
    }
    },
    "WebACLId": ""
}
$ aws cloudfront create-distribution --distribution-config file:///root/cre-
ate-distribution.json
{
    "Distribution": {
        "Status": "InProgress",
```

```
        "DomainName": "d394x9po3y8aan.cloudfront.net",
        "InProgressInvalidationBatches": 0,
        "DistributionConfig": {
생략
            "ActiveTrustedSigners": {
            "Enabled": false,
            "Quantity": 0
        },
        "LastModifiedTime": "2016-06-01T17:54:28.039Z",
        "Id": "E2F369G0YLLDRB"
    },
    "ETag": "E2RICV78ZO0XEC",
    "Location": "https://cloudfront.amazonaws.com/2016-01-28/distribution/
E2F369G0YLLDRB"
}
```

이 설정으로 CloudFront 도메인으로 콘텐츠를 전송할 수 있게 되었다. 다음은
Distribution을 갱신하고, 도메인으로 액세스할 수 있도록 설정한다.

```
$ diff create-distribution.json edit-distribution.json
42c42,45
<           "Quantity": 0
---
>           "Quantity": 1,
>           "Items": [
>               "cdn.image.cli.cloudnoa.xyz"
>           ]

$ aws cloudfront update-distribution --id E2F369G0YLLDRB --distribution-con-
fig file:///root/edit-distribution.json --if-match E2RICV78ZO0XEC
{
    "Distribution": {
        "Status": "InProgress",
        "DomainName": "d394x9po3y8aan.cloudfront.net",
        "InProgressInvalidationBatches": 0,
        "DistributionConfig": {
            "Comment": "",
            "CacheBehaviors": {
                "Quantity": 0
            },
            "Logging": {
                "Bucket": "aws-access-logs-test.s3.amazonaws.com",
                "Prefix": "cf/image.cli.cloudnoa.xyz/",
                "Enabled": true,
```

```
            "IncludeCookies": false
    },
    "WebACLId": "",
    "Origins": {
        "Items": [
            {
                "S3OriginConfig": {
                    "OriginAccessIdentity": ""
                },
                "OriginPath": "",
                "CustomHeaders": {
                    "Quantity": 0
                },
                "Id": "S3-image.cli.cloudnoa.xyz",
                "DomainName": "image.cli.cloudnoa.xyz.s3.amazonaws.com"
            }
        ],
        "Quantity": 1
    },
    "DefaultRootObject": "index.html",
    "PriceClass": "PriceClass_All",
    "Enabled": true,
    "DefaultCacheBehavior": {
        "TrustedSigners": {
            "Enabled": false,
            "Quantity": 0
        },
        "TargetOriginId": "S3-image.cli.cloudnoa.xyz",
        "ViewerProtocolPolicy": "allow-all",
        "ForwardedValues": {
            "Headers": {
                "Quantity": 0
            },
            "Cookies": {
                "Forward": "none"
            },
            "QueryString": false
        },
        "MaxTTL": 31536000,
        "SmoothStreaming": false,
        "DefaultTTL": 86400,
        "AllowedMethods": {
            "Items": [
                "HEAD",
                "GET"
            ],
            "CachedMethods": {
```

```
                        "Items": [
                            "HEAD",
                            "GET"
                        ],
                        "Quantity": 2
                    },
                    "Quantity": 2
                },
                "MinTTL": 0,
                "Compress": false
            },
            "CallerReference": "create-distribution-fron-cli-20140922",
            "ViewerCertificate": {
                "CloudFrontDefaultCertificate": true,
                "MinimumProtocolVersion": "SSLv3",
                "CertificateSource": "cloudfront"
            },
            "CustomErrorResponses": {
                "Quantity": 0
            },
            "Restrictions": {
                "GeoRestriction": {
                    "RestrictionType": "none",
                    "Quantity": 0
                }
            },
            "Aliases": {
                "Items": [
                    "cdn.image.cli.cloudnoa.xyz"
                ],
                "Quantity": 1
            }
        },
        "ActiveTrustedSigners": {
            "Enabled": false,
            "Quantity": 0
        },
        "LastModifiedTime": "2016-06-01T17:57:04.375Z",
        "Id": "E2F369G0YLLDRB"
    },
    "ETag": "E32XGU9JVXWP3K"
}
```

Distribution 갱신을 위해서는 ETag가 필요하다. 생성할 때 출력되는 ETag를 메모해 두고 사용하거나 cloudfront get-distribution-config 명령어로 확인할 수 있다. 마지막으로, Route53에 다음과 같이 DNS를 설정한다.

```
$ cat create_alias_record_cf.json
{
        "Comment": "Create Alias record.",
        "Changes": [
                {
                        "Action": "CREATE",
                        "ResourceRecordSet": {
                                "AliasTarget": {
                                "HostedZoneId": "Z2FDTNDATAQYW2",
                                "EvaluateTargetHealth": false,
                                "DNSName": "d394x9po3y8aan.cloudfront.net."
                                },
                                "Type": "A",
                                "Name": "cdn.image.cli.cloudnoa.xyz."
                        }
                }
        ]
}

$ aws route53 change-resource-record-sets --hosted-zone-id ZKYNA6HAJQQ1I
--change-batch file:///root/create_alias_record_cf.json
{
    "ChangeInfo": {
        "Status": "PENDING",
        "Comment": "Create Alias record.",
        "SubmittedAt": "2016-06-01T18:08:04.808Z",
        "Id": "/change/C1FF97D9EQWZ7O"
    }
}
$ aws route53 get-change --id C1FF97D9EQWZ7O
{
    "ChangeInfo": {
        "Status": "INSYNC",
        "Comment": "Create Alias record.",
        "SubmittedAt": "2016-06-01T18:08:04.808Z",
        "Id": "/change/C1FF97D9EQWZ7O"
    }
}
```

CloudFront의 Alias Target용 Hosted Zone Id는 Alias Resource Record Set 생성 방법을 소개한 공식 문서[19]에 설명되어 있다. 이제 도메인으로 액세스할 수 있도록 설정이 끝났다.

주19 http://docs.aws.amazon.com/ko_kr/Route53/latest/APIReference/CreateAliasRRSAPI.html

6.7 | S3의 콘텐츠 전송 이외의 기능

지금까지 콘텐츠 전송을 위한 사용법을 설명했다. S3는 스토리지이므로 콘텐츠 전송 이외에 아카이브로도 사용할 수 있다.

로그 파일 저장

S3의 버킷에 로그 파일을 전송하여 저장하는 방법은 가장 많이 사용하는 방법 중 하나다. logrotate를 이용하여 S3로 업로드하거나 Fluentd[20]로 정기적으로 업로드하는 등의 방법을 사용할 수 있다. logrotate를 사용한 데일리 업로드는 로그의 아카이브용으로 많이 사용하며, Fluentd를 사용한 정기 업로드는 거의 실시간으로 로그를 분석하여 비즈니스나 시스템 성능의 지표로 사용하는 경우가 많다.

logrotate를 통해 로테이트된 로그를 S3에 백업

logrotate를 사용하여 S3에 파일을 간단히 업로드할 수 있다. 로컬 디스크나 네트워크 스토리지와 같이 용량을 걱정하지 않고, 필요한 기간만큼 로그를 쉽게 보관할 수 있다. 그러나 파일 크기가 큰 경우 트래픽도 많아지므로 다른 시스템에 영향을 주지 않도록 설정하여 사용해야만 한다.

리스트 6.1과 같이 설정하면 logrotate의 lastaction 디렉티브로 s3 cp 명령어를 사용한 로그 파일 업로드를 구현할 수 있다. 단순히 파일 업로드만이 아닌 다른 처리도 넣고 싶을 경우 logrotate 설정 파일이 너무 복잡해지지 않도록 스크립트를 별도로 생성하여 logrotate를 통해 실행되도록 하면 된다.

주20 http://www.fluentd.org

리스트 6.1 로그 로테이트 후 로그 파일을 S3에 업로드하는 **logrotate** 설정 예제

```
/var/log/httpd/*log{
  daily
  rotate 3
  create
  compress
  missingok
  ifempty
  dateext
  sharedscripts
  postrotate
    /sbin/service httpd reload > /dev/null 2>/dev/null || true
  endscript
  lastaction
    filename=$1
    today=`date +"%Y%m%d"`
    echo "uploading ${filename}" > /var/log/logrotate.httpd
    for f in `ls -1 ${filename}`; do
        upload_file="${f}-${today}.gz"
        aws s3 cp ${upload_file} s3://matetsu-log-archive/httpd/`basename
${upload_file}` >> /var/log/logrotate.httpd 2>&1
    done
  endscript
}
```

S3와의 통신은 암호화되어 있다. 온프레미스 환경의 서버에서도 S3를 이용할 수 있고, 로그 파일 아카이브 스토리지 용도로도 사용할 수 있다. 용량이나 디스크 장애를 걱정하지 않아도 되므로 운용 측면에서도 이점이 있다.

Fluentd를 활용한 S3로 정기적인 로그 업로드

Fluentd는 로그 파일을 수집하여 여러 가지 분석 등을 하는 애플리케이션으로 가장 많이 사용되고 있는 애플리케이션이다. Fluentd를 사용하면 간단하게 로그 파일을 S3로 업로드할 수 있다. 이 장에서는 EC2에서 Fluentd RPM 패키지인 td-agent를 사용하여 간단히 로그 파일을 S3에 저장하는 방법을 소개한다. EC2의 Tag를 이용하여 서비스별로 로그를 저장할 수 있는 예제다.

먼저, 다음과 같이 td-agent를 설치한다. S3에 업로드하기 위한 플러그인은 별도로

설치해야 한다.

```
$ curl -L https://td-toolbelt.herokuapp.com/sh/install-redhat-td-agent2.sh | sh
 td-agent용 YUM 저장소의 설정, 시스템 업데이트, td-agent 설치가 이루어진다.

$ sudo /opt/td-agent/embedded/bin/fluent-gem install fluent-plugin-ec2-metadata
$ sudo /opt/td-agent/embedded/bin/fluent-gem install fluent-plugin-s3
$ sudo /opt/td-agent/embedded/bin/fluent-gem install fluent-plugin-forest

$ sudo chgrp td-agent /var/log/messages
$ sudo chmod g+rx /var/log/messages

$ cat /etc/td-agent/td-agent.conf
<source>
  type tail
  format syslog
  pos_file /tmp/syslog.pos
  path /var/log/messages
  tag syslog.messages
</source>

<match syslog.**>
  type ec2_metadata

  output_tag ${tagset_env}.${tag}
  <record>
    env      ${tagset_env}
  </record>
</match>

<match {production,staging,development}.**>
  type forest
  subtype s3
    <template>
      s3_bucket park-fluent-logs
      s3_region ap-northeast-2
      buffer_path /var/log/td-agent/buffer/${tag}
      time_slice_format ${tag_parts[0]}/${hostname}/%Y/%m/%d/${tag_parts[1..-
1]}-%Y-%m-%d-%H
        flush_at_shutdown true
    </template>
</match>

$ sudo chkconfig td-agent on
$ sudo service td-agent start
```

이 예제에서는 S3 인증을 IAM Role을 사용하므로 'aws_key_id', 'aws_sec_key'는 설정하지 않았다. 또한, 저장할 로그에 td-agent가 접근할 수 있도록 권한 설정을 하지 않으면 로그를 저장할 수 없어 주의가 필요하다.

어느 정도 시간이 지나면 지정한 로그가 S3에 저장되는 것을 확인해 보자. Elastic MapReduce[21]나 Resshift[22] 등을 사용한 분석에서도 활용할 수 있다.

라이프사이클 설정

S3에는 용량 제한이 없어서 로그 파일이나 백업 파일을 반영구적으로 저장할 수 있다. 그러나 비용 측면이나 용도를 생각하면 일정 기간까지만 유지하고 그 기간이 넘으면 삭제해야 한다. 이런 상황에서 사용할 수 있는 기능이 라이프사이클 관리 기능이다. 버킷 전체와 오브젝트, Prefix 단위로 라이프사이클을 설정할 수 있다.

라이프사이클 관리에는 설정한 기간이 지난 오브젝트를 버킷에서 삭제하거나 보다 저렴하고 액세스 빈도가 낮은 오브젝트를 저장하는 Infrequent Access 클래스를 사용한다. 그리고 저장은 필요하나 액세스를 하지 않는 오브젝트를 아카이브하는 Amazon Glacier(이하 Glacier)로 이동시킬 수 있다. Glacier로의 이동과 삭제를 조합할 수도 있는데 예를 들어, 100일 후에 Glacier로 이동하는 설정도 가능하고, 365일 후에 삭제하는 설정도 가능하다.

또한, 버전 기능도 조합하면 보다 상세한 라이프사이클 관리가 가능하지만, 이 책에서는 버전 관리를 하지 않은 상태의 라이프사이클 관리에 관해 설명한다.

➕ 관리 콘솔의 경우

라이프사이클 설정은 버킷을 선택하고, Properties에서 Lifecycle을 선택하고, Add rule 버튼을 클릭한다. 버킷 전체에 설정을 할 것인지 Prefix에 매칭되는 것만을 할 것인지 지정한다. 그림 6.18에서는 Prefix가 'httpd/'인 것을 지정하였다.

주21 https://aws.amazon.com/ko/elasticmapreduce/

주22 https://aws.amazon.com/ko/redshift/

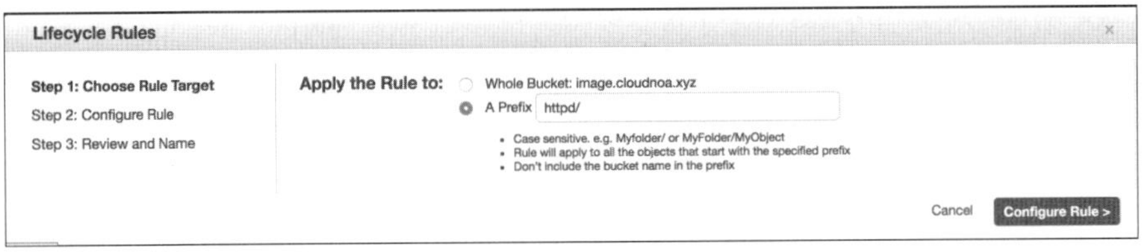

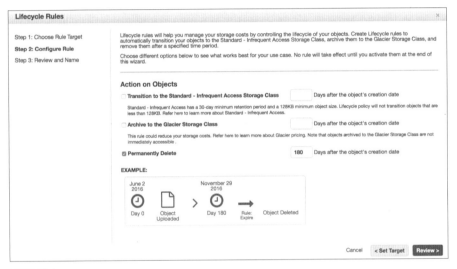

그림 6.18 Prefix 지정

다음은 라이프사이클 룰을 지정한다. 그림 6.19에서는 'Permanently Delete'에 체크를 하고, 생성 후 180일이 지난 오브젝트를 삭제하도록 설정한다.

그림 6.19 오브젝트 삭제 룰 지정

Glacier와 같이 사용하는 경우는 그림 6.20과 같이 'Archive to the Glacier Storage Class'에 체크를 한다. 여기서는 Glacier로 이동을 180일 후로 하였고, 완전히 삭제하는 것은 366일 후로 하였다. 오브젝트를 삭제하지 않고 Glacier로 이동만 하는 경우는 'Archive to the Glacier Storage Class'만을 설정하고, Glacier로 이동하는 조건인 일수를 정하면 된다.

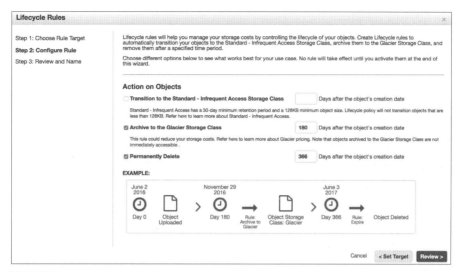

그림 6.20 Glacier로 이동과 삭제 룰 지정

　계속해서 설정 내용 확인과 Rule Named을 지정한다(옵션). 룰 이름을 지정할 때는 알기 쉬운 이름으로 지정하기 바란다. 내용 확인과 이름 지정이 끝나면 **Create and Activate Rule** 버튼을 선택하여 등록을 완료한다. 등록이 끝나면 그림 6.21과 같이 표시되며, Enabled에 체크가 들어가 있는 이유는 이 룰이 활성화되었다는 의미다. 이상으로 관리 콘솔에서 라이프사이클을 설정하였다.

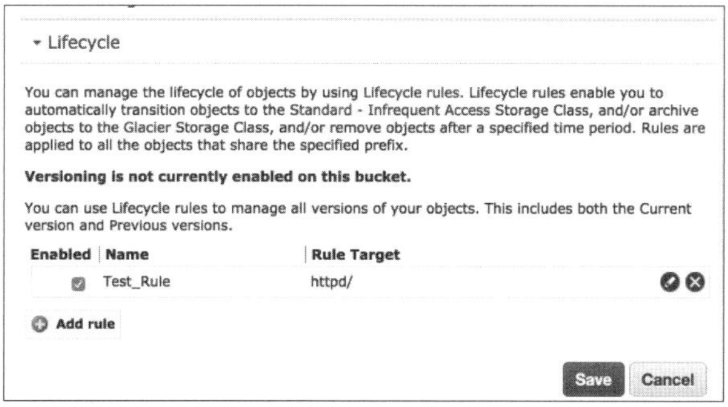

그림 6.21 라이프사이클 등록 완료

✚ AWS CLI의 경우

AWS CLI로 라이프사이클을 설정하려면 다음과 같이 s3api put-bucket lifecycle 명령어를 사용한다. 라이프사이클 룰은 JSON 형식으로 지정한다.

```
$ cat syslog_366_delete.json
{
    "Rules": [
        {
        "Expiration": {
            "Days": 366
        },
        "ID": "delete-syslog-366-days-after",
        "Prefix": "syslog/",
        "Status": "Enabled"
    }
  ]
}

$ aws s3api put-bucket-lifecycle --bucket park-fluent-logs \
--lifecycle-configuration file:///root/syslog_366_delete.json \
--region ap-northeast-2
```

위 예제에서는 Prefix가 'syslog/'의 오브젝트에 대해 366일 후에 삭제하도록 설정했다. s3api put-bucket-lifecycle 명령어도 실행이 성공했다면 아무 결과도 출력하지 않는다. s3api put-bucket-lifecycle 명령어에서는 지정한 JSON 파일에 설정되어 있는 내용으로 덮어쓰기를 하여 기존 룰 내용을 저장해 두지 않으면 기존 룰이 삭제되므로 주의해야 한다. 이것으로 설정이 끝났다. 등록한 룰을 확인하기 위해서는 다음과 같이 s3api get-bucket-lifecycle 명령어를 사용하면 된다.

```
$ aws s3api get-bucket-lifecycle --bucket park-fluent-logs \
--region ap-northeast-2
{
    "Rules": [
        {
            "Status": "Enabled",
            "Prefix": "syslog/",
            "Expiration": {
                "Days": 366
```

```
        },
        "ID": "delete-syslog-366-days-after"
      }
    ]
}
```

Glacier와 함께 사용하려면 리스트 6.2와 같이 JSON을 작성하면 된다.

리스트 6.2 Glacier로 오브젝트 이동과 삭제를 같이할 경우의 JSON

```
{
    "Rules": [
      {
        "Expiration": {
            "Days": 366
        },
        "ID": "to-glacier-180-days-and-delete-syslog-366-days-after",
        "Prefix": "syslog/",
        "Status": "Enabled",
        "Transition": {
            "Days": 180,
            "StorageClass": "GLACIER"
        }
      }
    ]
}
```

6.8 | 정리

이번 장에서는 S3의 기본 사용법에서 CloudFront와 연동하는 방법, 콘텐츠 전송 이외의 사용법에 관해 간단하게 설명했다. S3와 같은 기능과 수준의 서비스를 자체 구축을 하고 운용한다면 많은 비용이 발생한다. S3라는 서비스를 이용함으로써 저렴한 비용으로 손쉽게 서비스를 제공할 수 있을 것이다.

AWS와 같은 클라우드 서비스에서는 가상 서버를 사용하지 않고 시스템을 구축하는 것이 많이 고려되고 있다. 인터넷 스토리지인 S3의 장점과 단점을 잘 이해하여 사용한다면 가상 서버에서 할 수 없었던 것들을 간단하게 구현할 수 있을 것이다.

DB 운용(RDS)

데이터베이스(DB)는 고객 정보나 신용카드 정보 등 중요한 데이터를 저장하는 장소로 사용하고 있지만, 이중화나 부하 분산 등을 생각하면 구축이나 운용에 정말 많은 신경을 써야 한다. 이번 장에서는 시스템 관리자에 부담을 줄여 주는 AWS 관리 서비스 DB 서비스에 관해 설명한다.

7.1 | Amazon RDS의 개요

Amazon RDS(Relational Database Service)는 AWS 관리 RDB 서비스다. 사용자는 OS나 미들웨어를 설치하지 않아도 OSS(Open Source Software)의 MySQL과 MariaDB, PostgreSQL, 유료 RDB인 Oracle과 MSSQL(Microsoft SQL Server) 그리고 AWS RDB인 Aurora를 사용할 수 있다.

관리형 서비스이므로 OS 관리나 패치, 미들웨어 업데이트 등을 AWS에서 관리해 준다. 사용자는 RDB 클라이언트에서 접속만 하면 간단하게 사용할 수 있다. 또한, 온프레미스에서는 구축이 힘든 이중화나 복제도 옵션으로 준비되어 있어 쉽게 가용성을 높일 수 있다.

EC2와 똑같이 간단하게 기동할 수 있고, 시간 단위 과금으로 비용을 지불하면 된다. 리소스 예약금을 지불하면(reserved instance) 할인된 금액으로 사용할 수 있는 것 또한 EC2와 같다.

이용할 수 있는 DB 엔진

RDS에서는 2016년 4월 현재 표 7.1과 같은 RDB와 각 버전을 엔진으로 사용할 수 있다.

표 7.1 RDS에서 사용할 수 있는 엔진^{주a}

엔진	버전
Aurora	Aurora - compatible with MySQL 5.6.10a
MySQL	5.5.42, 5.5.46, 5.6.23, 5.6.29, 5.7.10, 5.7.11
PostgreSQL	9.4.1, 9.4.4, 9.4.5, 9.4.7, 9.5.2
MariaDB	10.0.17, 10.0.24, 10.1.14
Oracle	Enterprise Edition, Standard Edition, Standard Edition One:11.2.0.4.v1, 11.2.0.4.v3~v7, 12.1.0.2.v1~v3
MSSQL	Express Edition, Web Edition, Standard Edition, Enterprise Edition:10.50.2789.0.v1, 10.50.6000.34.v1, 10.50.6529.0.v1, 11.00.2100.60.v1, 11.00.5058.0.v1, 11.00.6020.0.v1, 12.00.4422.0.v1

OSS인 MySQL과 PostgreSQL, MariaDB는 라이선스 비용이 발생하지 않지만, 유료 제품인 Oracle이나 MSSQL은 라이선스 비용이 발생한다. 또한 EC2와 같이 라이선스 비용이 종량 과금에 포함되지만, 라이선스를 가지고 있는 경우 그 라이선스를 AWS에 적용할 수도 있다. 그러나 라이선스를 종량 과금 정책으로 사용할 수 없는 Oracle, MSSQL 버전이 있으니 표 7.2를 참조하여 검토하기 바란다.

표 7.2 Oracle, MSSQL의 라이선스 형태

사용 요금에 포함	사용 요금에 포함, 또는 라이선스 적용	라이선스가 별도로 필요
MSSQL Express Edition, MSSQL Web Edit	Oracle Standard Edition One, MSSQL Standard Edition	Oracle Enterprise Edition, Oracle Standard Edition, MSSQL Enterprise Edition

AWS가 제공하는 RDB는 서비스로 제공되고 있어서 온프레미스나 EC2에 설치된 RDB와 비교하면 제한 사항이 많은 것에 주의한다.

주a 2016년 4월 현재 서울 리전에서 Aurora를 사용할 수 있다.

리전과 가용 영역

RDS는 EC2와 같이 리전과 가용 영역 개념이 존재한다. 또한, RDS는 VPC를 지원하고 있으므로 지정한 VPC 서브넷에서 RDS를 구축할 수 있다. 그러나 RDS는 로컬 IP 주소를 지정할 수 없으므로 뒤에서 설명할 DB 서브넷 그룹 내에 구축하고, 엔드 포인트라는 FQDN(Fully Qualified Domain Name)[주1]에 접속하게 된다.

각종 설정 그룹

위에서 설명한 것처럼 RDS는 관리형 RDB 서비스이므로 설치 옵션이나 상세 설정 파일을 수정할 수 없다. 사용자가 변경할 수 있는 부분은 여러 설정 그룹으로 AWS가 제공하고 있다. 상세 내용은 뒤에서 설명하겠지만, 변경할 수 있는 부분과 설정 그룹은 표 7.3과 같다.

표 7.3 RDS에서 변경할 수 있는 설정 항목

항목	설명
DB Security Groups	EC2의 보안 그룹과 같이 액세스 제한을 제어한다
DB Parameter Groups	RDS의 접속수 등 DB 설정 값을 제어한다
DB Option Groups	memcached를 사용하는 등의 RDS의 추가 기능을 제어한다
DB Subnet Groups	RDS를 구축할 서브넷을 제어한다

주1 DNS 등 호스트명이나 도메인명 등을 모두 생략하지 않고 지정하는 형식을 말한다.

그러면 RDS 인스턴스를 기동하는 순서를 설명한다. 관리 콘솔 화면에서 RDS를 선택한다. RDS를 기동하기 위해서는 몇 가지 설정 그룹이 필요하다. AWS 기본 설정에도 제공하고 있지만, 여러 RDS를 기동할 경우 관리가 불편하므로 사용자용 그룹을 생성하여 이용하는 것을 추천한다.

RDS용 보안 그룹 생성

EC2의 보안 그룹과 동일하게 RDS에도 보안 그룹을 적용할 수 있다. RDS에 접속하는 서버나 클라이언트 IP 주소나 보안 그룹을 지정하여 액세스 제한을 설정한다.

또한, VPC 환경과 EC2-Classic 환경에서는 보안 그룹 생성 장소가 다르다. VPC 내부에서 RDS를 기동하는 경우는 VPC 또는 EC2의 메뉴에서 보안 그룹을 생성할 수 있지만, 화면 왼쪽 메뉴의 Security Groups로 생성하는 것은 EC2-Classic 환경에서 사용하는 보안 그룹이다. 이 책에서는 VPC를 사용한 RDS 보안 그룹을 사용하므로 RDS 관리 콘솔에서는 보안 그룹을 생성하지 않는다.

DB 파라미터 그룹 생성

➕ 관리 콘솔의 경우

위에서 설명한 것처럼 RDS에서는 각 DB 설정 파일[주2]을 직접 수정할 수 없어 DB 파라미터 그룹으로 설정과 조정을 하게 된다. DB 파라미터 그룹에서 설정할 수 있는 값은 MySQL용뿐이며, 300개 정도로서 이 책에서 모두 설명하기는 힘들겠지만, 파라미

주2 MySQL에서 my.cnf, PostgreSQL에서의 postgresql.conf와 같은 것이다.

터 그룹 생성 방법과 설정할 때 주의해야 하는 포인트를 설명하겠다.

DB 파라미터 그룹을 생성하기 위해서는 화면 왼쪽 메뉴에서 **Parameter Groups**를 선택하고, **Create Parameter Group** 버튼을 클릭한다(그림 7.1). 파라미터 생성 화면에서 **Parameter Group Family**라고 하는 DB 엔진을 지정하고, DB 파라미터를 식별하는 Group Name과 Description을 지정한다.

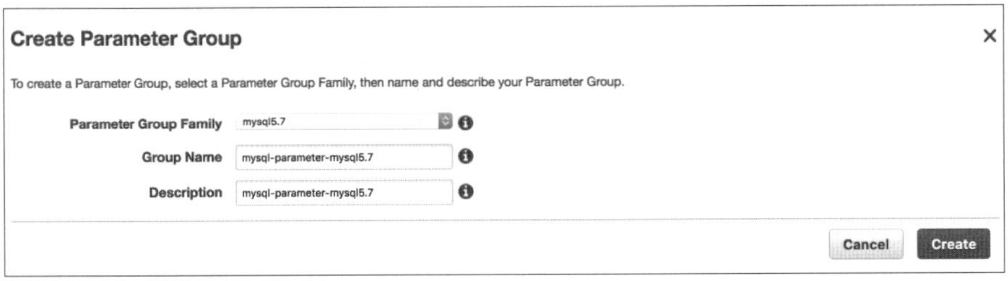

Create Parameter Group　　　　　　　　　　　　　　　　　　　　　×

To create a Parameter Group, select a Parameter Group Family, then name and describe your Parameter Group.

Parameter Group Family	mysql5.7
Group Name	mysql-parameter-mysql5.7
Description	mysql-parameter-mysql5.7

Cancel　　Create

그림 7.1 파라미터 그룹 생성

생성한 DB 파라미터 그룹을 수정할 경우 **Edit Parameters** 버튼을 클릭한다(그림 7.2). 파라미터 내에 Is Modifiable이 'False'로 되어 있는 항목은 변경할 수 없으니 주의하기 바란다.

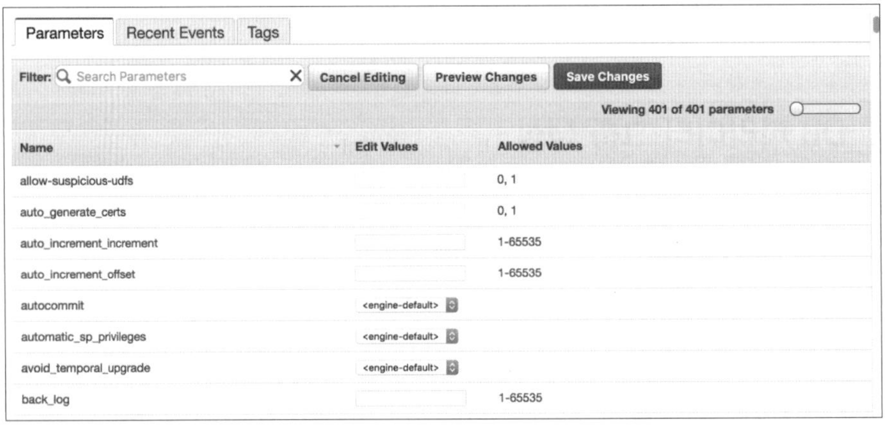

Parameters	Recent Events	Tags

Filter: 🔍 Search Parameters　　×　　Cancel Editing　　Preview Changes　　**Save Changes**

Viewing 401 of 401 parameters

Name	Edit Values	Allowed Values
allow-suspicious-udfs		0, 1
auto_generate_certs		0, 1
auto_increment_increment		1-65535
auto_increment_offset		1-65535
autocommit	<engine-default>	
automatic_sp_privileges	<engine-default>	
avoid_temporal_upgrade	<engine-default>	
back_log		1-65535

그림 7.2 파라미터 그룹 편집

또한, Apply Type에 'static'과 'dynamic' 두 가지 속성이 있다. 이것은 DB 파라미터를 변경할 때 RDS 인스턴스에 설정이 동적으로 반영되는지 RDS 인스턴스를 재시작한 후에 적용되는지를 나타내는 것이다. 지금은 RDS를 생성하지 않아 특별히 문제는 없지만, 실제 서비스 환경에서 RDS 인스턴스 설정을 변경하는 경우 재시작이 필요한 경우도 있으므로 주의해야 한다. DB 파라미터 그룹 설정 변경이 끝나면 화면 위에 있는 Save Changes 버튼을 클릭한다.

✚ AWS CLI의 경우

DB 파라미터는 rds create-db-parameter-group 명령어로 다음과 같이 생성한다. 생성 시 옵션은 표 7.4와 같다.

```
$ aws rds create-db-parameter-group \
--db-parameter-group-name mysql-cli-parameter-mysql57 \
--description mysql56-parameter \
--db-parameter-group-family MySQL5.7
{
    "DBParameterGroup": {
        "DBParameterGroupName": "mysql-cli-parameter-mysql57",
        "DBParameterGroupFamily": "mysql5.7",
        "Description": "mysql56-parameter"
    }
}
```

표 7.4 rds create-db-parameter-group 명령어 옵션

옵션	설명
--db-parameter-group-name	DB 파라미터 그룹명을 지정한다
--description	DB 파라미터 그룹 설명을 지정한다
--db-parameter-group-family	DB 엔진을 지정한다

DB 옵션 그룹 생성

✚ 관리 콘솔의 경우

DB 옵션 그룹도 RDS 설정을 관리하는 기능이다. DB 파라미터 그룹이 DB의 상세한 설정을 관리하는 반면, DB 옵션 그룹은 DB 기능적인 부분을 관리한다. 예를 들어, MySQL5.6에서 추가된 memcached plugin이나 Oracle의 OEM(Oracle Enterprise Manager)을 RDS에서 사용할 때 설정한다. 또한, DB 파라미터와 달리 보안 그룹도 지정할 수 있어 같은 설정 RDS 인스턴스를 생성할 때 유용한다.

DB 옵션 그룹을 생성하려면 화면 왼쪽에 Option Groups를 선택하고, Create Group 버튼을 클릭한다. 옵션 그룹 생성 화면에서 Name에 DB 옵션 그룹명, Description에 DB 옵션 그룹 설명을 입력하고, Engine에 사용할 DB 엔진, Major Engine Version에 DB 엔진 버전을 선택한다(그림 7.3). 2016년 4월 현재 PostgreSQL DB 옵션 그룹은 생성할 수 없다.

그림 7.3 옵션 그룹 생성

✚ AWS CLI의 경우

DB 옵션 그룹은 rds create-option-group 명령어로 다음과 같이 생성한다. 생성 시 옵션은 표 7.5와 같다.

```
$ aws rds create-option-group \
--option-group-name option-group-cli-mysql57 \
--option-group-description mysql56-option \
--engine-name mysql \
--major-engine-version 5.7
{
    "OptionGroup": {
        "MajorEngineVersion": "5.7",
        "OptionGroupDescription": "mysql56-option",
        "Options": [],
        "EngineName": "mysql",
        "AllowsVpcAndNonVpcInstanceMemberships": true,
        "OptionGroupName": "option-group-cli-mysql57"
    }
}
```

표 7.5 rds create-db-option-group 명령어 옵션

옵션	설명
--db-option-group-name	DB 옵션 그룹명을 지정한다
--db-option-description	DB 옵션 그룹 설명을 지정한다
--engine-name	DB 엔진을 지정한다
--major-engine-version	DB 엔진 버전을 지정한다

DB Subnet Group 생성

✚ 관리 콘솔의 경우

RDS 인스턴스를 VPC 내에 구축하는 경우, 전용 DB 서브넷 그룹이 필요하다. DB 서브넷 그룹이란, VPC 내에 있는 한 개 또는 여러 개의 서브넷을 지정하는 것으로 RDS 인스턴스가 기동되는 서브넷을 지정한 설정이다. 이것은 RDS 인스턴스가 멀티 AZ(Multi-Availability Zone)를 통한 가용성을 확보하기 위한 RDS의 구조다. 자세한 내용은 뒤에서 설명하겠지만, 멀티 AZ를 활성화했을 때는 여러 서브넷을 사용하므로 DB 서브넷 그룹을 생성할 때 필요한 설정이다. DB 서브넷 그룹을 생성할 때는 사전에

VPC 서브넷을 생성해 주어야 한다는 것에 주의하자.

DB 서브넷 그룹을 생성하기 위해서는 화면 왼쪽 메뉴의 **Subnet Groups**를 선택하고, **Create DB Subnet Group**을 클릭한다. DB 서브넷 그룹 생성 화면에서 **Name**에 DB 서 브넷명, **Description**에 DB 서브넷 그룹 설명을 입력, **VPC ID**에서 생성할 VPC를 선택하 고 **Availability Zone**과 **Subnet ID**를 선택한다(그림 7.4).

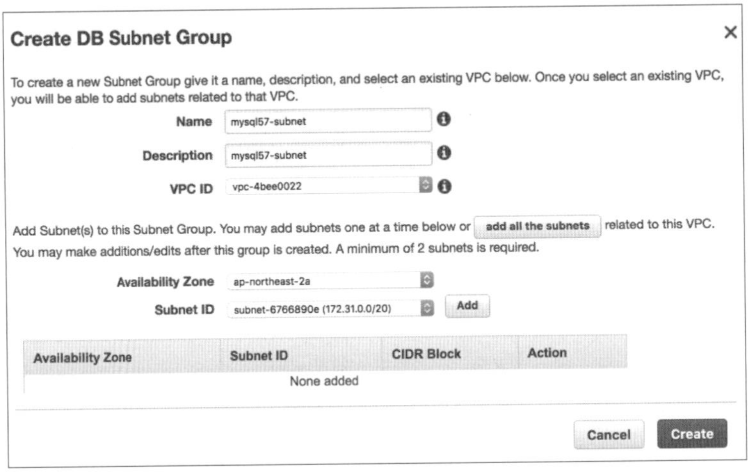

그림 7.4 서브넷 그룹 생성

➕ AWS CLI의 경우

DB 서브넷 그룹은 rds create-db-subnet-group 명령어로 다음과 같이 생성한다. 생 성 시 옵션은 표 7.6과 같다.

```
$ aws rds create-db-subnet-group \
--db-subnet-group-name mysql57-cli-subnet \
--db-subnet-group-description mysql57-subnet \
--subnet-ids subnet-6766890e subnet-d018309a
{
    "DBSubnetGroup": {
        "Subnets": [
            {
                "SubnetStatus": "Active",
                "SubnetIdentifier": "subnet-6766890e",
```

```
                "SubnetAvailabilityZone": {
                    "Name": "ap-northeast-2a"
                }
            },
            {
                "SubnetStatus": "Active",
                "SubnetIdentifier": "subnet-d018309a",
                "SubnetAvailabilityZone": {
                    "Name": "ap-northeast-2c"
                }
            }
        ],
        "DBSubnetGroupName": "mysql57-cli-subnet",
        "VpcId": "vpc-4bee0022",
        "DBSubnetGroupDescription": "mysql57-subnet",
        "SubnetGroupStatus": "Complete"
    }
}
```

표 7.6 rds create-db-subnet-group 명령어 옵션

옵션	설명
--db-subnet-group-name	DB 서브넷 그룹명을 지정한다
--db-subnet-group-description	DB 서브넷 그룹 설명을 지정한다
--subnet-ids	DB 서브넷 그룹에 설정할 서브넷 ID를 지정한다

DB 인스턴스 기동

✚ 관리 콘솔의 경우

지금까지 설명한 내용은 RDS 인스턴스를 기동하기 위한 준비다. 그러면 RDS 인스턴스를 기동하는 방법을 설명한다.

RDS는 EC2나 다른 서비스와 똑같이 시간 단위로 과금이 된다. 과금은 인스턴스 타입별로 다르며, 용도나 필요한 성능에 따라 인스턴스를 선정하기 바란다. 뒤에서도 설명하겠지만, 인스턴스 타입은 나중에라도 변경할 수 있어 처음부터 높은 타입을 선정하기보다는 작은 타입부터 시작하여 성능 모니터링을 통해 결정하는 것을 추천한다.

RDS 인스턴스를 기동하기 위해서는 화면 왼쪽 메뉴에서 **Instances**를 선택하고, **Launch DB Instance**를 클릭한다(그림 7.5). 다음은 표 7.7의 예제와 같이 설정 항목을 상황에 맞게 선택한다.

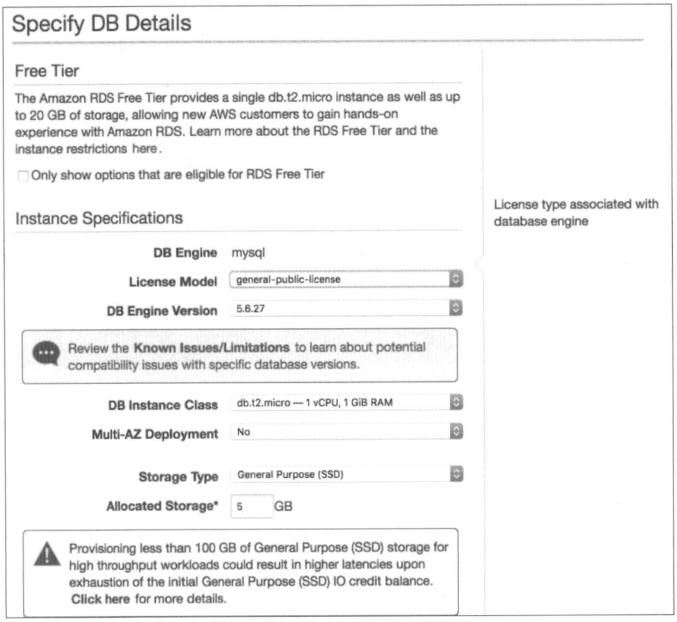

Specify DB Details

Free Tier

The Amazon RDS Free Tier provides a single db.t2.micro instance as well as up to 20 GB of storage, allowing new AWS customers to gain hands-on experience with Amazon RDS. Learn more about the RDS Free Tier and the instance restrictions here.

☐ Only show options that are eligible for RDS Free Tier

Instance Specifications

License type associated with database engine

DB Engine	mysql
License Model	general-public-license
DB Engine Version	5.6.27

💬 Review the **Known Issues/Limitations** to learn about potential compatibility issues with specific database versions.

DB Instance Class	db.t2.micro — 1 vCPU, 1 GiB RAM
Multi-AZ Deployment	No
Storage Type	General Purpose (SSD)
Allocated Storage*	5 GB

⚠️ Provisioning less than 100 GB of General Purpose (SSD) storage for high throughput workloads could result in higher latencies upon exhaustion of the initial General Purpose (SSD) IO credit balance. **Click here** for more details.

그림 7.5 DB 인스턴스 기동을 위한 상세 설정

표 7.7 DB 인스턴스 설정 항목

항목	설명
Select Engine	Aurora, MySQL, MariaDB, PostgreSQL에서 선택. Oracle, MSSQL은 에디션도 같이 선택한다
Production	서비스 환경에서 사용할지를 선택. 서비스 환경이라면 멀티 AZ와 Provisioned IOPS가 활성화된다
Specify DB Details	
License Model	DB 라이선스 형태를 선택한다
DB Engine Version	DB 엔진 버전을 선택한다
DB Instance Class	RDS 인스턴스 타입을 선택한다

표 7.7 DB 인스턴스 설정 항목(계속)

항목	설명
Specify DB Details	
Multi-AZ Deployment	멀티 AZ 활설화를 선택한다
Storage Type	General Purpose(SSD), Provisioned IOPS(SSD), Magnetic에서 타입을 선택한다
Allocated Storage	RDS에서 사용할 스토리지 사이즈를 GB 단위로 지정한다
Provisioned IOPS	Provisioned IOPS를 사용하는 경우 IOPS를 지정한다
DB Instance Identifier	RDS 인스턴스명을 지정한다
Master Username	DB 관리자를 지정한다
Master Password	관리자 비밀번호를 지정한다
Confirm Password	위에서 지정한 비밀번호를 한 번 더 입력한다
Configure Advanced Settings	
VPC	RDS를 기동할 VPC를 선택한다
Subnet Group	RDS를 기동할 DB 서브넷을 선택한다
Publicly Accessible	인터넷을 통해 RDS 인스턴스에 접속할지를 결정한다
Availability Zone	RDS를 기동할 가용 영역을 선택한다
VPC Security Group(s)	RDS에 적용할 보안 그룹을 선택한다
Database Name	RDS 안에서 생성할 DB명을 지정한다
Database Port	DB에서 사용할 포트를 지정한다
DB Parameter Group	DB 파라미터 그룹을 선택한다
Option Group	DB 옵션 그룹을 선택한다
Enable Encryption	암호화를 활성화 여부를 선택한다
Backup Retention Period	자동 백업 시작 시간을 지정한다. 지정하지 않으면 AWS에서 자동으로 설정한다
Auto Minor Version Upgrade	AWS의 자동 마이너 버전 업그레이드 기능을 사용할지를 선택한다
Maintenance Window	마이너 버전 자동 업그레이드나 AWS의 시스템 점검 시작 시간을 지정한다. 지정하지 않은 경우 AWS에서 자동으로 설정한다

설정에 문제가 없다면 Launch DB Instance 인스턴스 생성 버튼을 클릭하면 RDS 인
스턴스가 기동된다.[주3] Instances 버튼을 클릭하면 RDS 목록이 보이지만, Status가
'creating'에서 'available' 될 때까지 기다리자(그림 7.6). 'available'가 되면 RDS 인스턴스
생성은 끝난 상태이며, 클라이언트에서 접속할 수 있는 상태가 된다.

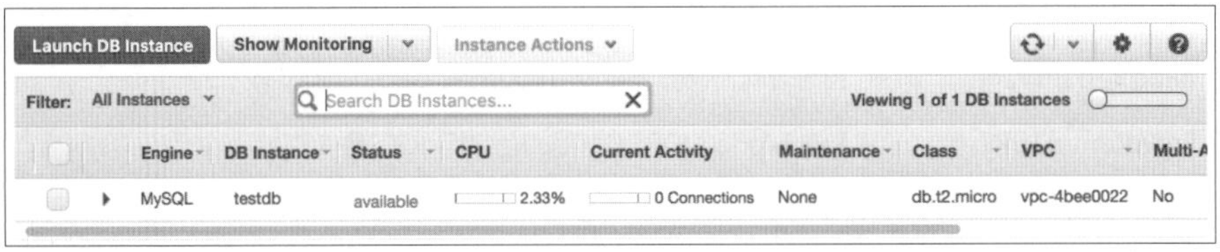

그림 7.6 RDS 기동 화면

✛ AWS CLI의 경우

RDS 인스턴스는 rds create-db-instance 명령어로 다음과 같이 생성할 수 있다. 생성
시 옵션은 표 7.8과 같다.

```
$aws rds create-db-instance \
--db-name testclidb \
--db-instance-identifier test-cli-db \
--allocated-storage 5 \
--db-instance-class db.t2.micro \
--engine MySQL \
--master-username root \
--master-user-password rootroot \
--vpc-security-group-ids sg-a338bcca \
--db-subnet-group-name default \
--preferred-maintenance-window Tue:04:00-Tue:04:30 \
--db-parameter-group-name default.mysql5.6 \
--backup-retention-period 1 \
--preferred-backup-window 04:30-05:00 \
--port 3306 \
--multi-az \
```

주3 RDS 인스턴스가 기동하기 전에는 설정 확인 화면을 볼 수 없다.

```
--engine-version 5.6.27 \
--auto-minor-version-upgrade \
--license-model general-public-license \
--option-group-name default:mysql-5-6 \
--no-publicly-accessible
{
    "DBInstance": {
        "PubliclyAccessible": false,
        "MasterUsername": "root",
        "MonitoringInterval": 0,
        "LicenseModel": "general-public-license",
        "VpcSecurityGroups": [
            {
                "Status": "active",
                "VpcSecurityGroupId": "sg-a338bcca"
            }
        ],
        "CopyTagsToSnapshot": false,
        "OptionGroupMemberships": [
            {
                "Status": "in-sync",
                "OptionGroupName": "default:mysql-5-6"
            }
        ],
        "PendingModifiedValues": {
            "MasterUserPassword": "****"
        },
        "Engine": "mysql",
        "MultiAZ": true,
        "DBSecurityGroups": [],
        "DBParameterGroups": [
            {
                "DBParameterGroupName": "default.mysql5.6",
                "ParameterApplyStatus": "in-sync"
            }
        ],
        "AutoMinorVersionUpgrade": true,
        "PreferredBackupWindow": "04:30-05:00",
        "DBSubnetGroup": {
            "Subnets": [
                {
                    "SubnetStatus": "Active",
                    "SubnetIdentifier": "subnet-6766890e",
                    "SubnetAvailabilityZone": {
                        "Name": "ap-northeast-2a"
                    }
                },
```

```
                        {
                    "SubnetStatus": "Active",
                    "SubnetIdentifier": "subnet-d018309a",
                    "SubnetAvailabilityZone": {
                        "Name": "ap-northeast-2c"
                    }
                }
            ],
            "DBSubnetGroupName": "default",
            "VpcId": "vpc-4bee0022",
            "DBSubnetGroupDescription": "default",
            "SubnetGroupStatus": "Complete"
        },
        "ReadReplicaDBInstanceIdentifiers": [],
        "AllocatedStorage": 5,
        "BackupRetentionPeriod": 1,
        "DBName": "testclidb",
        "PreferredMaintenanceWindow": "tue:04:00-tue:04:30",
        "DBInstanceStatus": "creating",
        "EngineVersion": "5.6.27",
        "DomainMemberships": [],
        "StorageType": "standard",
        "DbiResourceId": "db-F56UVK2MQ5FA46FVEIY3VMZGWM",
        "StorageEncrypted": false,
        "DBInstanceClass": "db.t2.micro",
        "DbInstancePort": 0,
        "DBInstanceIdentifier": "test-cli-db"
    }
}
```

표 7.8 rds create–db–instance 명령어 옵션

옵션	설명
--db-name	DB명을 지정한다
--db-instance-identifier	RDS 인스턴스명을 지정한다
--allocated-storage	RDS에서 사용할 스토리지 사이즈를 GB 단위로 지정한다
--db-instance-class	RDS 인스턴스 타입을 선택한다
--engine	DB 엔진을 선택한다
--master-username	DB 관리자를 지정한다
--master-user-password	관리자 비밀번호를 지정한다

표 7.8 rds create-db-instance 명령어 옵션(계속)

옵션	설명
--vpc-security-group-ids	RDS에 적용할 보안 그룹을 선택한다
--availability-zone	가용 영역을 지정한다(멀티 AZ가 활성화되어 있다면 지정할 수 없다)
--db-subnet-group-name	RDS를 기동할 DB 서브넷을 선택한다
--preferred-maintenance-window	점검 시간을 지정한다
--db-parameter-group-name	DB 파라미터 그룹을 선택한다
--backup-retention-period	자동 백업 세대 관리 수를 지정한다
--preferred-backup-window	자동 백업 시작 시간을 지정한다
--port	DB에서 사용할 포트를 지정한다
--multi-az, --no-multi-az	멀티 AZ의 활성화, 비활성화를 지정한다
--engine-version	DB 엔진 버전을 선택한다
--auto-minor-version-upgrade --no-auto-minor-version-upgrade	AWS의 자동 마이너 버전 업그레이드 기능을 사용할지를 선택한다
--license-model	라이선스 모델을 지정한다
--iops	IOPS 값을 지정한다
--option-group-name	DB 옵션 그룹을 선택한다
--publicly-accessible --no-publicly-accessible	인터넷을 통해 RDS 인스턴스에 접속할지를 결정한다

클라이언트에서 RDS 인스턴스로 접속

RDS 인스턴스 생성이 끝나면 다음은 클라이언트에서 RDS상의 DB에 접속하는 방법을 설명한다. RDS는 DB 서비스로 OS에 SSH나 RDP로 접속할 수 없다. RDS 생성이 끝나면 보안 그룹과 DB, 관리자 정보가 설정이 끝난 상태일 것이다. RDS 인스턴스는 고정 IP 주소로 접속하는 것이 아니라 엔드 포인트라고 하는 FQDN으로 접속한다.

화면 왼쪽 메뉴의 Instances를 클릭하고, RDS 목록 화면에서 생성한 RDS 인스턴스를 선택하고, 인스턴스명 왼쪽에 있는 작은 삼각형을 클릭하고, 돋보기 아이콘을 클릭하면, 설정 정보에서 엔드 포인트를 확인할 수 있다(그림 7.7).

그림 7.7 엔드 포인트 표시

다음은 testdb라는 RDS 인스턴스를 생성하고, MySQL 엔진 5.6.27에 testdb라는 관리자로 접속한 경우다. 실제 DB 생성 시에 선택한 DB 엔진과 포트에 맞춰 클라이언트에서 접속해 보기 바란다.

```
$ mysql -u testdb -h testdb.c9xzqycaec6r.ap-northeast-2.rds.amazonaws.com -P
3306 -p
Enter password:
Welcome to the MySQL monitor.  Commands end with ; or \g.
Your MySQL connection id is 33
Server version: 5.6.27-log MySQL Community Server(GPL)

Copyright(c)2000, 2015, Oracle and/or its affiliates. All rights reserved.

Oracle is a registered trademark of Oracle Corporation and/or its
affiliates. Other names may be trademarks of their respective
owners.

Type 'help;' or '\h' for help. Type '\c' to clear the current input statement.

mysql>
```

7.3 | 기존 DB 데이터를 RDS로 이전

이렇게 RDS 인스턴스 생성이 끝났고, 클라이언트에서 접속도 해보았다. 처음부터 RDS를 사용하는 경우에는 특별히 문제가 없겠지만, 지금까지 온프레미스 환경에서 RDB를 사용하고 있었을 경우에는 기존 RDB에서 데이터를 마이그레이션해야 하는 상황이 발생한다. 기존 DB에서 RDS로 데이터를 이전하는 방법은 다음과 같은 방법을 생각할 수 있다.

- 기존 DB를 정지하고 dump 데이터를 사용한 RDS로의 데이터 이전
- 기존 DB의 기준 시점을 잡아 dump 데이터와 레플리케이션으로 RDS로 데이터를 이전

점검 시간을 확보하고 DB를 정지할 수 있는 환경에서는 기존 DB의 dump 데이터를 가지고 RDS에 임포트(import)하면 한 번에 이전이 끝난다. 그러나 DB 데이터 크기에 따라 익스포트(export), 임포트 작업에 시간이 필요하고 긴 시간 동안 점검을 해야 하는 상황도 발생한다.

익스포트 또는 임포트할 때에는 점검 시간을 얼마나 짧게 가지고 갈지가 중요하다. 그래서 가능하면 이전 작업 전에 DB에 있는 불필요한 데이터를 삭제하는 것을 추천한다.

RDS에서는 인스턴스 타입을 CPU나 메모리 용량에 맞게 타입을 변경하거나 Provisioned IOPS를 활성화하고 인스턴스의 성능을 높여 임포트하는 시간을 줄일 수도 있다. 또한, 기존 DB에서 MySQL을 사용하는 경우 RDS를 레플리카로 사용할 수 있는 방법도 지원하고 있다.

또한, RDS는 서비스로 제공되는 관계로 변경이 안 되는 권한 설정 부분도 몇 가지 존재한다. 반드시 기존 DB에서 임포트가 가능할지를 테스트한 후에 이전 작업을 하기 바란다.

7.4 | °RDS 설정(관리 콘솔)

RDS에서는 설정을 틀리거나 성능이 더 필요한 경우에는 생성한 후에도 설정을 변경할 수 있다. 여기서는 관리 콘솔에서 설정을 변경하는 방법에 관해 설명한다.

▎보안 그룹 설정

보안 그룹 변경은 보안 그룹 안에 있는 룰의 변경[주4]과 RDS 인스턴스에 연결되어 있는 보안 그룹 자체를 변경하는 두 가지 방법이 있다. 또한, EC2와 마찬가지로 보안 그룹을 복수개(두 개 이상) 설정할 수 있고, 변경도 가능하다.

DB 파라미터 그룹이나 DB 옵션 그룹도 변경할 수 있지만, RDS는 EC2와 달리 설정을 변경하고 바로 적용되는 설정과 다음 점검 때 반영되는 두 가지 방법이 있음을 기억하자.

RDS 보안 그룹은 대상 RDS 인스턴스를 선택하고, **Instance Actions**를 선택하고, **modify**를 클릭한다. DB 인스턴스 설정 변경 화면에서 설정을 변경하면 된다(그림 7.8). 그림에서는 보이지 않지만, 설정을 변경하고 **Apply Immediately**에 체크를 하면 설정이 바로 반영되지만, 체크를 하지 않으면 다음 점검 때 반영된다. 이 타이밍의 차이를 꼭 기억해 두기 바란다. **Continue** 버튼을 클릭하면 설정이 변경되는 부분이 표시된다. 또한, RDS 인스턴스에 복수의 보안 그룹을 선택할 경우, **Ctrl**을 누르면서 선택하면 된다.

주4 보안 그룹 내의 룰 변경은 3장을 참고하기 바란다.

Modify DB Instance: testdb

Instance Specifications

DB Engine Version	MySQL 5.6.27 (default)
DB Instance Class	db.t2.micro — 1 vCPU, 1 GiB RAM
Multi-AZ Deployment	No
Storage Type	General Purpose (SSD)
Allocated Storage*	5 GB

⚠ Provisioning less than 100 GB of General Purpose (SSD) storage for high throughput workloads could result in higher latencies upon exhaustion of the initial General Purpose (SSD) IO credit balance. **Click here** for more details.

Settings

DB Instance Identifier	testdb
New Master Password	

Network & Security

Security Group	20160214-test (sg-fe20ed97) (vpc-4 AutoScaling-Security-Group-1 (sg-ac all (sg-ba8b5ad3) (vpc-4bee0022) default (sg-4245b42b) (vpc-4bee00:
Certificate Authority	rds-ca-2015

그림 7.8 RDS 설정 변경 화면

DB 파라미터 그룹 설정

예를 들어, RDS 인스턴스에 최대 접속수(max_connections)를 변경하는 경우, DB 파라미터 그룹 내의 파라미터를 수정해야 한다. 화면 왼쪽 메뉴의 **Parameter Groups**에서 변경할 파라미터 그룹을 선택하고, **Edit Parameters**를 선택하면 파라미터를 변경할 수 있다(그림 7.2).

'DB 파라미터 그룹 생성'에서도 설명했지만, Apply Type이 'dynamic'으로 된 항목들은 변경 후에 RDS 인스턴스의 재시작 없이 적용할 수 있다. 그러나 'static'으로 된 항목은 RDS 인스턴스를 재시작해야 한다. 또한, 파라미터를 수정할 수 있는 항목은 Is Modifiable이 'true'로 된 항목만 가능하니 주의하기 바란다.

파라미터 그룹 화면에서 변경할 수 있는 범위 내에서 **Edit Values**란에 변경할 내용을 입력하고, Save Changes를 클릭한다.

DB 파라미터 그룹 자체를 변경하려면 대상 RDS 인스턴스를 선택하고, Instance Actions를 선택한 후, modify로 RDS 인스턴스에 설정되어 있는 파라미터 그룹을 변경할 수 있다. 파라미터 그룹 자체를 변경한 경우에는 RDS 인스턴스의 Parameter Group의 상태가 'pending-reboot'로 표시되면, RDS 인스턴스를 재시작하여 변경한 파라미터 그룹을 적용하면 된다.

DB 옵션 그룹 설정

DB 옵션 그룹은 DB 파라미터 그룹과 같이 DB 엔진에 따라 설정할 수 있는 내용이 다르다. 예를 들어, DB 엔진이 MySQL의 경우 memcached 플러그인 옵션 설정만 지원하지만, DB 엔진이 Oracle인 경우는 OEM이나 암호화 설정, 타임 존(time zone) 변경 등을 DB 옵션 그룹에서 제어할 수 있다.

또한, DB 옵션 그룹은 옵션을 임의로 추가하고, 추가한 옵션에 대해 파라미터 값을 설정하는 방식으로 되어 있다. 추가한 옵션은 나중에 삭제할 수도 있지만, DB 옵션 그룹을 용도에 맞춰 여러 개를 만들어 운용하는 것이 편리하다.

DB 옵션 그룹은 화면 왼쪽 메뉴의 Option Groups에서 DB 옵션 그룹을 선택하고, Add Option에서 DB 옵션을 추가할 수 있고, Modify Option 버튼을 클릭하면 옵션 파라미터를 수정할 수 있다.

RDS 인스턴스에 설정한 DB 옵션 그룹을 변경하는 경우, DB 파라미터 그룹 변경과 같이 RDS 인스턴스의 Modify 메뉴를 이용하면 된다.

타임 존 설정

RDS를 운용하면서 기억해야 할 설정 내용이 타임 존이다. 예를 들어, DB 엔진이 MySQL의 경우는 RDS 인스턴스에 접속하여 now() 함수를 실행한다. 아래의 예제에서는 현재 시각(13시25분)에서 9시간 차이로 현재 시각이 출력된다.

```
$ mysql> select now();
+---------------------+
| now()               |
+---------------------+
| 2016-06-06 04:25:41 |
+---------------------+
1 row in set(0.00 sec)
```

이것은 RDS 인스턴스가 동작하고 있는 OS가 UTC(Coordinated Universal Time, 세계표준시)로 동작하고 있는 것이 원인이다. 그러나 DB 파라미터나 DB 옵션 그룹으로 타임 존 설정 변경이 가능한 엔진과 불가능한 엔진이 존재한다.

표 7.9 rds create-db-instance 명령어 옵션

DB 엔진	타임 존 설정 가능 여부
Aurora	DB 파라미터 그룹으로 변경 가능
MySQL	DB 파라미터 그룹으로 변경 가능
MariaDB	DB 파라미터 그룹으로 변경 가능
PostgreSQL	DB 파라미터 그룹으로 변경 가능
Oracle	DB 옵션 그룹으로 변경 가능
MSSQL	변경 불가능

Aurora, MySQL, MariaDB, PostgreSQL은 DB 파라미터 그룹을 편집하여 timezone 파라미터를 수정하면 타임 존이 변경된다. Oracle은 DB 옵션 그룹에 Timezone을 추가하여 변경할 수 있다. MSSQL은 RDS 쪽에서 타임 존을 변경할 수 없으므로 클라이언트에서 접속할 때 타임 존을 정의하여 사용해야 한다.

RDS 인스턴스 자체를 조작하는 방법은 크게 나누어 인스턴스 타입 변경과 인스턴스 상태 제어의 두 가지가 있다. 여기서는 RDS 인스턴스의 타입 변경과 RDS 인스턴스 재시작, 삭제에 관한 방법을 설명하겠다.

RDS 인스턴스 타입 변경

✚ 관리 콘솔의 경우

RDS는 EC2와 마찬가지로 인스턴스 타입[주5]을 변경하여 스펙 업과 스펙 다운을 할 수 있다. RDS의 인스턴스 타입을 변경하려면 화면 왼쪽 메뉴의 Instances 메뉴에서 변경하려는 RDS 인스턴스를 선택하고, Instance Actions를 선택하고, Modify를 클릭한다. DB Instance Class에서 원하는 인스턴스 타입을 선택한다. 인스턴스 타입은 표 7.10에 있는 타입을 선택할 수 있다. 표 7.10의 db.m3 타입은 현재 서울 리전에서 사용할 수 없다.

표 7.10 RDS 인스턴스 타입

인스턴스 타입	vCPU 수	메모리	네트워크 성능
db.t2.micro	1	1GiB	낮음
db.t2.small	1	2GiB	낮음
db.t2.medium	2	4GiB	중간
db.t2.large	2	8GiB	중간
db.m3.medium	1	3.75GiB	중간

주5 인스턴스 클래스라고 부르는 경우도 있지만, 인스턴스 타입과 같다고 생각하면 된다.

표 7.10 RDS 인스턴스 타입(계속)

인스턴스 타입	vCPU 수	메모리	네트워크 성능
db.m3.large	2	7.5GiB	중간
db.m3.xlarge	4	15GiB	높음
db.m3.2xlarge	8	30GiB	높음
db.r3.large	2	15GiB	중간
db.r3.xlarge	4	30.5GiB	중간
db.r3.2xlarge	8	61GiB	높음
db.r3.4xlarge	16	122GiB	높음
db.r3.8xlarge	32	244GiB	10Gigabit
db.m4.large	2	8GiB	중간
db.m4.xlarge	4	16GiB	높음
db.m4.2xlarge	8	32GiB	높음
db.m4.4xlarge	16	64GiB	높음
db.m4.10xlarge	40	160GiB	10Gigabit

표 7.10에 없는 이전 세대 DB 인스턴스라고 부르는 인스턴스 타입(표 7.11)도 있지만, 특별한 이유가 없다면 표 7.10의 타입 중에서 선택하는 것이 비용 및 성능면에서도 좋은 효과를 얻을 수 있다.

표 7.11 RDS 이전 세대 인스턴스 타입

인스턴스 타입	vCPU 수	메모리	네트워크 성능
db.t1.micro	1	0.613GiB	매우 낮음
db.m1.small	1	1.7GiB	낮음
db.m1.medium	1	3.75GiB	중간
db.m1.large	2	7.5GiB	중간
db.m1.xlarge	4	15GiB	높음
db.m2.xlarge	2	17.1GiB	중간

표 7.11 RDS 이전 세대 인스턴스 타입(계속)

인스턴스 타입	vCPU 수	메모리	네트워크 성능
db.m2.2xlarge	4	34.2GiB	중간
db.m2.4xlarge	8	68.4GiB	높음
db.cr1.8xlarge	32	244GiB	높음

DB 인스턴스 변경 화면에서 설정을 변경하고, Apply Immediately에 체크하고, RDS 인스턴스를 재시작하면 인스턴스 타입이 변경된다.

✛ AWS CLI의 경우

RDS 인스턴스 설정은 rds modify-db-instance 명령어로 다음과 같이 변경한다. 변경할 때 옵션은 rds create-db-instance 명령어와 거의 비슷하지만, apply-immediately가 추가되어 있는 점에 기억하기 바란다(표 7.12).

```
$aws rds modify-db-instance \
--db-instance-identifier testdb \
--db-instance-class db.t2.small \
--apply-immediately
{
    "DBInstance": {
        "PubliclyAccessible": true,
        "MasterUsername": "testdb",
        "MonitoringInterval": 60,
        "LicenseModel": "general-public-license",
        "VpcSecurityGroups": [
            {
                "Status": "active",
                "VpcSecurityGroupId": "sg-a338bcca"
            }
        ],
        "InstanceCreateTime": "2016-06-03T05:29:02.257Z",
        "CopyTagsToSnapshot": false,
        "OptionGroupMemberships": [
            {
                "Status": "in-sync",
                "OptionGroupName": "default:mysql-5-6"
            }
```

```
    ],
    "PendingModifiedValues": {
        "DBInstanceClass": "db.t2.small"
    },
    "Engine": "mysql",
    "MultiAZ": false,
    "LatestRestorableTime": "2016-06-06T09:10:00Z",
    "DBSecurityGroups": [],
    "DBParameterGroups": [
        {
            "DBParameterGroupName": "test-parameter",
            "ParameterApplyStatus": "pending-reboot"
        }
    ],
    "AutoMinorVersionUpgrade": true,
    "PreferredBackupWindow": "18:34-19:04",
    "DBSubnetGroup": {
        "Subnets": [
            {
                "SubnetStatus": "Active",
                "SubnetIdentifier": "subnet-6766890e",
                "SubnetAvailabilityZone": {
                    "Name": "ap-northeast-2a"
                }
            },
            {
                "SubnetStatus": "Active",
                "SubnetIdentifier": "subnet-d018309a",
                "SubnetAvailabilityZone": {
                    "Name": "ap-northeast-2c"
                }
            }
        ],
        "DBSubnetGroupName": "default",
        "VpcId": "vpc-4bee0022",
        "DBSubnetGroupDescription": "default",
        "SubnetGroupStatus": "Complete"
    },
    "ReadReplicaDBInstanceIdentifiers": [],
    "AllocatedStorage": 5,
    "BackupRetentionPeriod": 7,
    "PreferredMaintenanceWindow": "sun:17:13-sun:17:43",
    "Endpoint": {
        "Port": 3306,
        "Address": "testdb.c9xzqycaec6r.ap-northeast-2.rds.amazonaws.com"
    },
    "DBInstanceStatus": "available",
```

```
        "EngineVersion": "5.6.27",
        "EnhancedMonitoringResourceArn": "arn:aws:logs:ap-north-
east-2:588305784594:log-group:RDSOSMetrics:log-stream:db-LZURZGSPBXOVMHPGI-
4SAUEECKA",
        "AvailabilityZone": "ap-northeast-2a",
        "DomainMemberships": [],
        "MonitoringRoleArn": "arn:aws:iam::588305784594:role/
rds-monitoring-role",
        "StorageType": "gp2",
        "DbiResourceId": "db-LZURZGSPBXOVMHPGI4SAUEECKA",
        "CACertificateIdentifier": "rds-ca-2015",
        "StorageEncrypted": false,
        "DBInstanceClass": "db.t2.micro",
        "DbInstancePort": 0,
        "DBInstanceIdentifier": "testdb"
    }
}
```

표 7.12 rds modify-db-instance 명령어 옵션

옵션	설명
--db-instance-identifier	변경할 RDS 인스턴스명을 지정한다
--allocated-storage	RDS에서 사용할 스토리지 사이즈를 GB 단위로 지정한다
--db-instance-class	RDS 인스턴스 타입을 선택한다
--master-user-password	관리자 비밀번호를 지정한다
--vpc-security-group-ids	RDS에 적용할 보안 그룹을 선택한다
--preferred-maintenance-window	점검 시간을 지정한다
--db-parameter-group-name	DB 파라미터 그룹을 선택한다
--backup-retention-period	자동 백업 세대 관리 수를 지정한다
--preferred-backup-window	자동 백업 시작 시간을 지정한다
--multi-az, --no-multi-az	멀티 AZ를 활성화, 비활성화를 지정한다
--engine-version	DB 엔진 버전을 선택한다
--auto-minor-version-upgrade --no-auto-minor-version-upgrade	AWS의 자동 마이너 버전 업그레이드 기능을 사용할지를 선택한다

표 7.12 rds modify-db-instance 명령어 옵션(계속)

옵션	설명
--iops	IOPS 값을 지정한다
--option-group-name	DB 옵션 그룹을 선택한다
--new-db-instance-identifier	인터넷을 통해 RDS 인스턴스에 접속할지를 결정한다
--apply-immediately --no-apply-immediately	설정 변경을 바로 적용할 것인지 점검 시간에 적용할 것인지를 지정한다

RDS 인스턴스 재시작

✛ 관리 콘솔의 경우

RDS 인스턴스의 인스턴스 타입 변경이나 DB 파라미터 그룹 설정 변경에 따라서는 RDS 인스턴스의 재시작이 필요할 때가 있다. RDS 인스턴스를 재시작하려면 화면 왼쪽 메뉴의 Instances 메뉴에서 재시작하려는 RDS 인스턴스를 선택하고, Instance Actions을 선택하고, Reboot를 클릭한다(그림 7.9). 일반적으로 5~15분 정도 후에 재시작이 완료되고, 클라이언트에서 접속할 수 있게 된다.

그림 7.9 RDS의 재시작 확인 화면

✛ AWS CLI의 경우

RDS 인스턴스는 rds reboot-db-instance 명령어로 다음과 같이 재시작한다. 재시작 시 옵션은 표 7.13과 같다.

```
$ aws rds reboot-db-instance --db-instance-identifier testdb
{
    "DBInstance": {
        "PubliclyAccessible": true,
        "MasterUsername": "testdb",
        "MonitoringInterval": 60,
        "LicenseModel": "general-public-license",
        "VpcSecurityGroups": [
            {
                "Status": "active",
                "VpcSecurityGroupId": "sg-a338bcca"
            }
        ],
        "InstanceCreateTime": "2016-06-03T05:29:02.257Z",
        "CopyTagsToSnapshot": false,
        "OptionGroupMemberships": [
            {
                "Status": "in-sync",
                "OptionGroupName": "default:mysql-5-6"
            }
        ],
        "PendingModifiedValues": {},
        "Engine": "mysql",
        "MultiAZ": false,
        "LatestRestorableTime": "2016-06-06T09:30:00Z",
        "DBSecurityGroups": [],
        "DBParameterGroups": [
            {
                "DBParameterGroupName": "test-parameter",
                "ParameterApplyStatus": "in-sync"
            }
        ],
        "AutoMinorVersionUpgrade": true,
        "PreferredBackupWindow": "18:34-19:04",
        "DBSubnetGroup": {
            "Subnets": [
                {
                    "SubnetStatus": "Active",
                    "SubnetIdentifier": "subnet-6766890e",
                    "SubnetAvailabilityZone": {
                        "Name": "ap-northeast-2a"
                    }
                },
                {
                    "SubnetStatus": "Active",
                    "SubnetIdentifier": "subnet-d018309a",
                    "SubnetAvailabilityZone": {
```

```
                    "Name": "ap-northeast-2c"
                }
            }
        ],
        "DBSubnetGroupName": "default",
        "VpcId": "vpc-4bee0022",
        "DBSubnetGroupDescription": "default",
        "SubnetGroupStatus": "Complete"
    },
    "ReadReplicaDBInstanceIdentifiers": [],
    "AllocatedStorage": 5,
    "BackupRetentionPeriod": 7,
    "PreferredMaintenanceWindow": "sun:17:13-sun:17:43",
    "Endpoint": {
        "Port": 3306,
        "Address": "testdb.c9xzqycaec6r.ap-northeast-2.rds.amazonaws.
com"
    },
    "DBInstanceStatus": "rebooting",
    "EngineVersion": "5.6.27",
    "EnhancedMonitoringResourceArn": "arn:aws:logs:ap-north-
east-2:588305784594:log-group:RDSOSMetrics:log-stream:db-LZURZGSPBXOVMHPGI-
4SAUEECKA",
    "AvailabilityZone": "ap-northeast-2a",
    "DomainMemberships": [],
    "MonitoringRoleArn": "arn:aws:iam::588305784594:role/
rds-monitoring-role",
    "StorageType": "gp2",
    "DbiResourceId": "db-LZURZGSPBXOVMHPGI4SAUEECKA",
    "CACertificateIdentifier": "rds-ca-2015",
    "StorageEncrypted": false,
    "DBInstanceClass": "db.t2.small",
    "DbInstancePort": 0,
    "DBInstanceIdentifier": "testdb"
    }
}
```

표 7.13 rds reboot-db-instance 명령어 옵션

옵션	설명
--db-instance-identifier	재시작할 RDS 인스턴스명을 지정한다
--force-failover	멀티 AZ를 사용하고 있을 경우, failover를 실행한다

RDS 인스턴스 삭제

➕ 관리 콘솔의 경우

RDS는 EC2와 다르게 정지라는 상태로 변경할 수 없어서 기동/재시작/삭제 세 가지 상태로 관리된다. 정지 상태가 없으므로 RDS 인스턴스는 기동 또는 삭제가 된다. 뒤에서 설명하는 RDS 스냅샷으로 백업을 해두면 언제든 RDS를 복원할 수 있으므로 다음에서는 RDS 인스턴스를 삭제하는 방법에 관해 설명한다.

RDS 인스턴스를 삭제하려면 화면 왼쪽 메뉴의 Instances 메뉴에서 삭제할 RDS 인스턴스를 선택하고, Instance Actions에서 Delete를 클릭한다. 그러고 나면 최종적으로 확인 화면이 표시되고, 삭제 전에 RDS 스냅샷을 저장할 것인지를 선택할 수 있다. 삭제 전에 RDS 스냅샷을 저장하지 않아도 되지만, 혹시 스냅샷을 저장해 두지 않았다면 이 화면에서 스냅샷을 생성해 둔다. Delete 버튼을 클릭하면 RDS 인스턴스는 삭제된다(그림 7.10).

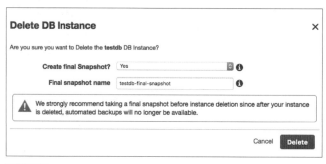

그림 7.10 RDS 삭제 확인 화면

➕ AWS CLI의 경우

RDS 인스턴스는 rds delete-db-instance 명령어로 다음과 같이 삭제한다. 삭제 시 옵션은 표 7.14와 같다.

```
$ aws rds delete-db-instance \
--db-instance-identifier clitestdb \
--skip-final-snapshot
{
    "DBInstance": {
        "PubliclyAccessible": true,
        "MasterUsername": "clitestdb",
        "MonitoringInterval": 0,
        "LicenseModel": "general-public-license",
        "VpcSecurityGroups": [
            {
                "Status": "active",
                "VpcSecurityGroupId": "sg-a338bcca"
            }
        ],
        "InstanceCreateTime": "2016-06-06T11:45:35.585Z",
        "CopyTagsToSnapshot": false,
        "OptionGroupMemberships": [
            {
                "Status": "in-sync",
                "OptionGroupName": "default:mysql-5-7"
            }
        ],
        "PendingModifiedValues": {},
        "Engine": "mysql",
        "MultiAZ": false,
        "LatestRestorableTime": "2016-06-06T11:50:00Z",
        "DBSecurityGroups": [],
        "DBParameterGroups": [
            {
                "DBParameterGroupName": "default.mysql5.7",
                "ParameterApplyStatus": "in-sync"
            }
        ],
        "AutoMinorVersionUpgrade": true,
        "PreferredBackupWindow": "18:44-19:14",
        "DBSubnetGroup": {
            "Subnets": [
                {
                    "SubnetStatus": "Active",
                    "SubnetIdentifier": "subnet-6766890e",
                    "SubnetAvailabilityZone": {
                        "Name": "ap-northeast-2a"
                    }
                },
                {
                    "SubnetStatus": "Active",
```

```
                    "SubnetIdentifier": "subnet-d018309a",
                    "SubnetAvailabilityZone": {
                        "Name": "ap-northeast-2c"
                    }
                }
            ],
            "DBSubnetGroupName": "default",
            "VpcId": "vpc-4bee0022",
            "DBSubnetGroupDescription": "default",
            "SubnetGroupStatus": "Complete"
        },
        "ReadReplicaDBInstanceIdentifiers": [],
        "AllocatedStorage": 5,
        "BackupRetentionPeriod": 7,
        "DBName": "clitestdb",
        "PreferredMaintenanceWindow": "wed:17:22-wed:17:52",
        "Endpoint": {
            "Port": 3306,
            "Address": "clitestdb.c9xzqycaec6r.ap-northeast-2.rds.
amazonaws.com"
        },
        "DBInstanceStatus": "deleting",
        "EngineVersion": "5.7.11",
        "AvailabilityZone": "ap-northeast-2a",
        "DomainMemberships": [],
        "StorageType": "gp2",
        "DbiResourceId": "db-INRPJDIQKDIXM3QRQOPOMA27TE",
        "CACertificateIdentifier": "rds-ca-2015",
        "StorageEncrypted": false,
        "DBInstanceClass": "db.t2.micro",
        "DbInstancePort": 0,
        "DBInstanceIdentifier": "clitestdb"
    }
}
```

표 7.14 rds delete-db-instance 명령어 옵션

옵션	설명
--db-instance-identifier	삭제할 RDS 인스턴스명을 지정한다
--skip-final-snapshot	삭제 전 마지막 스냅샷을 저장하지 않는다
--final-db-snapshot-identifier	삭제 전 마지막 스냅샷명을 지정한다

7.6 | DB 이중화

DB의 이중화는 복잡하고도 아주 중요한 문제다. 하드웨어 레벨에서 클러스터를 구성할 것인가, 레플리카를 생성해 두면 되는가는 시스템 용도와 중요도에 따라 다를 것이다. RDS에서는 멀티 AZ 구성 옵션이나 리드 레플리카(read replica)[주6]를 사용하여 온프레미스 시스템과 같은 시스템 구성을 할 수 있다.

▌Multi-AZ 생성(관리 콘솔)

RDS를 이중화하기 위한 가장 손쉬운 옵션으로 멀티 AZ 구성이 있다. 멀티 AZ 구성이란, 여러 가용 영역에 RDS 인스턴스의 마스터와 슬레이브 두 대를 생성하여 마스터에 문제가 발생했을 경우 자동으로 슬레이브가 마스터 역할을 할 수 있게 하는 옵션이다(그림 7.11).

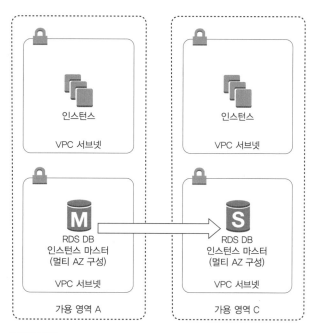

그림 7.11 RDS에서의 멀티 AZ 구성

주6 읽기 전용 레플리카를 말한다.

다른 가용 영역으로 DB 데이터가 동기화되고 문제가 발생하면 Failover되어 RDS를 그대로 계속 사용할 수 있는 상태가 됨으로써 서비스 환경에서 DB 이중화를 하는 데 많은 도움이 된다. 또한, 레플리케이션 및 Failover 등 손이 많은 작업은 AWS가 담당하고 있어서 사용자는 그 시간을 절약하여 애플리케이션 개발이나 시스템 구축에 집중할 수 있다.

멀티 AZ 구성을 활성화하는 경우 실제 두 대의 RDS 인스턴스가 움직이게 된다. 두 대의 RDS 인스턴스는 동기화된 레플리케이션으로서 데이터는 동기화되어 있다. 따라서 데이터가 유실될 가능성은 거의 없다고 말할 수 있다. 두 대의 RDS 인스턴스가 가동되지만, 사용자는 마스터 RDS 인스턴스만 조작할 수 있는 상태가 된다. 슬레이브 쪽의 RDS 인스턴스는 AWS에서 관리하고 있어서 사용자가 신경 쓸 필요가 없다. 결국, 멀티 AZ 구성으로 설정하는 것이나 하지 않는 것이나 RDS를 사용함에 차이가 발생하지 않는다.

그리고 RDS 인스턴스에 문제가 발생하여 Failover가 되면 RDS 인스턴스의 실제 IP 주소는 바뀌지만, DNS의 A 레코드로 관리되고 있어 클라이언트에서는 같은 엔드 포인트 주소로 계속 접속하여 사용할 수 있다. RDS 인스턴스로 접속하기 위해 엔드 포인트를 사용하는 이유가 여기에 있는 것이다.

Failover가 발생하는 조건은 다음과 같다.

- 마스터 쪽에서 사용하는 가용 영역의 가용성 손실
- 마스터 쪽으로의 네트워크 연결 손실
- 마스터가 사용하는 물리적인 서버 장애
- 마스터 스토리지 장애

매우 편리한 멀티 AZ 구성이지만, 일부 리전에서 사용할 수 없는 DB 엔진도 있으므로 주의하기 바란다(표 7.15).

표 7.15 멀티 AZ 구성을 사용할 수 있는 DB 엔진

DB 엔진	리전
Aurora	세 개의 가용 영역을 사용할 수 있는 리전(버지니아, 오리건, 아일랜드, 서울)에서 가능
MySQL	모든 리전에서 이용 가능
MariaDB	모든 리전에서 이용 가능
PostgreSQL	모든 리전에서 이용 가능
Oracle	모든 리전에서 이용 가능
MSSQL	세 개의 가용 영역을 사용할 수 있는 리전(버지니아, 오리건, 아일랜드, 서울)에서 가능

멀티 AZ 구성은 RDS 인스턴스를 생성할 때나 생성한 후에도 간단하게 설정할 수 있다. 생성 중에 활성화하는 경우에는 RDS 인스턴스 생성 마법사 중 Multi-AZ Deployment라는 항목에 'Yes'를 선택만 하면 된다.

RDS 인스턴스 기동 중에 멀티 AZ를 활성화하는 경우에는 대상 RDS 인스턴스를 선택하고 Instance Actions에서 Modify를 선택하고, Multi-AZ Deployment를 'Yes'로 하면 설정이 반영된다(그림 7.12).

Modify DB Instance: testdb   ×

Instance Specifications

DB Engine Version	MySQL 5.6.27 (default)
DB Instance Class	db.t2.micro — 1 vCPU, 1 GiB RAM
Multi-AZ Deployment	Yes
Storage Type	General Purpose (SSD)
Allocated Storage*	5 GB

Specifies if the DB Instance should have a standby deployed in another Availability Zone.

그림 7.12 RDS 기동 중에 멀티 AZ 구성을 활성화

리드 레플리카 생성

➕ 관리 콘솔의 경우

RDS는 리드 레플리카(read replica)도 간단하게 생성할 수 있다. 리드 레플리카란, 멀티 AZ 구성과 같이 여러 대의 RDS 인스턴스를 생성하고, 마스터와 동기화하여 읽기 전용 RDS 인스턴스를 생성하는 옵션이다. 멀티 AZ 구성과 다른 점은 읽기 전용 RDS 인스턴스로 접속하여 읽기만 가능하다는 점이다. 읽기 전용 RDS 인스턴스로의 접속이 가능하여 애플리케이션에서 DB를 읽어 오는 작업은 리드 레플리카에서 쓰기는 마스터를 사용하여 RDS 인스턴스의 부하를 분산하고, 보다 효율적인 DB 시스템을 구축하는 것이다.

또한, 리드 레플리카는 마스터 ➡ 슬레이브 ➡ 슬레이브와 같이 다중 레플리케이션이나 리전 레플리케이션도 사용할 수 있다. 그러나 멀티 AZ 구성과 같이 리드 레플리카에도 제한이 있고, 리드 레플리카를 생성할 수 있는 DB 엔진은 Aurora, MySQL, MariaDB 그리고 PostgreSQL뿐이다.

리드 레플리카는 RDS 인스턴스 생성 후에 사용할 수 있다. RDS 화면 왼쪽 Instances에서 대상 RDS 인스턴스를 선택하고, Instance Actions에서 Create Read Replica를 클릭한다. 리드 레플리카 DB 인스턴스 생성 화면이 표시되면 표 7.16의 항목을 지정하고 생성하면 된다.

표 7.16 리드 레플리카 설정

항목	설명
DB Instance Class	리드 레플리카 RDS 인스턴 타입을 선택한다
Storage Type	General Purpose(SSD), Provisioned IOPS(SSD), Magnetic에서 타입을 선택한다
Read Replica Source	리드 레플리카의 마스터가 되는 RDS 인스턴스를 선택한다
DB Instance Identifier	리드 레플리카 RDS 인스턴스명을 지정한다
Destination Region	리드 레플리카를 생성할 리전을 선택한다

표 7.16 리드 레플리카 설정(계속)

항목	설명
Destination DB Subnet Group	리드 레플리카를 생성할 DB 서브넷 네트워크 그룹을 선택한다
Publicly Accessible	인터넷을 통해 RDS 인스턴스에 접속할지를 결정한다
Availability Zone	리드 레플리카 RDS를 기동할 가용 영역을 선택한다
Database Port	리드 레플리카 DB에서 사용할 포트를 지정한다
Auto Minor Version Upgrade	AWS의 자동 마이너 버전 업그레이드 기능을 사용할지를 선택한다

리드 레플리카를 멀티 AZ 구성으로 설정할 수 없는 것은 기억해 두기 바란다. 또한, 리드 레플리카를 생성하는 경우 RDS 인스턴스가 나중에 설명할 자동 백업 기능이 활성화되어 있어야 한다.

✚ AWS CLI의 경우

RDS 인스턴스 리드 레플리카는 rds create-db-instance-read-replica 명령어도 다음과 같이 생성한다. 생성 시 옵션은 표 7.17과 같다.

```
$ aws rds create-db-instance-read-replica \
--db-instance-identifier testdb-rr \
--source-db-instance-identifier testdb \
--db-instance-class db.t2.micro \
--availability-zone ap-northeast-2c \
--port 3306 \
--auto-minor-version-upgrade \
--option-group-name default:mysql-5-6 \
--no-publicly-accessible
{
    "DBInstance": {
        "PubliclyAccessible": false,
        "MasterUsername": "testdb",
        "MonitoringInterval": 0,
        "LicenseModel": "general-public-license",
        "VpcSecurityGroups": [
            {
```

```
                    "Status": "active",
                    "VpcSecurityGroupId": "sg-a338bcca"
                }
            ],
            "CopyTagsToSnapshot": false,
            "OptionGroupMemberships": [
                {
                    "Status": "pending-apply",
                    "OptionGroupName": "default:mysql-5-6"
                }
            ],
            "PendingModifiedValues": {},
            "Engine": "mysql",
            "MultiAZ": false,
            "DBSecurityGroups": [],
            "DBParameterGroups": [
                {
                    "DBParameterGroupName": "test-parameter",
                    "ParameterApplyStatus": "in-sync"
                }
            ],
            "ReadReplicaSourceDBInstanceIdentifier": "testdb",
            "AutoMinorVersionUpgrade": true,
            "PreferredBackupWindow": "18:34-19:04",
            "DBSubnetGroup": {
                "Subnets": [
                    {
                        "SubnetStatus": "Active",
                        "SubnetIdentifier": "subnet-6766890e",
                        "SubnetAvailabilityZone": {
                            "Name": "ap-northeast-2a"
                        }
                    },
                    {
                        "SubnetStatus": "Active",
                        "SubnetIdentifier": "subnet-d018309a",
                        "SubnetAvailabilityZone": {
                            "Name": "ap-northeast-2c"
                        }
                    }
                ],
                "DBSubnetGroupName": "default",
                "VpcId": "vpc-4bee0022",
                "DBSubnetGroupDescription": "default",
                "SubnetGroupStatus": "Complete"
            },
            "ReadReplicaDBInstanceIdentifiers": [],
```

```
        "AllocatedStorage": 5,
        "BackupRetentionPeriod": 0,
        "PreferredMaintenanceWindow": "sun:17:13-sun:17:43",
        "DBInstanceStatus": "creating",
        "EngineVersion": "5.6.27",
        "AvailabilityZone": "ap-northeast-2c",
        "DomainMemberships": [],
        "StorageType": "gp2",
        "DbiResourceId": "db-BL62ZOB4MF3X7RVYSECILZDA7I",
        "StorageEncrypted": false,
        "DBInstanceClass": "db.t2.micro",
        "DbInstancePort": 0,
        "DBInstanceIdentifier": "testdb-rr"
    }
}
```

표 7.17 rds create-db-instance-read-replica 명령어 옵션

옵션	설명
--db-instance-identifier	리드 레플리카 인스턴스명을 지정한다
--source-db-instance-identifier	리드 레플리카의 마스터 RDS 인스턴스를 지정한다
--db-instance-class	RDS 인스턴스 타입을 지정한다
--availability-zone	가용 영역을 지정한다
--port	리드 레플리카에서 사용할 포트 번호를 지정한다
--auto-minor-version-upgrade --no-auto-minor-version-upgrade	AWS의 자동 마이너 버전 업그레이드 기능을 사용할지를 선택한다
--iops	IOPS 값을 지정한다
--option-group-name	DB 옵션 그룹을 지정한다
--publicly-accessible --no-publicly-accessible	인터넷을 통해 RDS 인스턴스에 접속할지를 결정한다
--db-subnet-group-name	DB 서브넷 그룹을 지정한다

리드 레플리카를 마스터로 변경

✚ 관리 콘솔의 경우

리드 레플리카만의 기능으로 마스터로의 승격 기능이 있다. 이것은 마스터에서 데이터 레플리케이션을 하고 있던 리드 레플리카가 마스터와의 동기화를 끊고 RDS 인스턴스로서 동작할 수 있는 기능이다.

리드 레플리카는 다른 리전에 구성할 수 있고, 마스터가 되는 마스터 RDS 인스턴스가 기동 중인 리전에 어떤 문제가 발생하여 사용할 수 없게 된 경우, 다른 리전에 있는 리드 레플리카를 마스터로 승격시켜 DR(Disaster Recovery) 구성으로 사용할 수 있다(그림 7.13).

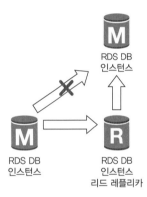

그림 7.13 리드 레플리카의 승격

리드 레플리카를 마스터로 승격시키려면 화면 왼쪽 메뉴에서 Instance에서 대상 리드 레플리카를 선택하고, Instance Actions에서 Promote Read Replica를 클릭한다. 자동 백업 등을 설정하면 리드 레플리카가 RDS 인스턴스로 승격된다.

✚ AWS CLI의 경우

RDS 리드 레플리카는 rds promote–read–replica 명령어로 다음과 같이 마스터로 승격시킬 수 있다. 승격할 때 옵션은 표 7.18과 같다.

```
$ aws rds promote-read-replica \
--db-instance-identifier testdb-rr \
--backup-retention-period 1 \
--preferred-backup-window 04:30-05:00
{
    "DBInstance": {
        "PubliclyAccessible": false,
        "MasterUsername": "testdb",
        "MonitoringInterval": 0,
        "LicenseModel": "general-public-license",
        "VpcSecurityGroups": [
            {
                "Status": "active",
                "VpcSecurityGroupId": "sg-a338bcca"
            }
        ],
        "InstanceCreateTime": "2016-06-06T13:24:57.899Z",
        "CopyTagsToSnapshot": false,
        "OptionGroupMemberships": [
            {
                "Status": "in-sync",
                "OptionGroupName": "default:mysql-5-6"
            }
        ],
        "PendingModifiedValues": {
            "BackupRetentionPeriod": 1
        },
        "Engine": "mysql",
        "MultiAZ": false,
        "DBSecurityGroups": [],
        "DBParameterGroups": [
            {
                "DBParameterGroupName": "test-parameter",
                "ParameterApplyStatus": "in-sync"
            }
        ],
        "ReadReplicaSourceDBInstanceIdentifier": "testdb",
        "AutoMinorVersionUpgrade": true,
        "PreferredBackupWindow": "04:30-05:00",
        "DBSubnetGroup": {
            "Subnets": [
                {
                    "SubnetStatus": "Active",
                    "SubnetIdentifier": "subnet-6766890e",
                    "SubnetAvailabilityZone": {
                        "Name": "ap-northeast-2a"
                    }
```

```
            },
            {
                "SubnetStatus": "Active",
                "SubnetIdentifier": "subnet-d018309a",
                "SubnetAvailabilityZone": {
                    "Name": "ap-northeast-2c"
                }
            }
        ],
        "DBSubnetGroupName": "default",
        "VpcId": "vpc-4bee0022",
        "DBSubnetGroupDescription": "default",
        "SubnetGroupStatus": "Complete"
    },
    "ReadReplicaDBInstanceIdentifiers": [],
    "AllocatedStorage": 5,
    "BackupRetentionPeriod": 0,
    "PreferredMaintenanceWindow": "sun:17:13-sun:17:43",
    "Endpoint": {
        "Port": 3306,
        "Address": "testdb-rr.c9xzqycaec6r.ap-northeast-2.
rds.amazonaws.com"
    },
    "DBInstanceStatus": "modifying",
    "EngineVersion": "5.6.27",
    "StatusInfos": [
        {
            "Status": "replicating",
            "StatusType": "read replication",
            "Normal": true
        }
    ],
    "AvailabilityZone": "ap-northeast-2c",
    "DomainMemberships": [],
    "StorageType": "gp2",
    "DbiResourceId": "db-BL62ZOB4MF3X7RVYSECILZDA7I",
    "CACertificateIdentifier": "rds-ca-2015",
    "StorageEncrypted": false,
    "DBInstanceClass": "db.t2.micro",
    "DbInstancePort": 0,
    "DBInstanceIdentifier": "testdb-rr"
    }
}
```

표 7.18 rds promote-read-replica 명령어 옵션

옵션	설명
--db-instance-identifier	마스터로 승격할 리드 레플리카명을 지정한다
--backup-retention-period	자동 백업 세대수를 지정한다
--preferred-backup-window	백업 윈도우의 시간을 지정한다

7.7 | I/O 고속화

DB뿐만 아니라 서버의 부하가 걸리기 쉬운 부분이 디스크의 I/O다. RDS에서는 Provisioned IOPS라는 기능을 사용하여 디스크 I/O 성능을 향상시킬 수 있다.

Provisioned IOPS란?

EC2의 EBS와 같이 RDS에서도 Provisioned IOPS라는 기능이 있다. RDS가 동작하고 있는 인스턴스도 백그라운드에서는 EBS를 사용하고 있고, Provisioned IOPS 기능은 EC2와 거의 같다.

RDS에서 Provisioned IOPS를 사용할 경우에 추천하는 인스턴스 타입은 db.m3.xlarge 이상이며, DB 엔진별로 Provisioned IOPS 상한 값은 표 7.19와 같다.

표 7.19 DB 엔진별 Provisioned IOPS 상한 값

DB 엔진	Provisioned IOPS 상한 값
Aurora	설정 불가
MySQL	30000
MariaDB	30000
PostgreSQL	30000
Oracle	30000
MSSQL	20000

Provisioned IOPS 생성(관리 콘솔)

Storage Type을 'Provisioned IOPS(SSD)'로 설정하면 Provisioned IOPS 값을 입력할 수 있게 된다. 생성 후에 RDS에 Provisioned IOPS를 사용하려면, 화면 왼쪽 메뉴 Instance에서 해당 RDS 인스턴스를 선택하고, Instance Actions에서 Modify를 클릭하여 Provisioned IOPS를 선택한다(그림 7.14). Provisioned IOPS 값은 스토리지 용량의 10배 이상은 설정되지 않는다. 예를 들어, 100GB 스토리지에서 RDS 인스턴스를 생성할 경우, Provisioned IOPS 값은 '1000'이 된다.

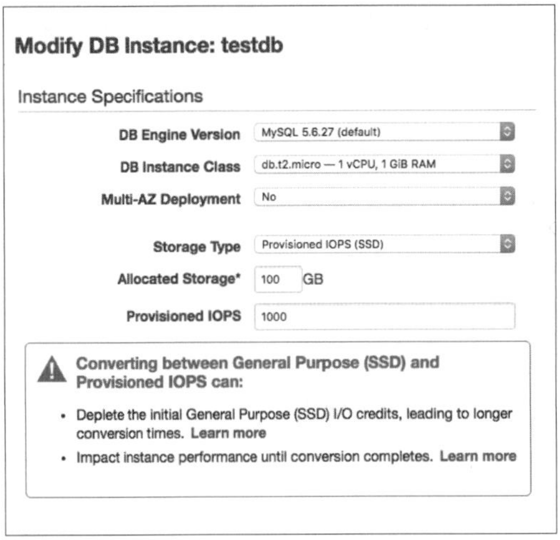

그림 7.14 Provisioned IOPS 설정

백업

시스템 대부분은 반드시 어떤 장애가 발생하게 되어 있다. 이런 시스템 장애는 AWS에서도 예외는 아니며, 반드시 어디에선가 장애가 발생할 것을 대비하여 시스템을 설계해야만 한다. RDS에서는 EC2와 같이 스냅샷 기능을 제공하고 있어 간단하게 백업과 복원을 구현할 수 있다.

스냅샷 생성

✚ 관리 콘솔의 경우

DB 백업은 dump 파일로 하는 것이 일반적이다. RDS도 dump 파일로 DB 백업을 할 수 있지만, DB 스냅샷을 사용하면 더 간단하게 RDS의 백업을 할 수 있다.

DB 스냅샷은 EC2의 AMI와 거의 같은 기능으로 RDS 인스턴스 상태를 거의 그대로 인스턴스의 이미지로 저장하는 기능이다. DB 스냅샷은 RDS 인스턴스를 정지하지 않고 저장할 수 있어 서비스 환경에서의 RDS 인스턴스에서도 가볍게 백업을 할 수 있다.

DB 스냅샷은 화면 왼쪽 메뉴의 Instance에서 스냅샷을 저장할 RDS 인스턴스를 선택하고, Instance Actions를 선택하여 Take Snapshot를 클릭한다. DB 스냅샷 저장 화면에서 Snapshot Name에 이름을 입력하고, Take Snapshot 버튼을 클릭한다(그림 7.15).

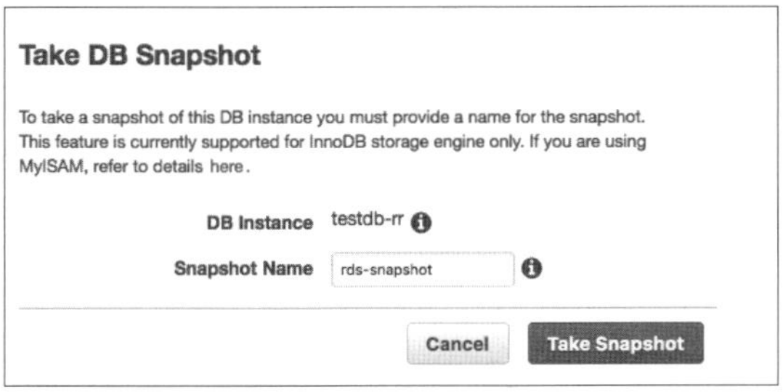

Take DB Snapshot

To take a snapshot of this DB instance you must provide a name for the snapshot. This feature is currently supported for InnoDB storage engine only. If you are using MyISAM, refer to details here.

DB Instance testdb-rr ⓘ

Snapshot Name [rds-snapshot] ⓘ

Cancel   **Take Snapshot**

그림 7.15 스냅샷 생성

생성한 스냅샷은 화면 왼쪽 메뉴의 Snapshots를 클릭하면 목록이 표시된다. 또한, 사용하지 않는 DB 스냅샷을 삭제하려면 Delete Snapshot 버튼을 클릭한다.

➕ AWS CLI의 경우

RDS 인스턴스 스냅샷은 rds create-db-snapshot 명령어로 다음과 같이 생성한다. 생성 시 옵션은 표 7.20과 같다.

```
$ aws rds create-db-snapshot --db-snapshot-identifier yyyymmdd-testdb-rr
--db-instance-identifier testdb-rr
{
    "DBSnapshot": {
        "Engine": "mysql",
        "Status": "creating",
        "AvailabilityZone": "ap-northeast-2c",
        "PercentProgress": 0,
        "MasterUsername": "testdb",
        "Encrypted": false,
        "LicenseModel": "general-public-license",
        "StorageType": "gp2",
        "VpcId": "vpc-4bee0022",
        "DBSnapshotIdentifier": "yyyymmdd-testdb-rr",
        "InstanceCreateTime": "2016-06-06T13:24:57.899Z",
        "OptionGroupName": "default:mysql-5-6",
        "AllocatedStorage": 5,
        "EngineVersion": "5.6.27",
        "SnapshotType": "manual",
        "Port": 3306,
        "DBInstanceIdentifier": "testdb-rr"
    }
}
```

표 7.20 rds create-db-snapshot 명령어 옵션

옵션	설명
--db-snapshot-identifier	스냅샷 이름을 지정한다.
--db-instance-identifier	스냅샷을 생성할 RDS 인스턴스명을 지정한다.

리전 간 스냅샷 복사

✚ 관리 콘솔의 경우

생성한 DB 스냅샷은 다른 리전에 복사를 할 수 있다. DR 등을 구성하거나 여러 리전에 스냅샷을 저장하거나 다른 리전에 RDS 이미지를 복사해야 하는 경우 유용하게 사용된다. EC2와 같이 리전 간 스냅샷 복사는 차등 복사를 하고 있어 정말 큰 갱신 작업이 없다면 리전 간 트래픽 과금은 걱정하지 않아도 된다.

DB 스냅샷을 다른 리전에 복사하는 경우, 화면 왼쪽 메뉴의 Snapshots에서 대상 DB 스냅샷을 선택하고, Copy Snapshot을 클릭한다(그림 7.16). Destination Region에 복사할 리전, New DB Snapshot Identifier에 저장할 DB 스냅샷명을 입력하고, Copy Snapshot 버튼을 클릭하면 다른 리전에 DB 스냅샷 복사가 시작된다.

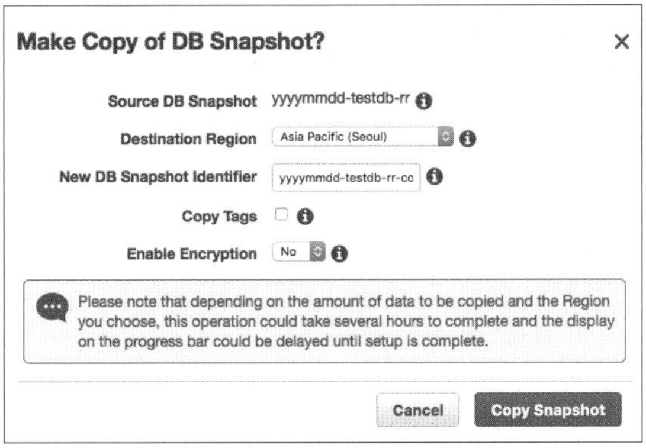

그림 7.16 리전 간 스냅샷 복사

✚ AWS CLI의 경우

RDS 인스턴스 스냅샷은 copy-db-snapshot 명령어로 다음과 같이 복사한다. 복사 시 옵션은 표 7.21과 같다. 명령어 실행 예제에서는 서울 리전에 있는 RDS 스냅샷을 일본 리전으로 복사한다.

```
$ aws rds copy-db-snapshot --source-db-snapshot-identifier arn:aws:rds:ap-
northeast-2:123456789012:snapshot:yyyymmdd-testdb-rr --target-db-snap-
shot-identifier yyyymmdd-testdb-rr --region ap-northeast-1
{
    "DBSnapshot": {
        "Engine": "mysql",
        "Status": "pending",
        "SourceRegion": "ap-northeast-2",
        "MasterUsername": "testdb",
        "Encrypted": false,
        "LicenseModel": "general-public-license",
        "StorageType": "gp2",
        "PercentProgress": 0,
        "SourceDBSnapshotIdentifier": "arn:aws:rds:ap-northeast-2:
123456789012:snapshot:yyyymmdd-testdb-rr",
        "DBSnapshotIdentifier": "yyyymmdd-testdb-rr",
        "InstanceCreateTime": "2016-06-06T13:24:57.899Z",
        "AllocatedStorage": 5,
        "EngineVersion": "5.6.27",
        "SnapshotType": "manual",
        "Port": 3306,
        "DBInstanceIdentifier": "testdb-rr"
    }
}
```

표 7.21 copy-db-snapshot 명령어 옵션

옵션	설명
--source-db-snapshot-identifier	복사 대상 스냅샷명을 지정한다
--target-db-snapshot-identifier	복사될 스냅샷명을 지정한다

▌스냅샷 복원

✚ 관리 콘솔의 경우

"백업한 데이터는 복원(restore)하기 위해 있다." 이 말은 시스템을 운용하면서 기본적으로 알아야 할 지식이다. RDS에서는 저장한 DB 스냅샷에서 간단하게 RDS 인스턴스를 복원할 수 있다. 그러나 DB 스냅샷에서의 복원은 새로운 RDS 인스턴스를 생성해야

한다는 점을 기억하기 바란다. DB 스냅샷에서 기존 RDS 인스턴스 데이터를 복원할 수는 없다.

DB 스냅샷에서 RDS 인스턴스를 복원하려면 화면 왼쪽 메뉴 Snapshots에서 대상 DB 스냅샷을 선택하고, Restore Snapshot 버튼을 클릭한다(그림 7.17). DB 스냅샷에서 복원한 RDS 인스턴스를 신규로 생성하고, 복원에 필요한 정보는 RDS 인스턴스를 생성할 때의 정보와 같다.

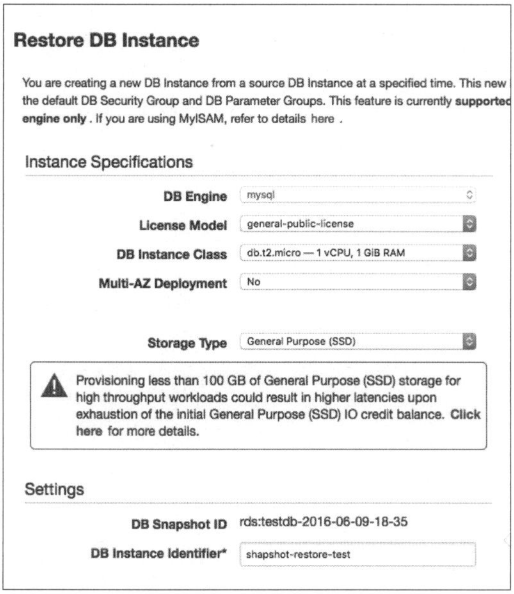

그림 7.17 스냅샷 복원

DB 스냅샷에서 RDS 인스턴스를 복원할 때는 DB 파라미터 그룹과 보안 그룹이 기본 설정 그대로 생성되므로 필요한 그룹으로 변경하여 사용하면 된다.

✚ AWS CLI의 경우

스냅샷은 rds restore-db-instance-from-db-snapshot 명령어로 다음과 같이 복원한다. 복원 시 옵션은 표 7.22와 같다.

```
$ aws rds restore-db-instance-from-db-snapshot \
--db-instance-identifier yyyymmdd-testdb-rr-restore \
--db-snapshot-identifier yyyymmdd-testdb-rr \
--db-instance-class db.t2.micro \
--engine MySQL \
--availability-zone ap-northeast-2a \
--db-subnet-group-name default \
--port 3306 \
--no-multi-az \
--auto-minor-version-upgrade \
--license-model general-public-license \
--option-group-name default:mysql-5-6
{
    "DBInstance": {
        "PubliclyAccessible": true,
        "MasterUsername": "testdb",
        "MonitoringInterval": 0,
        "LicenseModel": "general-public-license",
        "VpcSecurityGroups": [
            {
                "Status": "active",
                "VpcSecurityGroupId": "sg-4245b42b"
            }
        ],
        "CopyTagsToSnapshot": false,
        "OptionGroupMemberships": [
            {
                "Status": "pending-apply",
                "OptionGroupName": "default:mysql-5-6"
            }
        ],
        "PendingModifiedValues": {},
        "Engine": "mysql",
        "MultiAZ": false,
        "DBSecurityGroups": [],
        "DBParameterGroups": [
            {
                "DBParameterGroupName": "default.mysql5.6",
                "ParameterApplyStatus": "in-sync"
            }
        ],
        "AutoMinorVersionUpgrade": true,
        "PreferredBackupWindow": "04:30-05:00",
        "DBSubnetGroup": {
            "Subnets": [
                {
                    "SubnetStatus": "Active",
```

```
                        "SubnetIdentifier": "subnet-6766890e",
                        "SubnetAvailabilityZone": {
                            "Name": "ap-northeast-2a"
                        }
                    },
                    {
                        "SubnetStatus": "Active",
                        "SubnetIdentifier": "subnet-d018309a",
                        "SubnetAvailabilityZone": {
                            "Name": "ap-northeast-2c"
                        }
                    }
                ],
                "DBSubnetGroupName": "default",
                "VpcId": "vpc-4bee0022",
                "DBSubnetGroupDescription": "default",
                "SubnetGroupStatus": "Complete"
            },
            "ReadReplicaDBInstanceIdentifiers": [],
            "AllocatedStorage": 5,
            "BackupRetentionPeriod": 1,
            "PreferredMaintenanceWindow": "sun:17:13-sun:17:43",
            "DBInstanceStatus": "creating",
            "EngineVersion": "5.6.27",
            "AvailabilityZone": "ap-northeast-2a",
            "DomainMemberships": [],
            "StorageType": "gp2",
            "DbiResourceId": "db-7WZSCQ4S6MSBSVL3MLNYP5XFUQ",
            "StorageEncrypted": false,
            "DBInstanceClass": "db.t2.micro",
            "DbInstancePort": 0,
            "DBInstanceIdentifier": "yyyymmdd-testdb-rr-restore"
        }
}
```

표 7.22 rds restore-db-instance-from-db-snapshot 명령어 옵션

옵션	설명
--db-instance-identifier	복원할 RDS 인스턴스명을 지정한다
--db-snapshot-identifier	복원에 사용할 스냅샷명을 지정한다
--db-instance-class	RDS 인스턴스 타입을 지정한다
--engine	DB 엔진을 지정한다

표 7.22 rds restore–db–instance–from–db–snapshot 명령어 옵션(계속)

옵션	설명
--availability-zone	가용 영역을 지정한다
--db-subnet-group-name	DB 서브넷 그룹을 지정한다
--port	RDS 인스턴스 접속 포트 번호를 지정한다
--multi-az, --no-multi-az	멀티 AZ 구성을 사용할지를 지정한다
--engine-version	DB 엔진 버전을 선택한다
--auto-minor-version-upgrade --no-auto-minor-version-upgrade	AWS의 자동 마이너 버전 업그레이드 기능을 사용할지를 선택한다
--license-model	라이선스 모델을 지정한다
--iops	IOPS 값을 지정한다
--option-group-name	DB 옵션 그룹을 선택한다

특정 지점으로의 복원

✛ 관리 콘솔의 경우

RDS는 DB 스냅샷 백업과는 별도로 특정 시점 복원(Point In Time Recovery) 기능을 제공한다. 특정 시점 복원은 RDS를 5분 전 이상 임의의 시점 상태로 되돌릴 수 있는 기능을 말한다.

백그라운드에서 RDS 자동 백업과 AWS 쪽에 저장된 갱신 로그를 이용하여 지정한 시간 상태로 되돌리는 것으로 볼 수 있다. DB 스냅샷에서 복원하는 것과 같이 특정 시점으로의 복원도 신규 RDS 인스턴스로 생성된다.

화면 왼쪽 Instances에서 대상 RDS 인스턴스를 선택하고, 인스턴스의 Instance Actions에서 Restore to Point in Time을 클릭한다(그림 7.18). RDS 인스턴스 생성 화면과 비슷한 DB 인스턴스 복원 화면이 표시되지만, 복원할 때에는 시간을 지정하는 부분이 있다.

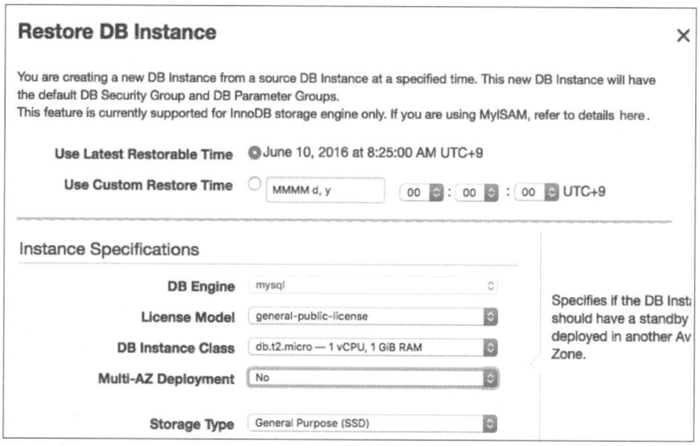

그림 7.18 특정 시점 복원

Use Latest Restorable Time을 선택한 경우는 직전의 백업에서 복원하고, Use Custom Restore Time을 선택한 경우에는 시간을 지정한 백업에서 복원한다. 또한, 특정 시점으로의 복원도 사용 중인 RDS 인스턴스로 바로 복원할 수 없는 점은 기억하기 바란다.

✚ AWS CLI의 경우

특정 시점으로의 복원은 rds restore-db-instance-to-point-in-time 명령어로 다음과 같이 복원한다. 거의 rds restore-db-instance-from-db-snapshot 명령어와 같지만, 복원할 시간을 지정하는 옵션이 있다는 점을 기억해 두기 바란다. 복원 시 옵션은 표 7.23과 같다.

```
$ aws rds restore-db-instance-to-point-in-time \
--source-db-instance-identifier testdb-rr \
--target-db-instance-identifier yyyymmdd-testdb-rr-restore-times \
--restore-time 2016-06-10T00:00:00Z \
--no-use-latest-restorable-time \
--db-instance-class db.t2.micro \
--engine MySQL \
--availability-zone ap-northeast-2a \
--db-subnet-group-name default \
--port 3306 --no-multi-az \
--auto-minor-version-upgrade \
```

```
--license-model general-public-license \
--option-group-name default:mysql-5-6
{
    "DBInstance": {
        "PubliclyAccessible": true,
        "MasterUsername": "testdb",
        "MonitoringInterval": 0,
        "LicenseModel": "general-public-license",
        "VpcSecurityGroups": [
            {
                "Status": "active",
                "VpcSecurityGroupId": "sg-4245b42b"
            }
        ],
        "CopyTagsToSnapshot": false,
        "OptionGroupMemberships": [
            {
                "Status": "pending-apply",
                "OptionGroupName": "default:mysql-5-6"
            }
        ],
        "PendingModifiedValues": {},
        "Engine": "mysql",
        "MultiAZ": false,
        "DBSecurityGroups": [],
        "DBParameterGroups": [
            {
                "DBParameterGroupName": "test-parameter",
                "ParameterApplyStatus": "in-sync"
            }
        ],
        "AutoMinorVersionUpgrade": true,
        "PreferredBackupWindow": "04:30-05:00",
        "DBSubnetGroup": {
            "Subnets": [
                {
                    "SubnetStatus": "Active",
                    "SubnetIdentifier": "subnet-6766890e",
                    "SubnetAvailabilityZone": {
                        "Name": "ap-northeast-2a"
                    }
                },
                {
                    "SubnetStatus": "Active",
                    "SubnetIdentifier": "subnet-d018309a",
                    "SubnetAvailabilityZone": {
                        "Name": "ap-northeast-2c"
```

```
                }
            }
        ],
        "DBSubnetGroupName": "default",
        "VpcId": "vpc-4bee0022",
        "DBSubnetGroupDescription": "default",
        "SubnetGroupStatus": "Complete"
    },
    "ReadReplicaDBInstanceIdentifiers": [],
    "AllocatedStorage": 5,
    "BackupRetentionPeriod": 1,
    "PreferredMaintenanceWindow": "sun:17:13-sun:17:43",
    "DBInstanceStatus": "creating",
    "EngineVersion": "5.6.27",
    "AvailabilityZone": "ap-northeast-2a",
    "DomainMemberships": [],
    "StorageType": "gp2",
    "DbiResourceId": "db-2RP54GW2H35SSGILHGJVP3HSSA",
    "StorageEncrypted": false,
    "DBInstanceClass": "db.t2.micro",
    "DbInstancePort": 0,
    "DBInstanceIdentifier": "yyyymmdd-testdb-rr-restore-times"
    }
}
```

표 7.23 rds restore-db-instance-to-point-in-time 명령어 옵션

옵션	설명
--source-db-instance-identifier	특정 시점으로 복원할 RDS 인스턴스명을 지정한다
--target-db-instance-identifier	복원에 사용할 스냅샷명을 지정한다
--restore-time	복원할 시간을 UTC로 지정한다
--use-latest-restorable-time --no-use-latest-restorable-time	최종적으로 저장한 백업에서 복원할 것인지를 지정한다
--db-instance-class	RDS 인스턴스 타입을 지정한다
--engine	DB 엔진을 지정한다
--availability-zone	가용 영역을 지정한다
--db-subnet-group-name	DB 서브넷 그룹을 지정한다
--port	RDS 인스턴스 접속 포트 번호를 지정한다

표 7.23 rds restore-db-instance-to-point-in-time 명령어 옵션(계속)

옵션	설명
--multi-az, --no-multi-az	멀티 AZ 구성을 사용할지를 지정한다
--engine-version	DB 엔진 버전을 선택한다
--auto-minor-version-upgrade --no-auto-minor-version-upgrade	AWS의 자동 마이너 버전 업그레이드 기능을 사용할지를 선택한다
--license-model	라이선스 모델을 지정한다
--iops	IOPS 값을 지정한다
--option-group-name	DB 옵션 그룹을 선택한다

자동 백업(관리 콘솔)

여기서는 지금까지 여러 상황에서 설명한 자동 백업 기능에 관해 설명한다. RDS는 자동 백업 기능이 있으며, 이 옵션을 활성화하면 자동적으로 DB 스냅샷이 생성된다.

자동 저장된 DB 스냅샷은 스냅샷 화면에 있는 필터로 **Automated Snapshots**를 선택하여 표시한다. 자동 백업된 DB 스냅샷은 수동으로 생성된 DB 스냅샷과 동일하게 관리되지만, 자동 백업으로 저장된 DB 스냅샷은 자동적으로 삭제되므로 수동으로 DB 스냅샷을 별도 저장하는 것을 권장한다.

7.9 │ RDS 운용

RDS를 운용 중에 발생하는 버전 업그레이드와 로그 관리에 관하여 설명한다.

DB 업그레이드(관리 콘솔)

RDS 인스턴스 위에서 운용되고 있는 각 DB들은 취약성 대비와 버그 픽스(bug fix)

를 위해 지속적으로 정보들이 갱신되고 있다. 갱신된 정보를 확인하고, 자신이 관리하는 시스템에 적용하는 것이 시스템 관리자의 일이지만, 모든 갱신 정보를 모니터링하고 DB에 적용하는 것은 정말 손이 많이 가는 작업이다. 이런 바쁜 시스템 관리자의 일을 줄여 주는 RDS 기능이 자동 마이너 버전 업그레이드다. 자동 마이너 버전 업그레이드 기능을 활성화한 경우, 각 DB의 갱신 정보에 맞춰 RDS 인스턴스를 자동으로 마이너 버전 업그레이드하는 작업이 이루어진다.

이 마이너 버전 업그레이드 작업은 다음에 설명할 Maintenance Window 설정에서 지정한 시간에 시작된다. 마이너 버전 업그레이드가 실행되면 RDS 인스턴스가 재시작되므로 재시작이 가능한 시간대를 지정하도록 한다.

자동 마이너 버전 업그레이드 기능은 RDS 인스턴스 생성 시 옵션으로 RDS 인스턴스를 생성할 때 설정을 변경하여 활성화시킬 수 있다. RDS 인스턴스 생성 화면의 Configure Advanced Settings 설정 화면 하단에 Auto Minor Version Upgrade 항목을 'Yes'로 설정하면 활성화된다(그림 7.19).

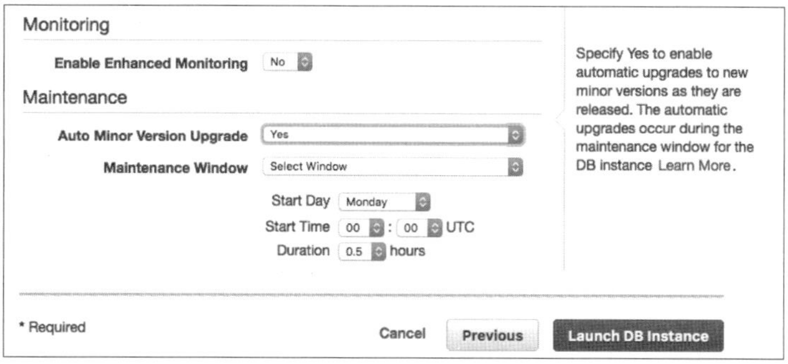

그림 7.19 자동 마이너 버전 업그레이드(RDS 생성 시)

RDS 인스턴스 생성 후에 자동 마이너 버전 업그레이드 기능을 활성화하려면 화면 왼쪽 메뉴에서 Instances에서 해당 RDS 인스턴스를 선택하고, Instance Actions에서 Modify를 클릭하여 표시된 DB 인스턴스 변경 화면에서 Auto Minor Version Upgrade 항목을 'Yes'로 하면 된다.

DB 로그 확인

✚ 관리 콘솔의 경우

 문제가 발생했을 경우에 조사나 애플리케이션을 분석할 때 유용한 방법으로 로그를 조사하는 방법이 있다. RDS에서는 DB 서비스로 제공되고 있으므로 RDS 인스턴스가 동작하고 있는 OS의 로그는 AWS에서 관리하고 있다. 결국 OS 레벨의 로그는 사용자가 볼 수 없다는 것이다.

 OS 로그는 AWS가 관리하고 있어 확인할 수 없지만, DB 로그는 제공하고 있어 확인할 수 있다. DB 로그는 OS의 파일로 남겨지는 것이 일반적이지만, RDS에서는 DB의 특정 테이블 내에 저장되는 구조로 되어 있다. 테이블에 저장된 로그는 관리 콘솔 또는 API로 확인할 수 있다. 로그는 DB 엔진따라 다르지만, 1주가 지난 로그는 삭제되며, 1주 이상 로그를 저장하려면 RDS 인스턴스에서 다른 곳으로 저장해야 한다.

 저장되는 로그는 아래의 세 가지 종류가 있다.

- error log
- slow query
- general log

 그러나 slow query와 general log가 표준으로 저장되지 않도록 설정되어 있으므로 DB 파라미터 그룹에서 활성화해야 한다. 활성화해야 하는 DB 파라미터 그룹의 파라미터는 표 7.24와 같다.

표 7.24 DB 파라미터 그룹의 파라미터

DB 엔진	항목	로그 저장 기간
Aurora	general_log, slow_query_log	24시간
MySQL	general_log, slow_query_log	24시간
MariaDB	general_log, slow_query_log	24시간
PostgreSQL	general_log	7일간

표 7.24 DB 파라미터 그룹의 파라미터(계속)

DB 엔진	항목	로그 저장 기간
Oracle	없음	7일간
MSSQL	없음	7일간

관리 콘솔에서 로그를 확인하려면 화면 왼쪽 메뉴에서 Instances에서 해당 RDS 인스턴스를 선택하고, 인스턴스의 상세 화면에서 Logs 버튼을 클릭하면 확인할 수 있다 (그림 7.20).

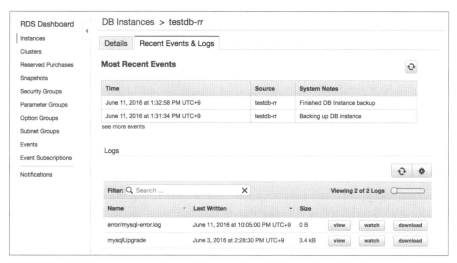

그림 7.20 RDS 로그 확인

✚ AWS CLI의 경우

RDS 인스턴스 로그는 rds download-db-log-file-portion 명령어로 다운로드한다. 다운로드할 때의 옵션은 표 7.25와 같다.

```
$ aws rds download-db-log-file-portion \
--db-instance-identifier testdb \
--log-file-name mysqlUpgrade \
```

```
| jq -r ".LogFileData"
2016-06-03 05:28:30 Looking for 'mysql' as: /rdsdbbin/mysql/bin/mysql
2016-06-03 05:28:30 Looking for 'mysqlcheck' as: /rdsdbbin/mysql/bin/mysqlcheck
2016-06-03 05:28:30 Running 'mysqlcheck' with connection arguments:
'--port=3306' '--socket=/tmp/mysql.sock' '--socket=/tmp/mysql.sock'
2016-06-03 05:28:30 Running 'mysqlcheck' with connection arguments: '--
port=3306' '--socket=/tmp/mysql.sock' '--socket=/tmp/mysql.sock'
2016-06-03 05:28:30 mysql.columns_priv                              OK
2016-06-03 05:28:30 mysql.db                                        OK
2016-06-03 05:28:30 mysql.event                                     OK
2016-06-03 05:28:30 mysql.func                                      OK
2016-06-03 05:28:30 mysql.general_log                               OK
2016-06-03 05:28:30 mysql.help_category                             OK
2016-06-03 05:28:30 mysql.help_keyword                              OK
2016-06-03 05:28:30 mysql.help_relation                            OK
2016-06-03 05:28:30 mysql.help_topic                                OK
2016-06-03 05:28:30 mysql.host                                      OK
2016-06-03 05:28:30 mysql.innodb_index_stats                        OK
2016-06-03 05:28:30 mysql.innodb_table_stats                        OK
2016-06-03 05:28:30 mysql.ndb_binlog_index                          OK
2016-06-03 05:28:30 mysql.plugin                                    OK
2016-06-03 05:28:30 mysql.proc                                      OK
2016-06-03 05:28:30 mysql.procs_priv                                OK
2016-06-03 05:28:30 mysql.proxies_priv                              OK
2016-06-03 05:28:30 mysql.rds_configuration                         OK
2016-06-03 05:28:30 mysql.rds_global_status_history                 OK
2016-06-03 05:28:30 mysql.rds_global_status_history_old             OK
2016-06-03 05:28:30 mysql.rds_heartbeat2                            OK
2016-06-03 05:28:30 mysql.rds_history                               OK
2016-06-03 05:28:30 mysql.rds_replication_status                    OK
2016-06-03 05:28:30 mysql.servers                                   OK
2016-06-03 05:28:30 mysql.slave_master_info                         OK
2016-06-03 05:28:30 mysql.slave_relay_log_info                      OK
2016-06-03 05:28:30 mysql.slave_worker_info                         OK
2016-06-03 05:28:30 mysql.slow_log                                  OK
2016-06-03 05:28:30 mysql.tables_priv                               OK
2016-06-03 05:28:30 mysql.time_zone                                 OK
2016-06-03 05:28:30 mysql.time_zone_leap_second                     OK
2016-06-03 05:28:30 mysql.time_zone_name                            OK
2016-06-03 05:28:30 mysql.time_zone_transition                      OK
2016-06-03 05:28:30 mysql.time_zone_transition_type                 OK
2016-06-03 05:28:30 mysql.user                                      OK
2016-06-03 05:28:30 Running 'mysql_fix_privilege_tables'...
2016-06-03 05:28:30 Running 'mysqlcheck' with connection arguments:
'--port=3306' '--socket=/tmp/mysql.sock' '--socket=/tmp/mysql.sock'
2016-06-03 05:28:30 Running 'mysqlcheck' with connection arguments:
'--port=3306' '--socket=/tmp/mysql.sock' '--socket=/tmp/mysql.sock'
2016-06-03 05:28:30 OK
```

표 7.25 aws rds download–db–log–file–portion 명령어 옵션

옵션	설명
--db-instance-identifier	다운로드할 RDS 인스턴스명을 지정한다
--log-file-name	다운로드할 로그 파일을 지정한다
--starting-token	로그를 표시할 시작 위치를 지정한다
--max-items	로그를 표시할 최대수를 지정한다

7.10 | 서비스 오픈을 위한 준비

RDS를 사용하여 서비스를 도입할 때 고려해야 할 사항은 AWS로부터 이루어지는 점검이다. RDS는 서비스로 제공되고 있어 하드웨어나 소프트웨어의 점검은 AWS가 지원하고 있지만, 사용자 쪽에서도 약간의 컨트롤이 가능하다.

Maintenance Window

AWS의 각 서비스는 하드웨어 장애 대응이나 소프트웨어 갱신 등으로 비정기적으로 점검이 발생한다. RDS에서도 점검이 발생하지만, 사용자가 Maintenance Window라는 항목을 설정하여 시작 시간을 지정할 수 있다.

AWS의 점검이 발생하는 경우, 기본적으로 AWS에 등록되어 있는 메일로 사전에 공지가 발송되지만, 긴급 점검의 경우에는 공지 없이 실행되는 경우가 있으므로 주의해야 한다. 이 Maintenance Window에서 지정한 시간으로 마이너 버전 업그레이드가 실행된다(그림 7.21).

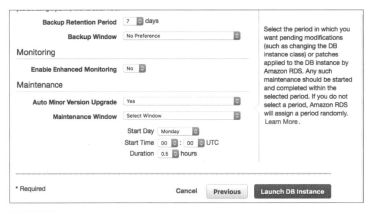

그림 7.21 Maintenance Window 설정(RDS 생성 시)

Maintenance Window를 설정하지 않은 경우에는 AWS가 임의로 시간을 정해 실행한다. 또한, RDS는 Maintenance Window에서 설정한 시간이 UTC로 되어 있으므로 서울 리전을 사용하는 경우 +9시간이라는 것을 고려하여 설정하자.

7.11 정리

이번 장에서 설명한 것처럼 RDS는 장애를 대비한 이중화를 쉽게 구현할 수 있는 아주 편리한 서비스다. RDS를 사용함으로써 관리자의 부담을 많이 줄일 수 있지만, 애플리케이션 구조나 패키지 소프트웨어의 사양에 따라 사용할 수 없는 경우도 있으니 사전에 충분한 검토를 거쳐 도입하기 바란다.

8

웹 서버 부하 분산

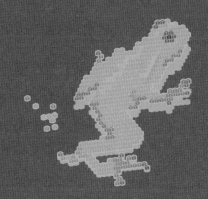

이번 장에서는 AWS에서 ELB(Elastic Load Balancing)를 사용하여 웹 서버의 부하 분산 설정에 관해 설명한다.

8.1 | ELB의 개요

실제로 ELB를 생성하는 방법을 공부하기 전에 ELB가 AWS에서 어떻게 구성되어 있는지를 보도록 한다.

ELB란?

ELB는 AWS가 제공하고 있는 클라우드 로드 밸런싱 서비스다. 일반적인 로드 밸런서 장비와 비교하면 레이어 7 정보(예를 들어, HTTP 요청 헤더 정보 등)를 이용한 부하 분산 기능이 부족한 부분도 있다. 그러나 그 대신 간단하고 바로 사용할 수 있도록 되어 있어 클라우드 특성을 충분히 활용한 서비스라고 할 수 있다.

스케일 아웃과 로드 밸런싱

웹 서버와 애플리케이션 서버의 부하가 많아졌을 경우, 서버의 성능을 높이는 방법인 스케일 업(scale up)을 실행하여 부하에 대응하는 방법을 사용하지만, 처리할 서버 대수를 늘려 한 대에서 처리할 부하를 분산하는 스케일 아웃(scale out)이라는 방법도 있다.

웹 서버나 애플리케이션 서버 부하 분산을 하는 경우, 앞단에 로드 밸런서(load balancer)를 놓는 것이 일반적이며, AWS에서는 ELB가 그 역할을 하게 된다. ELB도 다른 서비스와 마찬가지로 이중화되어 있으며, 클라우드의 장점을 활용한 자동 확장/축소 기능을 가지고 있다. 또한, 과금 체계도 다른 서비스와 마찬가지로 시간 단위 과금으로 사용할 수 있어 사용한 만큼만 지불하면 된다. 이번 장에서는 구축한 웹 서버를 여러 대 구성하여 앞단에 ELB를 구성하는 방법을 설명한다.

ELB의 특징

✚ 리전별 구성

ELB를 사용하는 경우, 사용자는 사용할 리전을 선택한다. 결국 사용자가 사용하는 ELB는 AWS의 어느 하나의 리전에 소속되어 있다고 볼 수 있다.

✚ 가용 영역 전체를 통한 구성

리전 안에 존재하는 ELB는 서로 다른 가용 영역을 연결하도록 구성할 수 있다(그림 8.1). 이것은 물리적으로 떨어져 있는 데이터 센터를 사용한 이중화 구성을 뜻한다.

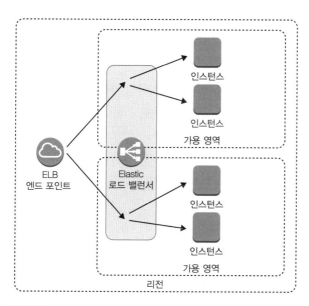

그림 8.1 ELB 구성 예제

ELB는 이 가용 영역을 연결하도록 구성하면 어떤 장애에도 서비스를 운용할 수 있게 된다.

➕ ELB 자신의 스케일 아웃/스케일 인

ELB는 자기 자신이 클라이언트로의 트래픽에 맞춰 자동 확장/축소를 하도록 구성되어 있다. 이 확장/축소가 발생할 때 사용자 쪽에서는 설정 등의 변경 작업이 필요 없다. 사용자는 ELB를 사용하는 것만으로 유연한 로드 밸런서를 가지게 되는 것이다. 그러나 스케일 아웃/스케일 인에는 몇 가지 주의할 점이 있는데, 다음에서 다시 설명하겠다.

➕ 안전성 확보

ELB는 5장에서 설명한 VPC와 연동하여 안전성을 확보할 수 있다. 보안 그룹의 설정으로 특정 IP 주소에서 액세스를 제어하거나 VPC 외부에서 접속할 수 없는 구성으로 만들 수도 있다.

➕ ELB DNS

ELB에 접속하기 위해서는 DNS를 사용한다. ELB를 생성하면 각각 고유의 DNS명이 생성되며, 클라이언트는 이 주소를 사용하여 접속할 수 있도록 한다. 도메인을 사용하는 경우 DNS로 CNAME을 설정하여 사용해야 한다.

ELB 엔드 포인트는 여러 IP 주소로부터 응답을 주도록 설계되어 있고, 그 IP 주소는 ELB 자신이 확대/축소하는 시점에 바뀔 가능성이 있으므로 IP 주소를 직접 사용하지 말고, DNS명을 사용하기 바란다.

➕ EC2 인스턴스 Health Check

일반적인 로드 밸런서와 같이 ELB는 부하 분산 대상인 EC2 인스턴스 상태를 감시할 수 있다. 그래서 ELB에서 Health Check에 실패한 경우, 해당 EC2 인스턴스는 부하 분산 정책에서 예외 처리하는 것도 가능하다.

8.2 | ELB 생성

여기서부터는 실제 ELB를 생성하는 방법에 관해 설명한다. 하나의 ELB에서 두 대의 EC2 인스턴스로 부하 분산하는 구성으로 한다. 생성된 EC2 인스턴스(웹 서버)에서 AMI를 생성하고, 똑같은 EC2 인스턴스를 준비하도록 한다.

▌ELB 생성(관리 콘솔)

ELB를 생성하려면 EC2 화면의 왼쪽 메뉴 **Load Balancers**를 클릭한다. 지금까지와 같이 Default VPC 내에 ELB를 생성하도록 한다.

✚ 로드 밸런서 정의

Create Load Balancer 버튼을 클릭하면 Application Load Balancer, Classic Load Balancer 선택 화면이 나온다. Classic Load Balancer를 선택하면 ELB 생성 화면이 표시된다. 로드 밸런서의 기본 설정을 하도록 한다(그림 8.2).

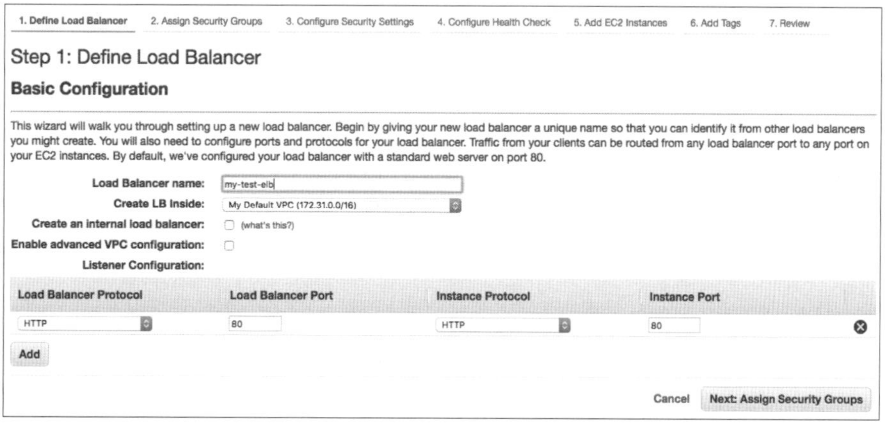

| 1. Define Load Balancer | 2. Assign Security Groups | 3. Configure Security Settings | 4. Configure Health Check | 5. Add EC2 Instances | 6. Add Tags | 7. Review |

Step 1: Define Load Balancer

Basic Configuration

This wizard will walk you through setting up a new load balancer. Begin by giving your new load balancer a unique name so that you can identify it from other load balancers you might create. You will also need to configure ports and protocols for your load balancer. Traffic from your clients can be routed from any load balancer port to any port on your EC2 instances. By default, we've configured your load balancer with a standard web server on port 80.

Load Balancer name:	my-test-elb
Create LB Inside:	My Default VPC (172.31.0.0/16)
Create an internal load balancer:	☐ (what's this?)
Enable advanced VPC configuration:	☐
Listener Configuration:	

Load Balancer Protocol	Load Balancer Port	Instance Protocol	Instance Port	
HTTP	80	HTTP	80	⊗

Add

Cancel **Next: Assign Security Groups**

그림 8.2 로드 밸런서 정의

Load Balancer name에는 생성할 로드 밸런서명을 입력한다. Create LB Inside로 어떤 VPC에 ELB를 생성할지를 선택한다. 내부에서 ELB를 사용하는 경우 Create an internal load balancer에 체크를 한다. Enable advanced VPC configuration에 체크를 하면 VPC 내에 어떤 서브넷에 ELB를 생성할지 명시적으로 지정할 수 있다.

또한, Listener Configuration에는 ELB가 클라이언트로부터 어떤 프로토콜로 요청을 받을지 부하 분산 대상인 EC2 인스턴스(웹 서버)에 어떤 프로토콜로 전송할지를 설정한다. 이 책에서는 표 8.1과 같이 파라미터를 지정한다. 입력 후에 Next: Assign Security Groups 버튼을 클릭하여 다음 순서로 넘어간다.

표 8.1 로드 밸런서 기본 설정의 설정 예제

항목	설정 값
Load Balancer name	my-load-balancer
Create LB Inside	My Default VPC(172.31.0.0/16)
Create an internal load balancer	체크 안 함
Enable advanced VPC configuration	체크 안 함
Listener Configuration(Load Balancer Protocol)	HTTP
Listener Configuration(Load Balancer Port)	80
Listener Configuration(Instance Protocol)	HTTP
Listener Configuration(Instance Port)	80

✚ 보안 그룹 설정

다음은 ELB에 설정할 보안 그룹[주1]을 설정한다(그림 8.3).

주1 보안 그룹에 대해서는 2장에서 설명했다.

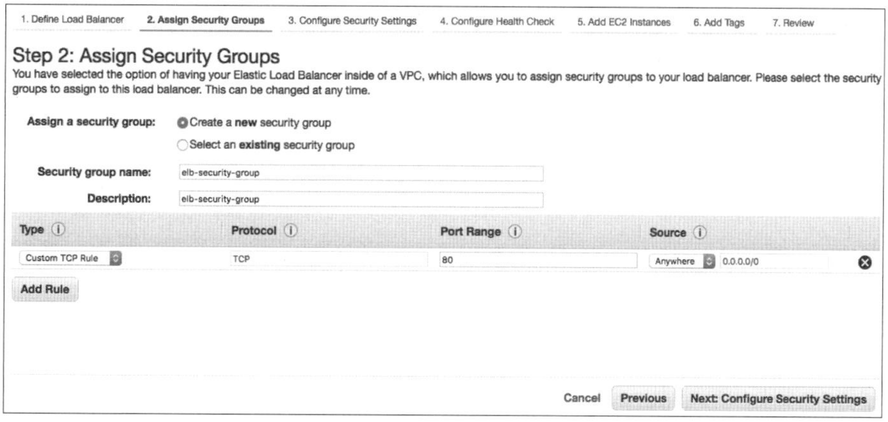

그림 8.3 보안 그룹 설정

EC2 보안 그룹과 같이 Assign a security group에서 Select an existing security group 에 체크를 하면 기존에 생성된 보안 그룹을 설정할 수 있다. Create a new security group에 체크를 하면 새로운 보안 그룹을 생성할 수 있다. 이 책에서는 표 8.2와 같이 보안 그룹을 신규로 생성한다. 입력 후에는 Next: Configure Security Settings 버튼을 클릭하고, 다음 순서로 넘어간다.

표 8.2 보안 그룹 할당 설정 예제

항목	설정 값
Assign a security group	Create a new security group
Security group name	elb-security-group
Description	elb-security-group
Type	HTTP
Source	Anywhere

✚ 보안 설정 구성

위의 순서에서 HTTPS 또는 SSL 이외의 프로토콜을 선택한 경우, 그림 8.4와 같이 화면이 표시된다. 일단 Next: Configure Health Check 버튼을 클릭하고, 다음 순서로 넘어간다.

HTTPS 설정에 관해서는 뒤에서 설명하겠다.

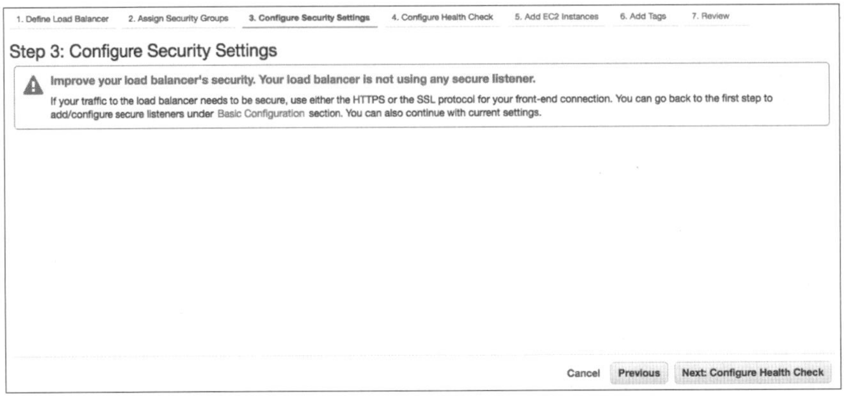

| 1. Define Load Balancer | 2. Assign Security Groups | 3. Configure Security Settings | 4. Configure Health Check | 5. Add EC2 Instances | 6. Add Tags | 7. Review |

Step 3: Configure Security Settings

⚠ **Improve your load balancer's security. Your load balancer is not using any secure listener.**

If your traffic to the load balancer needs to be secure, use either the HTTPS or the SSL protocol for your front-end connection. You can go back to the first step to add/configure secure listeners under Basic Configuration section. You can also continue with current settings.

Cancel   Previous   Next: Configure Health Check

그림 8.4 보안 설정 구성

✚ Health Check 설정

다음은 ELB에서 EC2 인스턴스로 감시 설정을 한다(그림 8.5). 위에서 설명한 것처럼 여기서 설정한 값으로 부하 분산 대상 EC2 인스턴스에 장애가 발생했을 때 어떤 타이밍에 부하 분산 대상에서 제외할 것인지, ELB의 부하 분산 대상에 새로운 EC2 인스턴스가 추가되었을 때 어떤 타이밍에 트래픽을 전송할 것인지가 결정된다.

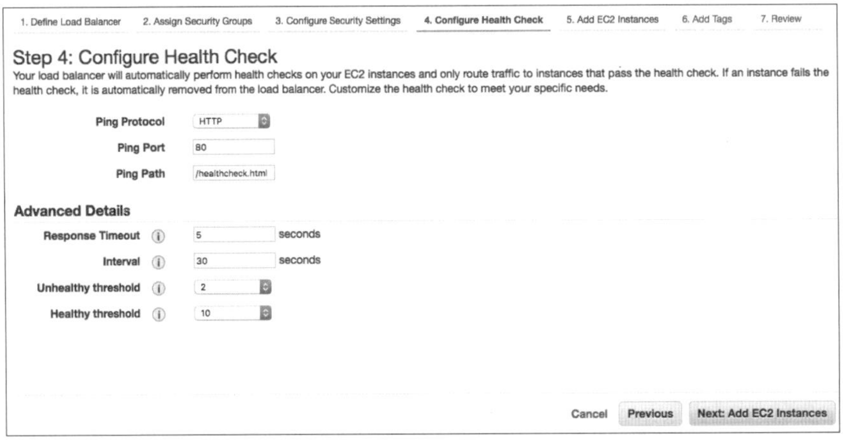

| 1. Define Load Balancer | 2. Assign Security Groups | 3. Configure Security Settings | 4. Configure Health Check | 5. Add EC2 Instances | 6. Add Tags | 7. Review |

Step 4: Configure Health Check

Your load balancer will automatically perform health checks on your EC2 instances and only route traffic to instances that pass the health check. If an instance fails the health check, it is automatically removed from the load balancer. Customize the health check to meet your specific needs.

Ping Protocol   HTTP
Ping Port   80
Ping Path   /healthcheck.html

Advanced Details

Response Timeout ⓘ   5   seconds
Interval ⓘ   30   seconds
Unhealthy threshold ⓘ 2
Healthy threshold ⓘ   10

Cancel   Previous   Next: Add EC2 Instances

그림 8.5 Health Check 설정

TCP와 포트 번호로만 단순 체크를 하거나 HTTP나 HTTPS로 특정 콘텐츠가 200번 응답이 있는지를 체크하는 것도 가능하다. Ping Protocol에는 'Assign a security group'에서 설정한 프로토콜, Ping Port, Ping Path에는 초기 값이 입력되어 있다. Advanced Details에는 Response Timeout에서 ELB 감시 요청을 보내고 응답이 오기까지 타임아웃 시간, Interval에서 ELB에서 감시 요청을 보내는 간격, Unhealthy threshold에서 ELB가 EC2 인스턴스를 장애라고 판단하기까지의 감시 실패 횟수, Healthy threshold에서 ELB가 EC2 인스턴스가 정상이라고 판단하기까지의 감시 성공 횟수를 각각 설정한다.

이 책에서는 웹 서버에 healthcheck.html을 준비하여 표 8.3과 같이 설정했지만, 운용 중인 각각의 애플리케이션 특성에 따라 변경하여 사용하도록 한다. 입력 후에는 Next: Add EC2 Instances 버튼을 클릭하고 다음 순서로 넘어간다.

표 8.3 Health Check 설정 예제

항목	설정 값
Ping Protocol	HTTP
Ping Port	80
Ping Path	healthcheck.html
Response Timeout	5
Interval	30
Unhealthy threshold	2
Healthy threshold	10

✚ EC2 인스턴스 추가

다음은 ELB에 부하 분산 대상 EC2 인스턴스를 설정한다(그림 8.6). 이 설정은 정말 간단하며, 부하 분산 대상 EC2 인스턴스를 선택만 하면 된다. 여기서는 준비해 둔 웹 서버 두 대를 부하 분산 대상으로 추가한다.

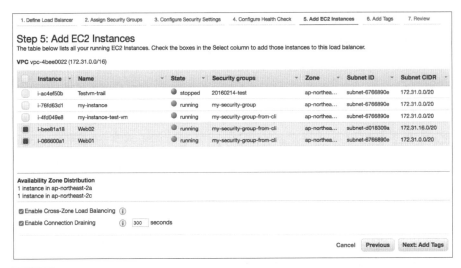

그림 8.6 EC2 인스턴스 추가

　표시된 두 대의 인스턴스에 체크를 하고, 필요에 따라 가용 영역 분산을 하는 Enable Cross-Zone Load Balancing과 Enable Connection Draining을 설정한다. ELB에서는 접속 주소로 DNS명을 사용한다. ELB의 동작은 DNS명에 설정된 여러 IP 주소로 분산되며, 분산에는 DNS 라운드로빈을 사용하고, 그 IP 주소는 각 가용 영역에 존재하게 된다. 그래서 동일한 가용 영역에 있는 EC2 인스턴스에 요청을 보내는 경우에 거리적인 지연이 줄어든다.

　사용자가 불특정 다수인 경우는 이 구성으로 문제는 없지만, 특정 사용자가 특정 애플리케이션으로 접속하는 경우, 애플리케이션 쪽에서 DNS명으로 접속한 정보를 캐시하여 특정 IP 주소에 접속이 몰리는 현상이 발생한다. 이런 현상 때문에 특정 가용 영역과 EC2 인스턴스에 요청이 집중되는 경우가 있다.

　이와 같은 경우, Enable Cross-Zone Load Balancing에 체크를 하게 되면 ELB 쪽에서는 어떤 가용 영역에서 요청을 받아도 아래에 있는 EC2 인스턴스가 존재하는 가용 영역과 관계 없이 분산하도록 동작을 한다. 또한, EC2 인스턴스 점검 등의 이유로 일시적으로 EC2 인스턴스를 ELB 부하 분산 대상에서 제외하는 경우, 바로 ELB 부하 분산 대상에서 제외하면 접속한 사용자에게 영향을 줄 수 있다.

　이런 경우, Enable Connection Draining을 설정해 두면 EC2 인스턴스를 부하 분산 대상에서 제외한 후에도 지정한 시간만큼 사용자는 접속을 유지할 수 있게 된다. 입력한 후에 Next: Add Tag 버튼을 클릭하고, 다음 순서로 넘어간다.

➕ 태그 지정

태그 추가 화면에서는 리소스를 정리하고 구분하기 편하게 하기 위해 리소스에 태그를 적용할 수 있다(그림 8.7). 설정은 Key와 Value에 원하는 문자를 입력한다. 태그가 여러 개 필요한 경우, Create Tag 버튼을 클릭하여 추가로 태그를 입력하면 된다. 입력 후에 Review and Create 버튼을 클릭하면 확인 화면이 표시되고, 문제가 없다면 Review and Create 버튼을 클릭한다.

| 1. Define Load Balancer | 2. Assign Security Groups | 3. Configure Security Settings | 4. Configure Health Check | 5. Add EC2 Instances | 6. Add Tags | 7. Review |

Step 6: Add Tags
Apply tags to your resources to help organize and identify them.

A tag consists of a case-sensitive key-value pair. For example, you could define a tag with key = Name and value = Webserver. Learn more about tagging your Amazon EC2 resources.

Key	Value

Create Tag

Cancel   Previous   Review and Create

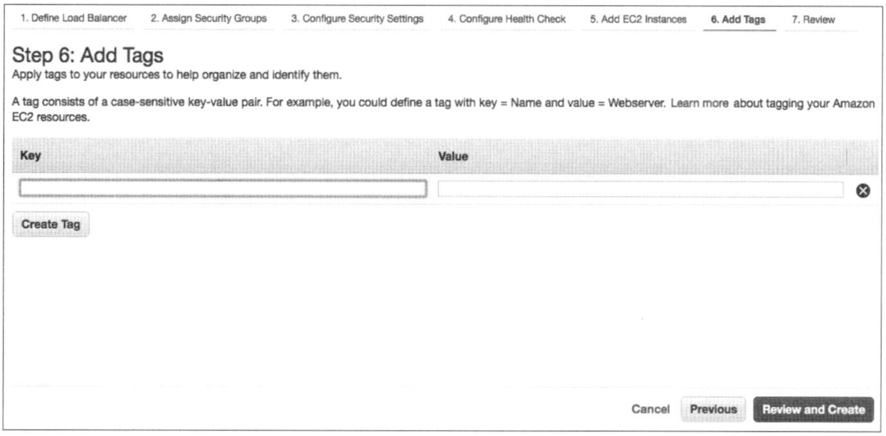

그림 8.7 태그 추가

➕ 설정 확인

지금까지의 설정으로 신규 ELB를 생성하기 위한 설정이 끝났다. 마지막으로, 설정 내용이 맞는지 확인하고(그림 8.8), Create 버튼을 클릭한다.

그림 8.8 설정 확인

✚ ELB 삭제

ELB 삭제 방법은 아주 간단하다. 삭제 대상 ELB를 선택하고, Actions-Delete를 클릭하고, 삭제 화면에서 Yes, Delete 버튼을 클릭하면 삭제되고, 과금도 이 시점부터 멈추게 된다(그림 8.9).

그림 8.9 ELB 삭제 확인

ELB 생성(AWS CLI)

지금까지 관리 콘솔에서 ELB 생성 방법을 설명했고, 여기서는 AWS CLI를 사용한 ELB 생성 방법에 관해 설명한다. 관리 콘솔에서는 설정 화면 순서대로 진행을 했지만, AWS CLI에서는 필요한 정보를 옵션 파라미터로 넘겨주므로 사전에 필요한 정보를 준비해 둬야 한다.

- default VPC 서브넷 ID(가용 영역)
- ELB에 설정할 보안 그룹 ID
- ELB에 연결할 EC2 인스턴스 ID

✚ ELB 생성

ELB는 elb create-load-balancer 명령어로 다음과 같이 생성한다. 생성 시 옵션은 표 8.4와 같다.

```
$ aws elb create-load-balancer \
--load-balancer-name my-load-balancer-cli \
--listeners Protocol=HTTP,LoadBalancerPort=80,InstanceProtocol=HTTP,Instan-
cePort=80 \
--subnets subnet-6766890e subnet-d018309a \
--security-groups sg-a338bcca
{
    "DNSName": "my-load-balancer-cli-1917226557.ap-northeast-2.elb.
amazonaws.com"
}
```

표 8.4 elb create-load-balancer 명령어 옵션

옵션	설명
--load-balancer-name	로드 밸런서명을 지정한다
--listeners	로드 밸런서가 요청받는 프로토콜/포트 번호, 부하 분산 대상 EC2 인스턴스가 요청받는 프로토콜/포트 번호를 지정한다
--subnets	ELB가 생성될 VPC Subnet ID를 지정한다
--security-groups	ELB에 설정한 Security Group ID를 지정한다

✚ Health Check 설정

ELB health check 설정은 elb configure-health-check 명령어로 다음과 같이 실행한다. 설정 시 옵션은 표 8.5와 같다.

```
$ aws elb configure-health-check \
--load-balancer-name my-load-balancer-cli \
--health-check Target=HTTP:80/healthcheck.html,Interval=30,UnhealthyThresh-
old=2,HealthyThreshold=10,Timeout=5
{
    "HealthCheck": {
        "HealthyThreshold": 10,
        "Interval": 30,
        "Target": "HTTP:80/healthcheck.html",
        "Timeout": 5,
        "UnhealthyThreshold": 2
    }
}
```

표 8.5 elb configure-health-check 명령어 옵션

옵션	설명
--load-balancer-name	Health Check를 설정할 ELB명을 지정한다
--health-check	Health Check에 설정할 룰을 지정한다

✚ ELB 동작 모드 설정

ELB 동작 모드 설정은 elb modify-load-balancer-attributes 명령어로 다음과 같이 실행한다. 설정 시 옵션은 표 8.6과 같다. 이 설정 예에서는 위에서부터 순서대로 다음과 같이 설정한다.

- Enable Cross-Zone Load Balancing 활성화

- Enable Connection Draining 활성화

- Idle Timeout 시간 설정

- Access Log 설정

```
$ aws elb modify-load-balancer-attributes \
--load-balancer-name my-load-balancer-cli \
--load-balancer-attributes "{\"CrossZoneLoadBalancing\":{\"En-
abled\":true}}"
```

```
{
    "LoadBalancerAttributes": {
        "CrossZoneLoadBalancing": {
            "Enabled": true
        }
    },
    "LoadBalancerName": "my-load-balancer-cli"
}
```

```
$ aws elb modify-load-balancer-attributes \
--load-balancer-name my-load-balancer-cli \
--load-balancer-attributes "{\"ConnectionDraining\":{\"Enabled\":true,\"-
Timeout\":300}}"
{
    "LoadBalancerAttributes": {
        "ConnectionDraining": {
            "Enabled": true,
            "Timeout": 300
        }
    },
    "LoadBalancerName": "my-load-balancer-cli"
}
```

```
$ aws elb modify-load-balancer-attributes \
--load-balancer-name my-load-balancer-cli \
--load-balancer-attributes "{\"ConnectionSettings\":{\"IdleTimeout\":60}}"
{
    "LoadBalancerAttributes": {
        "ConnectionSettings": {
            "IdleTimeout": 60
        }
    },
    "LoadBalancerName": "my-load-balancer-cli"
}
```

```
$ aws elb modify-load-balancer-attributes \
--load-balancer-name my-load-balancer-cli \
--load-balancer-attributes "{\"AccessLog\":{\"Enabled\":true,\"S3Bucket-
Name\" :\"my-loadbalancer-cli-access-log\"}}"
```

```
{
    "LoadBalancerAttributes": {
        "AccessLog": {
            "S3BucketPrefix": "",
            "EmitInterval": 60,
            "Enabled": true,
            "S3BucketName": "my-loadbalancer-cli-access-log"
        }
    },
    "LoadBalancerName": "my-load-balancer-cli"
}
```

표 8.6 elb modify-load-balancer-attributes 명령어 옵션

옵션	설명
--load-balancer-name	동작을 설정할 ELB명을 지정한다
--load-balancer-attributes	모드와 동작을 지정한다

✚ EC2 인스턴스 등록/제외

ELB에 EC2 인스턴스를 등록/제외하는 경우 elb register-instance-with-load-balancer 명령어로 등록하고, elb deregister-instances-from-load-balancer로 제외시킨다. 설정 시의 옵션은 표 8.7과 같다.

```
$ aws elb register-instances-with-load-balancer \
--load-balancer-name my-load-balancer-cli \
--instances i-bee81a18 i-066600a1
{
    "Instances": [
        {
            "InstanceId": "i-bee81a18"
        },
        {
            "InstanceId": "i-066600a1"
        }
    ]
}
```

```
$ aws elb deregister-instances-from-load-balancer \
--load-balancer-name my-load-balancer-cli \
--instances i-bee81a18 i-066600a1
{
    "Instances": []
}
```

표 8.7 elb register-instance-with-load-balancer 명령어 옵션

옵션	설명
--load-balancer-name	EC2 인스턴스를 등록할 ELB명을 지정한다
--instances	ELB에 등록할 EC2 인스턴스 ID를 지정한다

✛ ELB 삭제

ELB를 삭제할 때는 elb delete-load-balancer 명령어로 다음과 같이 실행한다. 삭제 시 옵션은 표 8.8과 같다.

```
$ aws elb delete-load-balancer \
--load-balancer-name my-load-balancer-cli
```

표 8.8 elb delete-load-balancer 명령어 옵션

옵션	설명
--load-balancer-name	삭제 대상 ELB명을 지정한다

Column

기타 ELB 관련 명령어

위에서 AWS CLI를 사용하여 ELB를 생성하고 삭제하는 과정을 설명했다. AWS CLI에는 이 외에도 다음과 같은 명령어를 제공하고 있다.

• elb describe-load-balancer 명령어
• elb describe-load-balancer-attributes 명령어
• elb describe-instance-health 명령어

ELB 정보 확인 방법

ELB 생성이 끝났지만, 실제 운용 시에는 ELB의 여러 가지 정보를 파악해 둬야 한다. ELB 정보는 목록 화면에서 대상 ELB를 선택하고, 화면 아래에 보이는 탭에서 확인할 수 있다(그림 8.10, 표 8.9).

그림 8.10 ELB 정보 탭

표 8.9 ELB 정보 탭

탭	설명
Description	ELB 기본 정보 등을 확인할 수 있다. ELB의 엔트 포인트인 DNS명 등을 확인할 수 있으며, 설정 내용의 개요 정보를 제공한다. DNS Name에 ELB에 설정된 DNS명이 적혀 있으며, 이 DNS명을 지정하여 접속을 해야 한다
Instances	ELB 아래에 등록된 EC2 인스턴스와 Health Check 상태 등의 확인 및 수정을 할 수 있다
Health Check	ELB에 설정한 Health Check 확인과 수정이 가능하다
Monitoring	AWS 모니터링 서비스인 CloudWatch를 사용한 ELB 상태 확인이 가능하다
Security	ELB에 설정된 보안 그룹을 확인하고 수정할 수 있다
Listeners	ELB가 요청받는 포트나 EC2 인스턴스 포트 번호 등을 확인하고 수정할 수 있다
Tags	ELB에 적용할 태그 추가, 삭제, 수정이 가능하다

8.3 ELB 설정 변경

실제 ELB 운용을 시작하면 신규 EC2 인스턴스 등록이나 필요 없는 EC2 인스턴스를 제외하는 등 여러 가지 설정 변경이 발생하게 된다. 이번 장에서는 관리 콘솔에서 ELB 설정 변경 방법에 관해 설명한다.

관리 콘솔을 이용한 설정 변경

✚ ELB에서 EC2 등록과 제외

부하 분산 대상 웹 서버를 등록/제외하는 경우, 표 8.9의 Instances 탭에서 설정한다 (그림 8.11). Edit Instances 버튼을 클릭하고, 등록/제외할 EC2 인스턴스를 선택하면 간단하게 변경할 수 있다.

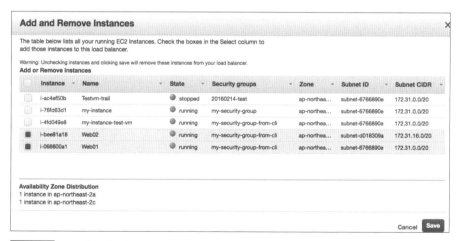

그림 8.11 EC2 인스턴스 추가와 제외

✚ SSL Termination 사용

ELB는 HTTPS 암호화/복호화 처리를 대신 처리할 수 있다. 위에서 생성한 ELB에 새로운 리스너(listener)로 HTTPS를 추가하는 경우에 대해 설명한다. 표 8.9의 Listeners 탭에서 Edit 버튼을 클릭하고, 리스너 편집 화면으로 이동한다. Add 버튼을 클릭하고, 표 8.10과 같이 설정을 추가한다(그림 8.12).

표 8.10 신규 리스너와 HTTPS를 추가하는 예제

설정 항목	설정 값
Load Balancer Protocol	HTTPS
Load Balancer Port	443
Instance Protocol	HTTP
Instance Port	80
Cipher	Change
SSL Certificate	Change

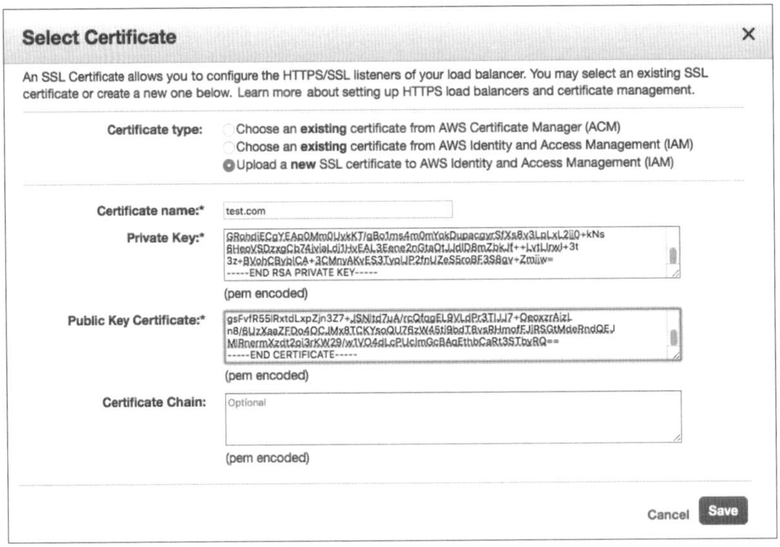

그림 8.12 SSL 인증서 설정

SSL Certificate의 'Change'를 클릭하면 SSL 서버 증명서를 업로드할 수 있다. Certificate type에 'Upload a new SSL certificate to AWS Identity and Access Management(IAM)'를 선택하고, Certificate name에 원하는 이름을 입력하고, Private Key, Public Key Certificate, Certificate Chain 내용을 붙여넣기 한다. ELB에 업로드하는 비밀 키의 passphrase는 삭제해야 하는 것에 주의한다.[주2]

➕ SSL 증명서 운용

SSL 증명서를 갱신하는 경우도 관리 콘솔에서 할 수 있다. 표 8.9 Listeners 탭을 열어 SSL Certificate 'Change'를 클릭하고, SSL 서버 증명서를 교체할 수 있다(그림 8.13).

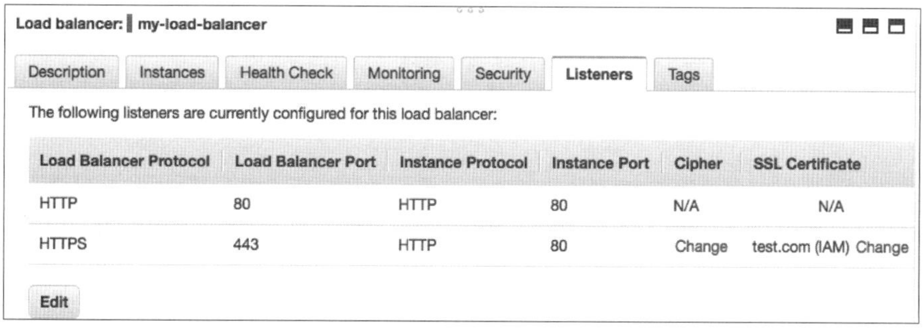

그림 8.13 SSL 증명서 변경

AWS CLI를 이용한 설정 변경

➕ SSL Termination 리스너 추가

ELB에 SSL Termination의 리스너를 추가하는 경우 SSL 서버 증명서를 AWS에 업로드해야 한다. SSL 서버 증명서를 업로드하는 것은 IAM 기능을 사용한다. aws iam upload-server-certificate 명령어로 다음과 같이 실행한다. 실행 시 옵션은 표 8.11과 같다.

주2 ELB에 설정된 보안 그룹에서 HTTPS 허가 설정을 한다.

```
$ aws iam upload-server-certificate \
--server-certificate-name "example-domain.com" \
--certificate-body file:////etc/pki/hogeCA/private-key.crt \
--private-key file:///etc/pki/hogeCA/private-key.pem
{
    "ServerCertificateMetadata": {
        "ServerCertificateId": "ASCAJFBFK5T7J3EMJAX6O",
        "ServerCertificateName": "example-domain.com",
        "Expiration": "2016-07-12T10:15:56Z",
        "Path": "/",
        "Arn": "arn:aws:iam::588305784594:server-certificate/example-do-
main.com",
        "UploadDate": "2016-06-12T10:39:45.916Z"
    }
}
```

표 8.11 aws iam upload–server–certificate 명령어 옵션

옵션	설명
--server-certificate-name	서버 증명서와 비밀 키 설정에 사용한 이름을 지정한다
--certificate-body	업로드할 서버 증명서 파일 경로를 지정한다
--private-key	업로드할 비밀 키 파일 경로를 지정한다
--certificate-chain	업로드할 인증서 체인 파일 경로를 지정한다

✚ SSL 서버 인증서 적용과 HTTPS 리스너 추가

업로드한 SSL 서버 인증서를 ELB에 설정하고 HTTPS 리스너를 추가하는 경우, aws elb create-load-balancer-listeners 명령어로 다음과 같이 실행한다. 추가 시 옵션은 표 8.12와 같다.

```
$ aws elb create-load-balancer-listeners \
--load-balancer-name my-load-balancer-cli \
--listeners Protocol=HTTPS,LoadBalancerPort=443,InstanceProtocol=HTTP,In-
stancePort=8080,SSLCertificateId=arn:aws:iam::588305784594:server-certifi-
cate/example-domain.com   (전체는 1행)
```

표 8.12 aws elb create-load-balancer-listeners 명령어 옵션

옵션	설명
--load-balancer-name	SSL 서버 인증서를 설정한 ELB명을 지정한다
--listeners	로드 밸런서가 요청받는 프로토콜/포트 번호, 부하 분산 대상 EC2 인스턴스가 요청받는 프로토콜/포트 번호, SSL 서버 증명서 ID를 지정한다 SSL 서버 인증서 ID는 aws iam upload-server-certificate 명령어를 실행하면 표준 출력으로 보이는 정보다

✚ HTTPS 리스너의 SSL 서버 인증서 변경

SSL 서버 인증서를 신규로 변경하는 등 기존 HTTPS 리스너의 SSL 서버 인증서를 변경하는 경우, elb set-load-balancer-listener-ssl-certificate 명령어로 다음과 같이 실행한다. 변경 시 옵션은 표 8.13과 같다.

```
$ aws elb set-load-balancer-listener-ssl-certificate \
--load-balancer-name my-load-balancer-cli \
--load-balancer-port 443 \
--ssl-certificate-id arn:aws:iam::xxxxxxxxxxxx:server-certificate/new-exam-
ple-domain.com(전체는 1행)
```

표 8.13 elb set-load-balancer-listener-ssl-certificate 명령어 옵션

옵션	설명
--load-balancer-name	SSL 서버 인증서를 갱신할 대상 ELB명을 지정한다
--load-balancer-port	갱신 대상 ELB의 포트 번호를 지정한다
--ssl-certificate-id	변경할 SSL 서버 인증서 ID를 지정한다

✚ 생성된 리스너 삭제

생성된 리스너를 삭제하려면 elb delete-load-balancer-listeners 명령어로 다음과 같이 실행한다. 삭제 시 옵션은 표 8.14와 같다.

```
$ aws elb delete-load-balancer-listeners \
--load-balancer-name my-load-balancer-cli \
--load-balancer-ports 443
```

표 8.14 elb delete-load-balancer-listeners 명령어 옵션

옵션	설명
--load-balancer-name	리스너를 삭제할 대상 ELB명을 지정한다
--load-balancer-port	삭제할 리스너의 ELB쪽 포트 번호를 지정한다

✚ 등록된 SSL 서버 인증서 삭제

SSL 서버 인증서가 필요 없게 되는 등 기존 SSL 서버 인증서를 삭제해야 하는 경우, iam delete-server-certificate 명령어로 다음과 같이 실행한다. 삭제 시 옵션은 표 8.15 와 같다.

```
$ aws iam delete-server-certificate \
--server-certificate-name example-domain.com
```

표 8.15 iam delete-server-certificate 명령어 옵션

옵션	설명
--server-certificate-name	삭제 대상 SSL 서버 인증서명을 지정한다

8.4 │ 웹 서버와의 연계

ELB의 부하 분산 대상이 되는 EC2 인스턴스 웹 서버에는 몇 가지 주의해야 할 점이 있다. 여기에서는 그중에서도 중요한 내용을 설명한다. 모든 설정을 웹 서버에서 해야

만 하는 것은 아니지만, 운용 정책 등에 따라 적절하게 설명한다.

KeepAlive 설정

ELB에서는 웹 서버와의 통신에서 통신이 없을 때에는 세션을 60초 유지할 수 있도록 설계되어 있다. TCP의 세션 유지, 재사용함에 따라 three-way handshaking을 하는 시간과 비용이 없어져 고속화와 부하 감소를 구현할 수 있다.

그래서 부하 분산 대상이 되는 웹 서버 쪽에서도 이 설정을 지원하기 위해 KeepAlive 설정을 활성화하고, 60초 이상 세션을 유지하도록 해야 한다. Nginx나 Apache 등의 웹 서버는 기본 설정으로 활성화되어 있으므로 다음과 같이 시간을 조정해 주면 된다.

```
Apache의 경우
KeepAlive on
KeepAliveTimeout 120

Nginx의 경우
keepalive_timeout 120;
```

ELB에서의 Health Check

ELB에서 웹 서버로 Health Check가 설정되면 지정한 경로에 ELB에서 Health Check가 이루어지게 된다. Nginx와 Apache 등의 웹 서버에서 Health Check에 관련된 로그가 저장되지만, 로그가 필요 없는 경우 다음과 같이 설정하여 ELB에서의 Health Check 관련 로그가 비활성화된다.

```
Apache의 경우
SetEnvIf User-Agent "ELB-HealthChecker/1\.0" nolog
CustomLog "logs/access_log" combined env=!nolog

Nginx의 경우
location = /healthcheck.html {
    access_log off;
    empty_gif;
}
```

클라이언트 정보 확인(클라이언트 IP 주소, 접속 포트)

ELB는 리버스 프록시 구성으로 되어 있어 도입하면 웹 서버로의 접속은 클라이언트가 아닌 ELB를 통해 접속하게 된다. 웹 서버 쪽에서 클라이언트 정보를 확인하려면 다음과 같이 HTTP 헤더 정보를 가지고 클라이언트 정보를 확인할 수 있다.

- X-Forwarded-For

- X-Forwarded-Proto

- X-Forwarded-Port

다음은 Nginx와 Apache 로그에서 클라이언트 IP 주소를 가져오는 경우의 설정 예제다.

```
Apache의 경우
LogFormat "%h %{X-Forwarded-For}i %l %u %t \"%r\" %>s %b \"%{Referer}i\"
\"%{ User-Agent}i\"" combined

Nginx의 경우
http {
생략
    set_real_ip_from    172.31.0.0/16;
    real_ip_header      X-Forwarded-For;
생략
}
```

Cookie 유지 설정

ELB에서뿐만 아니라 웹 서버 로드 밸런싱을 하는 경우 세션 정보를 어떻게 유지할지가 아주 중요하다. 애플리케이션에서 세션 정보가 데이터베이스 등으로 관리되는 경우에는 로드 밸런서 쪽에서 의식할 필요가 없지만, 세션 정보가 각 웹 서버의 로컬에서 관리되는 경우에는 접속한 웹 서버가 변경되면 애플리케이션이 정상적으로 동작하지 않는다. 이와 같은 상태에서도 세션을 유지하기 위해 ELB에서는 부하 분산되고 있는 서버에 두 번째 접속 이후에도 같은 서버로 보낼 수 있는 기능을 가지고 있다.

표 8.9의 Description 탭의 Port Configuration에서 Edit를 클릭하고, 유지 설정 수정 화면에서 설정할 수 있다(그림 8.14). 불필요한 경우에는 'Disable stickiness'를 설정하고, ELB에서 생성된 쿠키를 사용할 경우에는 'Enable Load Balancer Generated Cookie Stickiness'를 선택하고, 애플리케이션에서 생성된 쿠키를 사용하는 경우에는 'Enable Application Generated Cookie Stickiness'를 선택한다.

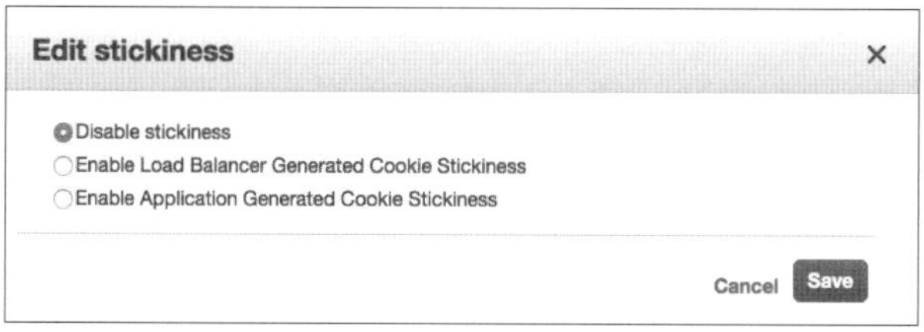

그림 8.14 유지 설정

8.5 | ELB 운용 포인트

커스텀 도메인 사용시 주의 사항

위에서 설명한 내용처럼 ELB의 엔드 포인트는 외부에서 접속할 수 있는 DNS명으로 설정되어 있다. 그러나 일반적인 서비스의 경우, 서비스에 맞는 DNS명을 설정한다. 그런 경우 CNAME 레코드를 사용해 서비스 DNS명으로 접속할 수 있게 설정한다. 이 DNS 설정 작업을 할 때 엔드 포인트로 확인된 IP 주소를 A 레코드로 설정하지 않도록 주의하기 바란다.

ELB는 자기 자신이 부하에 따라 스케일 아웃, 스케일 인하도록 되어 있다. 스케일 인 동작을 할 때 DNS명에 할당되어 있던 IP 주소가 변경된다. 만약, IP 주소로 A 레코드로 설정되어 있다면 이 시점에서 서비스가 되지 않을 가능성이 있다.

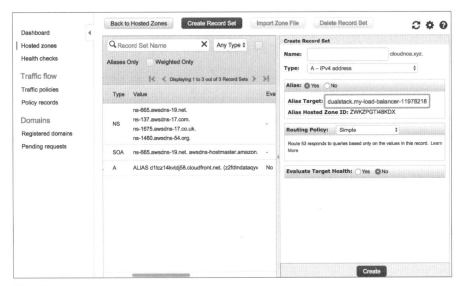

그림 8.15 Alias를 이용한 A 레코드 설정

그러나 CNAME 레코드는 DNS 구조상 Zone Apex(example.com 등의 서브 도메인이 없음)에서 사용하면 안 된다. 이런 경우에는 Route53의 Alias 기능과 연계하여 사용한다. 이 기능은 Route53만의 기능이다. A 레코드를 선택할 때 Alias를 활성화하면 Zone Apex에서도 ELB를 사용할 수 있게 된다(그림 8.15).

ELB Pre-Warming

ELB 자신의 스케일링에서 주의해야 할 점이 또 있다. 자기 자신이 부하에 따라 확장을 한다는 것은 갑자기 높아진 부하에서는 스케일 아웃이 부하에 맞게 되지 않을 수도 있다. 서비스를 오픈한 직후에는 일반적인 스케일 아웃과는 달리 별도의 대응이 필요하게 된다. 예를 들어, 예상된 트래픽이 있다면 사전에 부하를 주어 ELB가 스케일 아웃이 되도록 해두는 것(Pre-Warming)이다. 이때도 갑자기 많은 부하를 주는 것이 아니라 서서히 주는 것이 ELB가 다운되거나 하는 장애가 않게 된다. 또한, 이 Pre-Warming은 AWS 서포트 채널에서도 신청할 수 있다.

Idle Session

ELB에서는 클라이언트, 서버 쪽도 통신이 없는 상태의 커넥션 타임아웃을 60초로 설정한다. 일반적으로 이 타임아웃 시간으로 문제는 없지만, 서버에서 시간이 걸리는 작업이 있는 경우에는 기본 값을 변경할 수 있다. 표 8.9의 Description 탭에서 Connection Settings의 Edit를 클릭하고, 접속 설정 화면에서 설정할 수 있다(그림 8.16). 애플리케이션 특성에 맞춰 적절하게 설정하기 바란다.

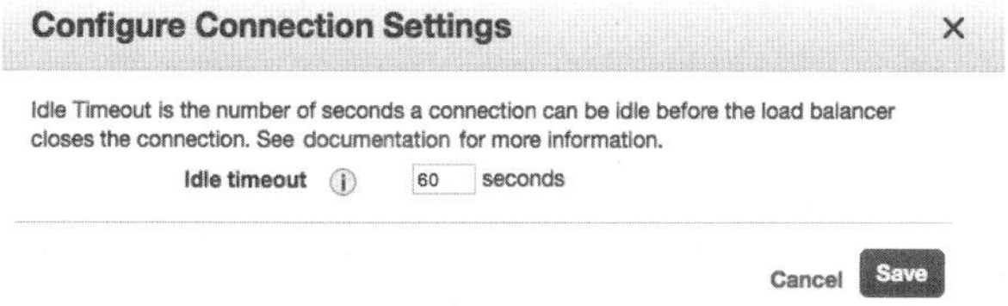

Configure Connection Settings   ✕

Idle Timeout is the number of seconds a connection can be idle before the load balancer closes the connection. See documentation for more information.

Idle timeout ⓘ   60   seconds

Cancel **Save**

그림 8.16 Idle timeout 설정

ELB 액세스 로그 저장

ELB는 자신에게 접속하는 로그도 저장할 수 있다. 사용자 분석이나 장애 발생 시 원인을 분석하기 위해 액세스 로그는 정말 중요한 정보가 된다(기본 설정은 무효화). 표 8.9의 Description 탭에서 Access logs의 Edit를 클릭하고, 액세스 로그 설정 화면에서 설정할 수 있다(그림 8.17). ELB 로그는 S3 버킷에 저장되어 필요에 따라 S3 라이프사이클 기능으로 관리하도록 한다.

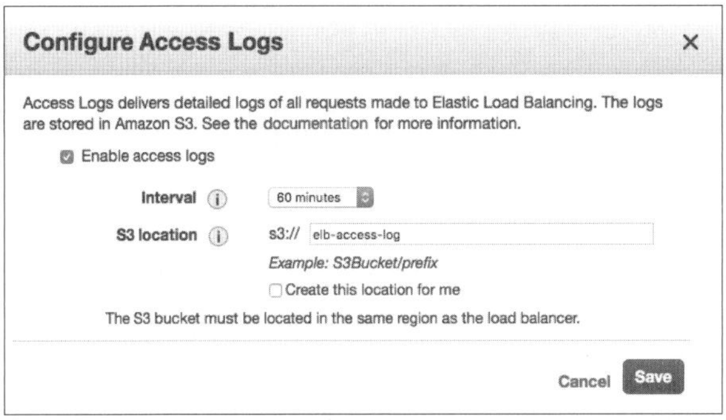

그림 8.17 액세스 로그 설정

8.6 │ 정리

이번 장에서는 웹 서버나 애플리케이션 서버의 부하 분산 대책으로 스케일 아웃을
하는 경우에 ELB를 사용하는 것과 ELB 특징과 사용법에 관해서 공부했다.

ELB는 클라우드 특징을 가진 서비스이며, 사용자의 운용 비용을 절감시켜 주는 서
비스이기도 하다. 그래서 ELB를 사용할 때 주의 사항과 특징을 제대로 이해하고 있다
면 ELB를 더욱더 잘 활용할 수 있을 것이다.

또한, 관리 콘솔에서는 많이 의식하지 않았던 부분들이 AWS CLI를 사용할 때 옵션
으로 지정해야만 한다. AWS CLI도 사용한다면 옵션 등의 이해도도 높아질 것이므로,
관리 콘솔도 AWS CLI도 같이 사용해 보기 바란다.

모니터링과
웹 서버의 스케일링
(CloudWatch/Auto Scaling)

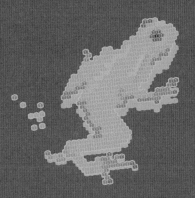

클라우드 환경에서도 시스템 운용에서 서버 모니터링을 하는 것이 일반적이다. 이 장에서는 AWS에서의 모니터링과 그 후의 스케일링에 관하여 설명한다.

9.1 | AWS에서의 모니터링과 스케일링의 개요

시스템 운용에서 이를 지탱하는 서버 모니터링을 빼놓을 수는 없다. 서버 모니터링에는 서버 감시와 리소스 감시 등으로 시스템이 다운되었는지 그리고 서비스를 운용하는 데 필요한 리소스가 충분히 확보되어 있는지를 정기적으로 확인한다.

서버 모니터링에 실패한 경우 서버를 복구시키고, 리소스가 부족하다면 필요한 리소스를 추가해야만 한다. 이런 시스템을 모니터링하는 소프트웨어에는 많은 종류의 툴이 있다. 이번 장에서는 모니터링 소프트웨어에 관해 다루지는 않지만, AWS에서의 모니터링과 복원 그리고 리소스 설정에 관해 설명하며, 이 책의 예제 구성에 적용해 보기로 한다.

CloudWatch

앞에서 설명한 것처럼 시스템 모니터링 소프트웨어에는 많은 종류가 있지만, AWS에서는 Amazon CloudWatch(이하 CloudWatch)라고 부르는 서비스가 있다. CloudWatch는 EC2만이 아니라 AWS의 여러 서비스의 모니터링을 할 수 있는 서비스다.

CloudWatch는 클라우드용 모니터링 서비스이고, 감시용 서버 등을 별도로 구축하지 않아도 사용할 수 있다. 예를 들어, EC2나 RDS에서는 인스턴스를 생성하는 동시에 특별한 설정 없이 바로 이용할 수 있는 큰 장점이 있다.

그러나 CloudWatch는 AWS 서비스만 모니터링하고 정보를 가지고 오므로 일반적인 모니터링 소프트웨어와 비교하면 모니터링할 수 있는 정보는 조금 적다.[주1]

CloudWatch에서도 커스텀 메트릭스(custom metrics)라고 불리는 사용자가 생성할 수 있는 모니터링 항목을 사용하면 보다 많은 정보를 수집할 수 있지만, 계속 사용했던 모니터링 소프트웨어가 있는 경우 CloudWatch와 함께 운용하는 것이 좋을 것이다.

그러면 CloudWatch는 어떤 경우에 능력을 발휘할까? CloudWatch는 사용자가 정의한 임계치를 등록하고 그 조건에 맞을 경우, 사용자가 정의한 액션을 실행할 수 있다. 이 기능을 다음에서 설명할 Auto Scaling과 조합하면 갑자기 발생하는 부하에 유연하게 대응할 수 있다. 이번 장에서는 CloudWatch와 Auto Scaling에 관해 설명한다.

▌Auto Scaling

앞의 장에서는 ELB와 EC2를 사용하여 EC2 인스턴스 대수를 수동으로 조정함으로써 스케일 아웃/스케일 인이 가능하게 되었다. 사용자가 액세스 수를 사전에 알거나 액세스 수가 별로 없는 경우에는 수동으로 스케일 아웃/스케일 인을 하면 충분히 운용할 수 있을 것이다.

그러나 사용자의 액세스 수를 알 수 없을 경우에는 이런 스케일 아웃/스케일 인을 자동화하는 것이 좋을 것이다. 예를 들어, 생각하지 않은 시간에 사용자 액세스가 늘어나는 경우, 수동으로 대응하지 못하여 서비스가 동작하지 않는 경우를 줄일 수 있다. 또한, 종량 과금인 AWS 서비스는 이런 자동화를 통해 비용을 절약할 수 있다.

Auto Scaling은 이런 스케일 아웃/스케일 인을 자동화할 수 있는 서비스다.

주1 예를 들어, EC2에서는 기본 설정으로 메모리나 디스크 사용량 등의 모니터링을 할 수 없다.

9.2 │ CloudWatch와 Auto Scaling 이용

CloudWatch로의 접속

처음에는 CloudWatch로의 간단한 접속 방법에 관해 설명한다.

➕ EC2의 경우

EC2의 경우에는 관리 콘솔을 사용하여 대상 EC2 인스턴스를 선택(현재 기동 중인 웹 서버를 선택)한 상태에서 Monitoring 탭을 클릭하면, 표 9.1과 같은 정보를 확인할 수 있다. 각각의 메트릭스를 열면 Statistic, Time Range, Period를 선택하여 모니터링 내용 조정도 가능하도록 되어 있다(그림 9.1).

표 9.1 CloudWatch에서 수집할 수 있는 EC2 정보

메트릭스	설명
CPU Utilization	CPU 사용률
Disk Reads	인스턴스에 사용할 수 있는 모든 인스턴스 스토어 볼륨에서 읽은 바이트 수
Disk Read Operations	종료된 디스크 읽기 작업 횟수
Disk Writes	인스턴스에 사용할 수 있는 모든 인스턴스 스토어 볼륨에 쓰기 바이트 수
Disk Write Operations	종료된 디스크 쓰기 작업 횟수
Network In	네트워크의 데이터가 들어오는 양
Network Out	네트워크의 데이터가 나가는 양
Status Check Failed(Any)	인스턴스가 사용 가능한지를 감시한 결과. 성공은 0, 실패는 1이 되고, Status Check에 실패한 인스턴스 또는 시스템이 실패하면 1
Status Check Failed(Instance)	각각의 인스턴스 소프트웨어와 네트워크 감시 결과. 성공은 0, 실패는 1이 되고, 실패한 경우 사용자가 해결해야 한다

표 9.1 **CloudWatch에서 수집할 수 있는 EC2 정보(계속)**

메트릭스	설명
Status Check Failed(System)	인스턴스를 사용하기 위해 필요한 AWS 시스템 감시 결과. 성공은 0, 실패는 1이 되고, 실패한 경우에는 AWS가 문제를 수정할 때까지 기다리거나 인스턴스를 정지/시작 등으로 복구한다
CPU Credit Usage	T2 인스턴스를 사용하는 경우 CPU 크레디트 사용 현황
CPU Credit Balance	T2 인스턴스를 사용하는 경우 CPU 크레디트 축적 현황

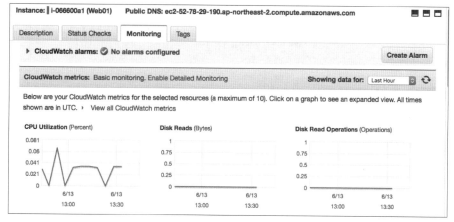

그림 9.1 CloudWatch로 EC2의 모니터링

CloudWatch에서 수집되는 EC2 인스턴스 데이터 수집 간격은 기본 5분 간격이다. 화면 상단 Action에서 CloudWatch Monitoring, Enable Detailed Monitoring를 클릭하면 1분 간격으로 데이터를 수집할 수 있도록 지원[주2]한다.

✚ RDS의 경우

RDS의 경우에는 DB 인스턴스를 선택한 상태에서 Multi-Graph View나 Single Graph View를 선택하여 CloudWatch의 정보를 확인할 수 있다(그림 9.2, 표9.2).

주2 이 옵션은 유료다.

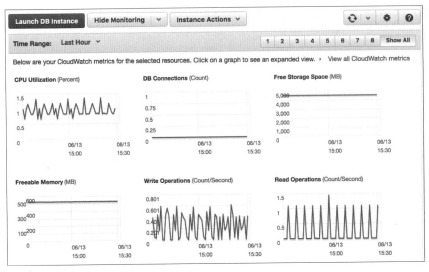

그림 9.2 CloudWatch로 RDS의 모니터링

표 9.2 CloudWatch에서 수집할 수 있는 RDS 정보

메트릭스	설명
Bin Log Disk Usage(Byte)	마스터에서 바이너리 로그가 점유하는 디스크 영역의 양
CPU Utilization(Percent)	CPU 사용률
Database Connections(Count)	사용 중인 데이터베이스 접속 수
Disk Queue Depth(Count)	미처리 디스크 I/O 액세스(읽기/쓰기 요청)수
Freeable Memory(Byte)	사용 가능한 RAM의 용량
Free Storage Space(Byte)	사용 가능한 스토리지 영역의 용량
Replica Lag(Seconds)	소스 DB 인스턴스에서 리드 레플리카 DB 인스턴스까지의 Lag
Swap Usage(Byte)	DB 인스턴스에서 사용할 스와프 영역의 양
Read IOPS(Count)	1초당 디스크 I/O 평균 읽기 횟수
Write IOPS(Count)	1초당 디스크 I/O 평균 쓰기 횟수
Read Latency(Seconds)	1회의 디스크 I/O에 걸리는 평균 읽기 시간
Write Latency(Seconds)	1회의 디스크 I/O에 걸리는 평균 쓰기 시간
Read Throughput(Bytes)	1초당 디스크에서의 평균 읽기 바이트 수
Write Throughput(Bytes)	1초당 디스크에서의 평균 쓰기 바이트 수

이외에도 관리 콘솔 화면 상단에 있는 Services에서 CloudWatch를 클릭하면 여러 가지 서비스의 모니터링 정보를 볼 수 있다.

CloudWatch와 Auto Scaling 조합

여기서부터는 Auto Scaling과 CloudWatch를 조합해 보겠다(그림 9.3). Auto Scaling과 CloudWatch를 연동하기 위해서는 몇 가지 설정 항목이 필요하다.

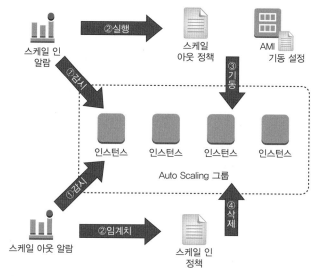

그림 9.3 Auto Scaling 전체 구성

✚ Launch Configurations

Auto Scaling을 사용하여 스케일 아웃을 할 때에는 AMI 등 어떤 EC2 인스턴스를 기동시킬지 설정해야만 한다. 이와 같은 설정을 Launch Configurations라고 부른다. 실제 여기에서 정의하는 내용은 AMI, 보안 그룹, SSH 키 등 EC 인스턴스를 기동할 때 지정한 설정들과 같은 것이며, 이번 장까지 공부를 한 독자들이라면 어렵지 않은 내용일 것이다.

🔸 Auto Scaling Group

Auto Scaling Group은 Auto Scaling에서의 전체적인 설계를 말한다. Auto Scaling을 사용하는 경우 스케일링 대상이 되는 EC2 인스턴스는 모두 이 그룹에 포함되고 관리된다. 이 그룹 설정으로는 사용할 Launch Configurations, 그룹 내의 EC2 인스턴스 최대 대수, 최소 대수, 사용할 VPC 서브넷, 사용할 ELB 등을 설정한다.

🔸 Scaling Policy

Scaling Policy는 스케일링 활동(스케일 아웃/스케일 인)을 할 때의 정책을 정의한다. 구체적으로 말하면, 적용할 Auto Scaling 그룹, 스케일링을 할 때 늘리고 줄일 EC2 인스턴스 대수나 한 번 스케일링이 일어나고 다음 스케일링이 발생할 때까지 대기 시간 등을 정의한다.

🔸 CloudWatch Alarm

CloudWatch Alarm은 그 이름 그대로 Auto Scaling이 아닌 CloudWatch로 설정하게 된다. CloudWatch에서 어떤 상태가 되면 알람을 발생시킬지를 정의하고, 알람이 발생했을 때 어떤 액션을 실행할지를 설정한다.

예를 들어, Auto Scaling 그룹 내의 EC2 인스턴스의 CPU 사용률이 70%를 넘은 경우 알람이 발생하고, 그때 액션으로 스케일 아웃용으로 생성된 스케일링 정책을 지정하는 등의 설정을 하게 된다.

지금까지 보면 알 수 있듯이 Auto Scaling을 설정할 때는 여러 설정 항목이 연동되어 동작하게 되어 있다. 강력한 만큼 조금은 복잡한 설정을 해야 하는데 설정 방법을 정확하게 숙지하도록 하자.

9.3 | Auto Scaling 생성(관리 콘솔)

여기서부터는 실제 Auto Scaling과 CloudWatch를 사용한 환경을 생성해 본다. 방금
설명한 내용처럼 다음과 같은 순서로 설정하고 웹 서버가 자동적으로 스케일링 하도록
한다. Auto Scaling 구성에서는 AMI를 사용하므로 사전에 최신 AMI를 준비하길 바란다.

- Launch Configurations
- Auto Scaling Group
- Scaling Policy
- CloudWatch Alarm

Launch Configuration 생성

Auto Scaling 설정은 EC2 관리 콘솔에서 설정할 수 있다. 왼쪽 메뉴 AUTO SCALING
아래에 있는 Auto Scaling Groups를 클릭한다. Launch Configurations가 하나도 없는
경우 Create Auto Scaling group 버튼을 클릭한다(그림 9.4). 다음은 Auto Scaling 설명
페이지 오른쪽 아래에 있는 Create launch configuration 버튼을 클릭한다.

그림 9.4 Auto Scaling 초기 화면

EC2 생성 시 AMI 선택 화면과 비슷한 Launch Configuration 생성 화면에서 기존에 생성된 AMI에서 기동하기 위해서는 My AMIs에서 Auto Scaling에서 사용할 AMI를 선택한다(그림 9.5).

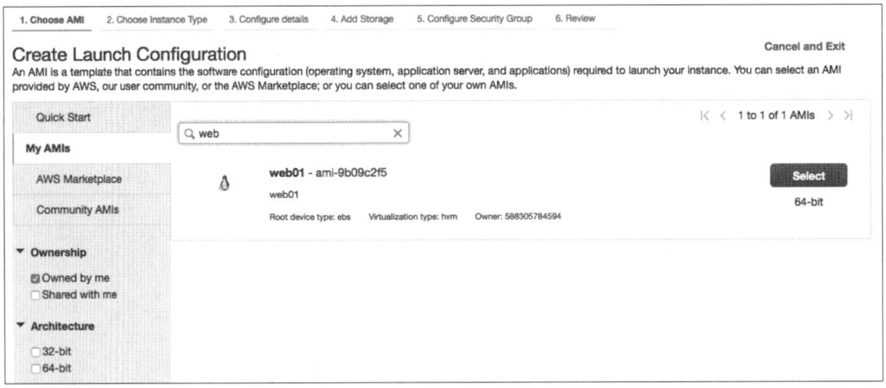

그림 9.5 AMI 선택

다음은 EC2 인스턴스 타입 선택 화면이다. 여기에서는 't2.micro'를 선택한다. 그 다음 화면에서 Launch Configuration의 상세 내용을 설정한다. 이 화면에서Launch Configuration의 이름도 지정한다. 여기에서는 Advanced Details를 설정하지 않지만, 환경 조건에 맞게 설정하도록 한다. Auto Scaling으로 EC2가 기동할 때 어떤 처리를 실행하고 싶을 경우, 사용자 데이터를 활용하거나 IP 주소 항목에서는 Public IP 주소 할당을 설정할 수 있다.

EBS나 Instance Storage 설정은 기존에 AMI를 생성할 때 설정한 상태로 되어 있으며, 구성을 그대로 사용할 경우에는 디스크 추가 없이 다음으로 진행하면 된다. 보안 그룹 선택 화면에서는 위에서 웹 서버용 보안 그룹을 생성했으므로 새로 생성하지 않고, 생성된 보안 그룹을 선택하도록 한다(그림 9.6).

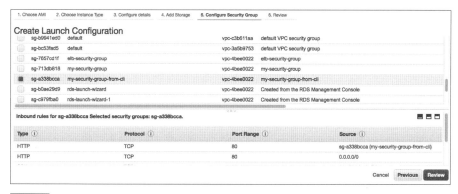

그림 9.6 보안 그룹 설정

마지막으로, 지금까지 설정한 내용들이 표시된다(그림 9.7). 틀린 설정이 없다면 Create launch configuration 버튼을 클릭하고, SSH 키를 선택하여, 생성을 완료한다(그림 9.8).

그림 9.7 확인 화면

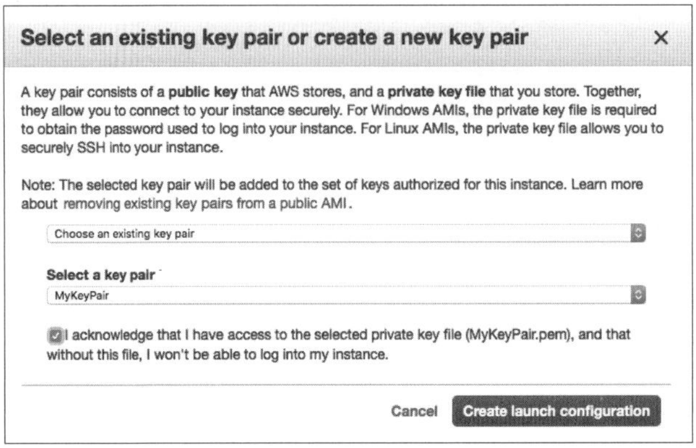

Select an existing key pair or create a new key pair　　　　×

A key pair consists of a **public key** that AWS stores, and a **private key file** that you store. Together,
they allow you to connect to your instance securely. For Windows AMIs, the private key file is required
to obtain the password used to log into your instance. For Linux AMIs, the private key file allows you to
securely SSH into your instance.

Note: The selected key pair will be added to the set of keys authorized for this instance. Learn more
about removing existing key pairs from a public AMI.

Choose an existing key pair

Select a key pair
MyKeyPair

☑ I acknowledge that I have access to the selected private key file (MyKeyPair.pem), and that
without this file, I won't be able to log into my instance.

Cancel　　**Create launch configuration**

그림 9.8 SSH 키 선택

여기까지 Launch Configuration 설정은 끝났다. 다음은 Auto Scaling 그룹 설정으로
이동한다.

Auto Scaling Group 설정

다음은 Auto Scaling Group, Scaling Policy, CloudWatch Alarm을 생성하도록 한다.
Launch Configuration과는 달라 Auto Scaling만의 특징이 있으므로 기억해 둬야 한다.

➕ Auto Scaling Group 설정 내용

첫 단계는 Auto Scaling Group 설정으로 표 9.3과 같이 설정한다.

표 9.3 Auto Scaling Group 설정 내용

항목	설명	설정 값
Group name	Auto Scaling Group에 할당할 이름을 지정한다	my-autoscaling-group
Group size	Auto Scaling가 생성될 때 EC2 인스턴스가 몇 대를 기동할지 지정한다	2
Network	Auto Scaling으로 기동된 EC2 인스턴스의 VPC를 지정한다	default
Subnet	Network에서 지정한 VPC 내에서 어떤 서브넷을 사용할지 지정한다	default VPC 내에 있는 서브넷 두 개

표 9.3 Auto Scaling Group 설정 내용(계속)

항목	설명	설정 값
Load Balancing	Auto Scaling으로 기동될 EC2 인스턴스가 ELB를 통해 액세스되는 경우 이 설정을 활성화한다	my-load-balancer
Health Check Type	Auto Scaling Group 내의 EC2 인스턴스 감시 방법. 여기서 실패하면 Auto Scaling Group은 EC2 인스턴스가 다운된 것으로 판단하여 신규 인스턴스로 교체하게 된다 EC2 status check로 할 것인지 ELB의 Health Check로 감시할 것인지를 선택한다	ELB
Health Check Grace Period	EC2 인스턴스가 기동된 후에 감시를 시작하기까지의 시간	300
Monitoring	EC2 상세 모니터링을 활성화할 것인지 설정한다	Launch Configuration 에서 이미 설정했음

　　여기서는 default VPC에서 시스템을 구성하고 있으므로 Auto Scaling Group도 거기에 맞춰 기본 설정을 사용한다. Health Check Type에서는 OS는 정상적으로 동작하고 있지만, Apache나 Nginx가 다운된 경우에도 확인할 수 있도록 ELB를 사용하고 있다. Health Check Grace Period는 시스템이 기동 후에 어느 정도 시간을 두고 이용 가능한 상태가 되는지에 따라 설정한다(그림 9.9).

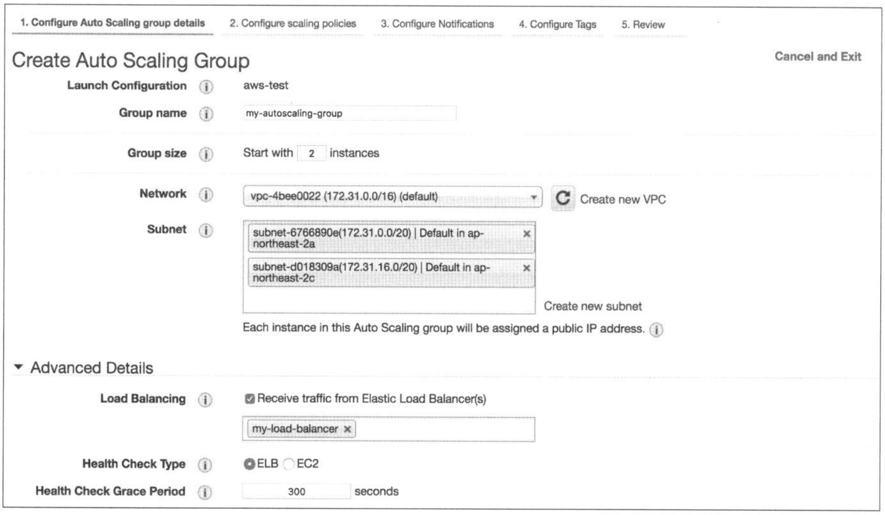

그림 9.9 Auto Scaling Group 상세 설정

✚ 스케일 아웃/스케일 인 설정

다음은 스케일 아웃/스케일 인에 대한 설정을 한다. Configure scaling policies 단계에서 Use scaling policies to adjust the capacity of this group을 선택하여 기동시킬 EC2 인스턴스의 최소 대수, 최대 대수를 입력하고, Increase Group Size, Decrease Group Size에 관한 각각의 정책을 작성한다. Group Size의 증가, Group Size의 감소 메뉴에 있는 Add new alarm을 클릭하여 CloudWatch Alarm을 신규로 생성한다(표 9.4~표 9.6, 그림 9.10).

표 9.4 CloudWatch Alarm 설정 항목

항목	설명
Send a notification to	Amazon SNS를 사용하여 알람이 발생했을 때 통지할 SNS 토픽을 지정한다
Whenever	CloudWatch Alarm의 메트릭스와 합계 값을 지정한다
Is	알람에 설정한 임계치를 지정한다
For at least	기간 중에 몇 번 임계치를 넘었을 때 알람을 발생시킬지 지정한다
Name of alarm	CloudWatch Alarm명을 지정한다

표 9.5 Group Size 증가의 경우 CloudWatch Alarm 설정

항목	설정 값
Send a notification to	OFF
Whenever	Average of CPU Utilization
Is	>= 70
For at least	3 consecutive period(s)of 15Minutes
Name of alarm	scale-out-alarm

표 9.6 Group Size 감소의 경우 CloudWatch Alarm 설정

항목	설정 값
Send a notification to	OFF
Whenever	Average of CPU Utilization
Is	<= 30

표 9.6 Group Size 감소의 경우 CloudWatch Alarm 설정(계속)

항목	설정 값
For at least	3 consecutive period(s)of 5Minutes
Name of alarm	scale-in-alarm

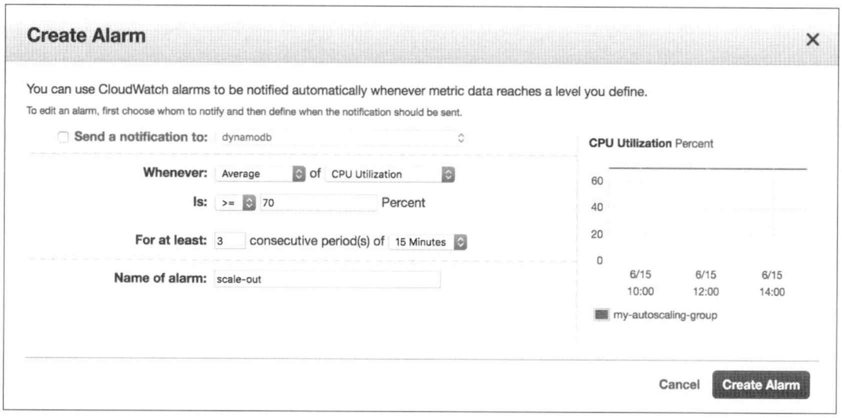

그림 9.10 스케일 아웃용 알람 생성(Group Size 증가의 경우)

✛ Scaling Policy 설정

다음은 각각의 Scaling Policy를 설정한다(표 9.7~표 9.9, 그림 9.11).

표 9.7 Scaling Policy 설정 항목

항목	설명
Name	Scaling Policy에 지정할 이름을 설정한다
Execute policy when	CloudWatch Alarm을 지정하고 정책을 실행할 타이밍을 설정한다
Take the action	Scaling Policy에서 인스턴스를 증감시킬 수를 지정한다
Instances need	스케일링이 발생하고 다음 스케일링 동작하기까지의 대기 시간

Group Size 증가의 경우 Scaling Policy 설정

항목	설정 값
Name	scale-out-policy
Execute policy when	scale-out-alarm
Take the action	add 2 instances
Instances need	600

Group Size 감소의 경우 Scaling Policy 설정

항목	설정 값
Name	scale-in-policy
Execute policy when	scale-in-alarm
Take the action	remove 2 instances
Instances need	600

Increase Group Size

Name: scale-out-policy

Execute policy when: scale-out-alarm Edit Remove
breaches the alarm threshold: CPUUtilization >= 70 for 3 consecutive periods of 900 seconds
for the metric dimensions AutoScalingGroupName = my-autoscaling-group

Take the action: Add 2 instances when 70 <= CPUUtilization < +infinity
Add step ⓘ

Instances need: 600 seconds to warm up after each step

Create a simple scaling policy ⓘ

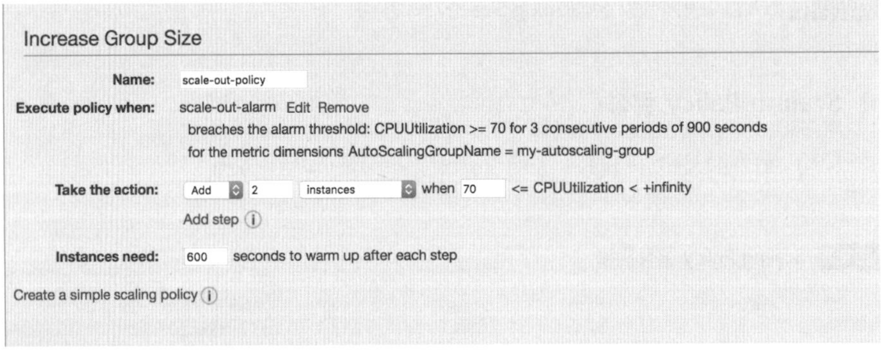

그림 9.11 Scaling Policy 설정(Group Size 증가의 경우)

✚ SNS 통지 설정

Auto Scaling에서 EC2 인스턴스 기동, 삭제 등 어떤 이벤트가 발생했을 때 SNS로 통지 설정을 한다. 꼭 필요하지는 않지만, 설정할 경우에는 Next: Configure Notifications를 클릭하고, 표 9.10과 같이 지정한다(그림 9.12).

표 9.10 SNS 통지 설정

항목	설명	설정 값
Send a notification to	SNS 통지에 설정할 이름을 지정한다	my-autoscalig-group-notification
With these recipients	SNS 통지로 통지를 보낼 메일 주소를 지정한다	your-email@example.com
Whenever instances	어떤 이벤트가 발생하면 통지할지를 지정한다	모두 ON

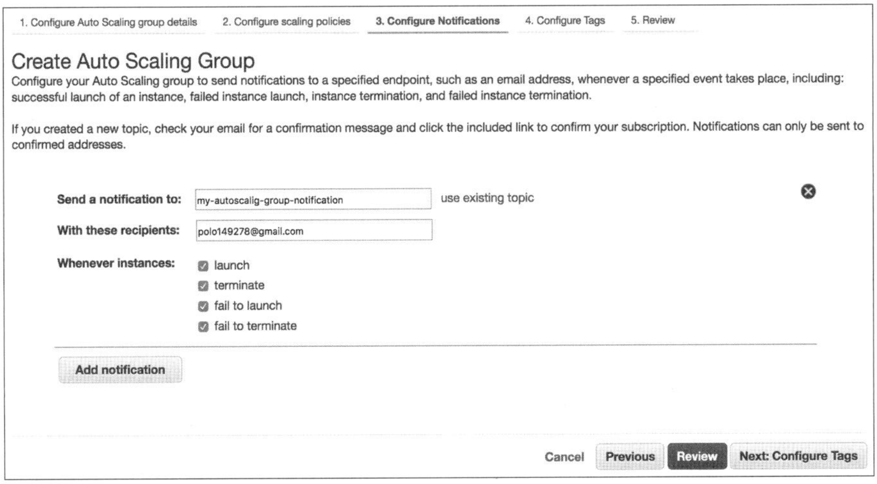

그림 9.12 SNS 통지 설정

➕ 태그 지정

다음은 Auto Scaling Group에 붙일 태그와 기동된 EC2 인스턴스에 할당할 태그를 설정한다. Tag New Instances에 체크를 하면 기동한 EC2 인스턴스에도 할당된다(표 9.11).

표 9.11 태그 설정

키	설정 값
Name	web-auto-scaling

✚ 설정 확인

마지막으로, 지금까지의 설정 내용이 표시되고(그림 9.13), 틀린 부분이 없는지 확인하고, Auto Scaling Group을 생성한다.

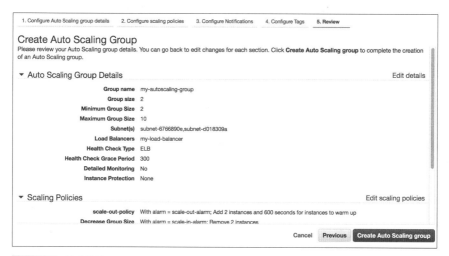

그림 9.13 설정 확인

Auto Scaling Group 생성이 끝나면 설정한 대수만큼 EC2 인스턴스가 기동되는 것을 확인할 수 있다(그림 9.14).

그림 9.14 Auto Scaling Group 안에 기동된 EC2 인스턴스

SNS 통지가 되었을 경우에는 지정한 메일 주소로 다음과 같은 메일이 도착한다.

```
AWS Notification - Subscription Confirmation
You have chosen to subscribe to the topic:
arn:aws:sns:ap-northeast-2:XXXXXXXXXXXX:my-autoscalig-group-notification
To confirm this subscription, click or visit the link below(If this was in
error no action is necessary):
Confirm subscription
생략
```

메일로 발송된 링크를 클릭하여 subscription을 완성한다. 또한, 지금까지 웹 서버로
사용한 EC2 인스턴스는 필요 없으므로 삭제한다.

9.4 │ Auto Scaling 운용(관리 콘솔)

생성한 Auto Scaling은 왼쪽 메뉴의 AUTO SCALING 아래의 Launch Configurations
를 선택하면 생성한 Launch Configuration 목록, 삭제, 신규 Launch Configuration 추
가 등이 가능하다(그림 9.15).

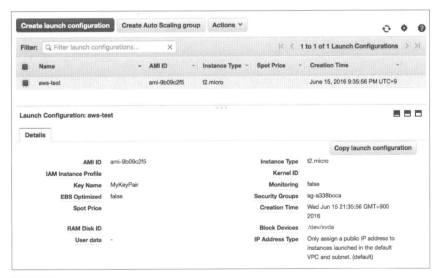

그림 9.15 Launch Configurations 상세 탭

Auto Scaling Groups에서는 Auto Scaling Group의 설정 확인, 편집, 추가 등의 운용적인 조작이 가능하며, Activity History 탭에서는 과거 발생한 이벤트를 확인할 수 있다(그림 9.16).

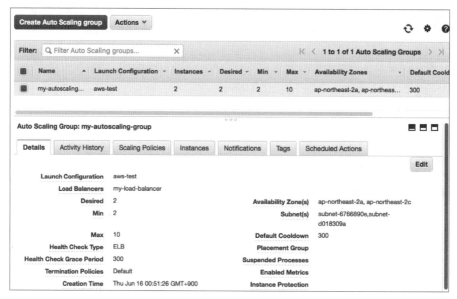

그림 9.16 Auto Scaling Groups 상세 탭

Auto Scaling 동작 확인

여기에서는 실제 Auto Scaling이 적용된 웹 서버가 설정과 같이 스케일 아웃/스케일 인 하는지를 테스트해 본다. 먼저, 스케일 아웃을 확인한다. 생성한 Auto Scaling에서는 Auto Scaling 내의 EC2 인스턴스가 CPU 사용률이 70% 이상이면 두 대씩 EC2 인스턴스가 추가되도록 설정되어 있다. 이번에는 웹 서버가 리눅스이므로 yes 명령어를 사용하여 인위적으로 EC2 인스턴스의 CPU 사용률을 높여 보도록 한다. 먼저, 현재 기동 중인 두 대의 웹 서버에 SSH로 로그인하고, 다음과 같이 yes 명령어를 실행한다.

```
$ yes >> /dev/null
```

조금 기다리면 yes 명령어를 실행한 EC2 인스턴스의 Monitoring 탭을 클릭하여 확인하면 CPU 사용률이 100% 상태가 되어 있을 것이다. 이런 상태로 두면 새로운 EC2 인스턴스가 기동되고, 스케일 아웃된 것을 확인할 수 있을 것이다. 또한, Auto Scaling Group의 Activity History 탭을 보면 EC2 인스턴스가 기동된 이력이 표시될 것이다. 이것으로 스케일 아웃 동작 확인은 끝났다.

다음은 스케일 인 동작 확인을 해보자. 스케일 인은 방금 실행한 명령어를 CTRL + C로 정지시킨다. 정지시키면 CloudWatch의 CPU 사용률이 떨어지고 임계치인 30%보다 낮게 내려갈 것이다. 그 후에 EC2 인스턴스가 삭제되고, Activity History 탭에 삭제된 내용이 기록되어 있을 것이다. Auto Scaling 생성 시에 SNS를 사용한 통지를 활성화한 경우에는 등록한 메일 주소로 메일이 발송되었는지를 확인한다.

이와 같이 EC2 인스턴스에 로그인하여 부하를 주면 스케일 아웃이나 스케일 인의 기본 동작을 확인할 수 있다. 실제 서비스 환경에서 Auto Scaling을 도입할 경우, 설정할 임계치, 대수, Health Check 시작 시간, 스케일링 대기 시간 등은 조금 더 신중하게 설정해야만 한다. 방금 동작 확인에서는 CPU 사용률을 스케일링되는 임계치를 사용하여 인스턴스 내에서 의도적으로 CPU에 부하를 주었다.

그러나 운용 중인 시스템이 항상 CPU 사용률로 스케일링의 기준이 되는 것은 아니다. 네트워크 트래픽이나 다른 설정 항목을 기준으로 해야 하는 경우도 있을 것이다. 예를 들어, Jmeter[주3] 등 몇 가지 부하 테스트 도구들은 실제 환경과 거의 비슷한 시나리오를 생성하여 그 시나리오에 맞게 부하를 줄 수 있으므로 부하 테스트 도구들을 사용하는 것도 검토해 보기를 바란다. 테스트는 한 번만이 아니라 여러 번 진행하여 섬세하게 조정해 나가는 것을 추천한다. 또한, 운용에 들어간 후에도 설정한 값으로 스케일링이 되는지를 정기적으로 점검해야 한다.

주3 http://jmeter.apache.org/

Auto Scaling 삭제

사용한 환경을 삭제하려면 아래 세 가지 단계로 진행한다. 만약, SNS 통지를 설정한 경우라면 그 설정도 삭제해야 한다.

- CloudWatch Alarm 삭제
- Auto Scaling Group 삭제
- Launch Configurations 삭제

➕ CloudWatch Alarm 삭제

CloudWatch Alarm 삭제는 CloudWatch 화면의 왼쪽 메뉴 ALARM에서 삭제할 알람을 선택하여 삭제한다(그림 9.17).

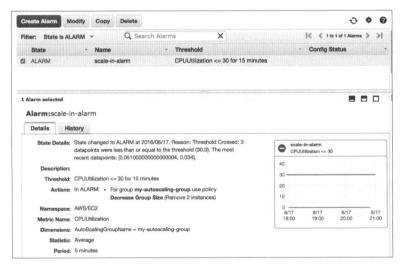

그림 9.17 CloudWatch Alarm 삭제

➕ Auto Scaling Group 삭제

Auto Scaling Group을 삭제하는 경우에는 삭제 대상 Auto Scaling Group을 선택하여 삭제한다(그림 9.18).

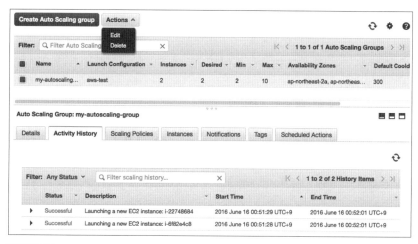

그림 9.18 Auto Scaling Group 삭제

✚ Launch Configuration 삭제

삭제 대상 Launch Configuration를 선택하여 삭제한다(그림 9.19). 이것으로 모든 환경이 삭제되었다.

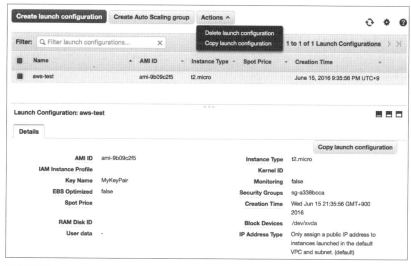

그림 9.19 Launch Configuration 삭제

운용상의 기타 주의 사항

Auto Scaling에서는 이외에도 스케일 아웃/스케일 인할 때의 주의점이 있다.

➕ 애플리케이션 배포할 경우의 주의점

먼저, 처음으로 서비스 환경의 최신 애플리케이션 적용 방법이다. 애플리케이션 서버가 여러 대 있는 경우에는 한 번에 여러 대의 서버에 애플리케이션을 적용하려면 배포 도구를 사용하는 것이 일반적이다. 이것은 Auto Scaling 환경에서도 같은 개념인데 Auto Scaling에서 기동된 EC2 인스턴스는 임의의 퍼블릭 DNS 주소가 설정된다. 그래서 배포 도구를 실행하는 경우에는 AWS CLI 등을 사용하여 배포할 주소를 동적으로 수집해야만 한다.

또한, 최신 소스를 배포한 후에 Launch Configuration에서 사용하고 있는 AMI의 상태는 어떨까? 현재 동작 중인 EC2 인스턴스에는 최신 소스가 배포되어 있지만, EC2 인스턴스 기동 시에 사용했던 AMI에는 아직 최신 소스가 적용되어 있지 않다.

이와 같은 경우 최신 소스 코드가 배포된 EC2 인스턴스에서 새롭게 AMI를 다시 만들고, 최신 Launch Configuration 생성과 Auto Scaling Group을 수정해야만 한다. 또는 cloud-init 등을 사용하여 EC2 인스턴스가 기동될 때 자동적으로 최신 소스 코드를 작용하는 방법도 있다. 이 방법은 소스 코드의 적용이 끝나고 나서 트래픽을 받을 수 있는 구조를 만들어야 한다.

전자의 경우, 최신 소스 코드가 배포될 때마다 AMI를 다시 만들어야 하는 등 운용 비용이 들어가는 단점이 있지만, EC2 인스턴스가 기동하여 서비스에 정상적으로 들어가기까지의 시간에 영향을 주지 않는다. 그러나 후자의 경우, 일단 구조를 만들어 두면 운용 비용을 낮출 수 있겠지만, EC2 인스턴스가 기동한 후 배포까지의 작업을 하므로 서비스가 되기까지는 시간이 걸리며, Health Check 시작 시간 등을 조정해야만 한다.

➕ 로그 파일 관리

로그 파일 관리를 어떻게 할 것인지도 검토해 두어야 한다. Auto Scaling으로 설정된 정책에 의해 스케일 인이 되는 경우 EC2 인스턴스는 삭제된다. 당연히 삭제한 경우에는 EC2 인스턴스 내부에 저장된 로그 파일 등에는 접근할 수 없게 된다. 스케일 인은 자동화되어 있으므로 스케일 인이 될 때 로그 파일 등의 콘텐츠는 외부 로그 서버 등으로 전송하는 구조를 만들어 둬야 한다.

LifeCycleHook 이용

Auto Sclaing 내부의 EC2는 기본적으로 다음과 같은 라이프사이클을 가지고 있다.

• 인스턴스의 기동
• Auto Scaling Group으로 추가
• Auto Scaling Group에서 삭제
• 인스턴스 삭제

LifeCycleHook 기능은 Auto Scaling Group의 EC2 인스턴스가 위와 같은 라이프사이클의 추가, 삭제되는 타이밍에 어떤 액션을 실행하는 것이다.

이 기능은 관리 콘솔에서는 아직 지원하지 않으며 AWS CLI에서만 지원하는 기능이지만, 이 기능을 사용하여 기동할 때 소프트웨어 설치나 삭제 시의 백업 등 더욱 유연하게 운용할 수 있게 해준다.

9.5 | Auto Scaling 생성과 삭제(AWS CLI)

9.3절과 9.4절에서 관리 콘솔을 사용하여 Auto Scaling을 생성하는 순서에 관해 설명했다. 이번 절에서는 AWS CLI로 Auto Scaling 생성에 대해 설명한다. 이전 장과 마찬가지로 AWS CLI를 사용하여 작업할 경우 필요한 정보를 옵션 파라미터로 지정한다. 여기서는 아래의 옵션 파라미터를 사용하므로 사전에 확인해 두기 바란다.

- EC2 인스턴스 기동 시에 사용할 AMI ID

- EC2 인스턴스에 설정할 보안 그룹 ID

- EC2 인스턴스에 사용할 SSH 키명

- Default VPC의 서브넷 ID(가용 영역)

Launch Configuration 생성

Launch Configuration은 autoscaling create-launch-configuration 명령어로 다음과 같이 생성한다. 생성 시 옵션은 표 9.12와 같다.

```
$ aws autoscaling create-launch-configuration \
--launch-configuration-name my-launch-configuration-cli \
--image-id ami-9b09c2f5 \
--key-name MyKeyPair \
--security-groups sg-a338bcca \
--instance-type t2.micro
```

표 9.12 autoscaling create-launch-configuration 명령어 옵션

옵션	설명
--launch-configuration-name	Launch Configuration에 설정할 이름을 지정한다
--image-id	EC2 인스턴스 기동 시에 사용할 AMI ID를 지정한다
--key-name	EC2 인스턴스 기동 시에 지정할 SSH 키명을 지정한다
--security-groups	EC2 인스턴스에 설정할 보안 그룹 ID를 지정한다
--instance-type	기동할 EC2 인스턴스의 인스턴스 타입을 지정한다

Auto Scaling Group 생성

Auto Scaling Group은 autoscaling create-auto-scaling-group 명령어로 다음과 같이 생성한다. 생성 시 옵션은 표 9.13과 같다.

```
$ aws autoscaling create-auto-scaling-group \
--auto-scaling-group-name my-autoscaling-group-cli \
--launch-configuration-name my-launch-configuration-cli \
--min-size 2 \
--max-size 4 \
--desired-capacity 2 \
--default-cooldown 300 \
--load-balancer-names my-load-balancer-cli \
```

```
--health-check-type ELB \
--health-check-grace-period 300 \
--vpc-zone-identifier subnet-6766890e,subnet-d018309a \
--tags ResourceId=my-autoscaling-group-cli,ResourceType=auto-scal-
ing-group,Key=Role,Value=WebServer  전체는 1행
```

표 9.13 autoscaling create—auto—scaling—group 명령어 옵션

옵션	설명
--auto-scaling-group-name	Auto Scaling Group에 설정할 이름을 지정한다
--launch-configuration-name	Auto Scaling Group에 사용할 Launch Configuration명을 지정한다
--min-size	Auto Scaling Group 내에서 기동할 EC2인스턴스의 최소 대수
--max-size	Auto Scaling Group 내에서 기동할 EC2인스턴스의 최대 대수
--desired-capacity	Auto Scaling Group 내에서 기동되어야 하는 EC2 인스턴스 대수, 지정하지 않을 경우 --min-size와 같은 값이 설정된다
--default-cooldown	스케일링이 발생했을 때 대기해야 하는 시간(초)
--load-balancer-names	Auto Scaling Group 내의 EC2 인스턴스를 ELB 부하 분산 대상으로 추가할 경우 ELB명을 지정한다
--health-check-type	Auto Scaling Group 내의 EC2 인스턴스가 정상적으로 기동되었는지의 확인을 EC2 인스턴스로 할 것인지 ELB를 사용할 것인지 지정한다
--health-check-grace-period	Auto Scaling Group 내에서 EC2 인스턴스가 기동된 후에 감시를 시작하기까지의 시간을 지정한다
--vpc-zone-identifier	Auto Scaling Group에서 EC2 인스턴스가 기동될 VPC 서브넷 ID를 지정한다
--tags	Auto Scaling Group에서 사용할 태그를 지정한다

Scaling Policy 생성

스케일 아웃/스케일 인의 Scaling Policy는 autoscaling put-scaling-policy 명령어로 다음과 같이 생성한다. 생성 시 옵션은 표 9.14와 같다.

```
$ aws autoscaling put-scaling-policy \
--auto-scaling-group-name my-autoscaling-group-cli \
--policy-name scale-out-policy \
--adjustment-type ChangeInCapacity \
--scaling-adjustment 2
{
    "PolicyARN": "arn:aws:autoscaling:ap-northeast-2:588305784594:scaling-
Policy:3a72a11f-4932-49c1-9d2d-4046087b5af9:autoScalingGroupName/my-auto-
scaling-group-cli:policyName/scale-out-policy"
}
```

```
$ aws autoscaling put-scaling-policy \
--auto-scaling-group-name my-autoscaling-group-cli \
--policy-name scale-in-policy \
--adjustment-type ChangeInCapacity \
--scaling-adjustment -2
{
    "PolicyARN": "arn:aws:autoscaling:ap-northeast-2:588305784594:scaling-
Policy:33d778da-ac86-4435-a90f-458d20b10ebb:autoScalingGroupName/my-auto-
scaling-group-cli:policyName/scale-in-policy"
}
```

표 9.14 autoscaling put-scaling-policy 명령어 옵션

옵션	설명
--auto-scaling-group-name	Scaling Policy를 설정할 Auto Scaling Group명을 지정한다
--policy-name	생성할 Scaling Policy명을 지정한다
--adjustment-type	스케일링에서 추가/삭제될 인스턴스 대수의 타입을 지정한다 ChangeInCapacity, ExactCapacity, PercentChangeInCapacity 중에서 선택한다
--scaling-adjustment	--adjustment-type과 함께 EC2 인스턴스를 추가/삭제할 수치를 지정한다

CloudWatch Alarm 등록

CloudWatch Alarm을 등록하면 작업은 끝난다. cloudwatch put-metric-alarm 명령어로 다음과 같이 등록한다. 등록 시 옵션은 표 9.15와 같다.

```
$ aws cloudwatch put-metric-alarm \
--alarm-name scale-out-alarm \
--period 300 \
--dimensions Name=AutoScalingGroupName,Value=my-autoscaling-group-cli \
--metric-name CPUUtilization \
--namespace AWS/EC2 \
--statistic Average \
--evaluation-periods 1 \
--threshold 70.0 \
--comparison-operator GreaterThanOrEqualToThreshold \
--alarm-actions arn:aws:autoscaling:ap-northeast-2:588305784594:scalingPol
icy:3a72a11f-4932-49c1-9d2d-4046087b5af9:autoScalingGroupName/my-autoscal-
ing-group-cli:policyName/scale-out-policy   전체는 1행
```

```
$ aws cloudwatch put-metric-alarm \
--alarm-name scale-in-alarm \
--period 300 \
--dimensions Name=AutoScalingGroupName,Value=my-autoscaling-group-cli \
--metric-name CPUUtilization \
--namespace AWS/EC2 \
--statistic Average \
--evaluation-periods 1 \
--threshold 30.0 \
--comparison-operator LessThanOrEqualToThreshold \
--alarm-actions arn:aws:autoscaling:ap-northeast-2:588305784594:scalingPol
icy:33d778da-ac86-4435-a90f-458d20b10ebb:autoScalingGroupName/my-autoscal-
ing-group-cli:policyName/scale-in-policy   전체는 1행
```

표 9.15 cloudwatch put-metric-alarm 명령어 옵션

옵션	설명
--alarm-name	알람에 설정할 알람명을 지정한다
--period	알람을 확인할 기간을 지정한다(초)

표 9.15 cloudwatch put-metric-alarm 명령어 옵션(계속)

옵션	설명
--dimensions	알람에 지정할 Auto Scaling Group명을 지정한다
--metric-name	알람에서 사용할 메트릭스를 지정한다
--namespace	알람 확인 시 사용할 네임 스페이스를 지정한다
--statistic	알람 확인 시 사용할 통계를 지정한다 SampleCount, Average, Sum, Minimum, Maximum이 지정 가능하다
--evaluation-periods	알람 확인 시 사용할 횟수를 지정한다
--threshold	알람 확인 시 사용할 조건을 지정한다
--comparison-operator	--threshold 값의 조건을 지정한다 GreaterThanOrEqualToThreshold, GreaterThanThreshold, LessThanThreshold, LessThanOrEqualToThreshol이 지정 가능하다
--alarm-actions	알람 발생 시 실행되는 액션을 지정한다[주a]

이벤트 통지 설정

Auto Scaling에서 이벤트가 발생했을 때 통지 설정을 하는 경우, autoscaling put-notification-configuration 명령어를 사용한다. 이벤트 통지 설정 시의 옵션은 표 9.16과 같다.

```
$ aws autoscaling put-notification-configuration \
--auto-scaling-group-name my-autoscaling-group-cli \
--topic-arn arn:aws:sns:ap-northeast-2:588305784594:my-autoscalig-group-no-
tification \
--notification-type autoscaling:EC2_INSTANCE_LAUNCH autoscaling:EC2_IN-
STANCE_LAUNCH_ERROR autoscaling:EC2_INSTANCE_TERMINATE autoscaling:EC2_IN-
STANCE_TERMINATE_ERROR  전체는 1행
```

주a 지정 값은 autoscaling put scaling-policy 명령어 실행 후 출력되는 PolicyARN이다.

표 9.16 autoscaling put–notification–configuration 명령어 옵션

옵션	설명
--auto-scaling-group-name	통지 설정할 Auto Scaling Group명을 지정한다
--topic-arn	통지 설정할 SNS 토픽 ARN을 지정한다
--notification-type	Auto Scaling에서 어떤 이벤트가 발생했을 때 통지할지를 지정한다

설정의 삭제

설정에는 의존 관계가 있어 AWS CLI로 Auto Scaling 설정을 삭제할 때에는 삭제할 순서에 주의해야 한다. 생성한 순서와 반대로 삭제하면 문제 없이 삭제할 수 있을 것이다.

✚ 이벤트 통지 설정 삭제

Auto Scaling에서 이벤트가 발생했을 때의 통지 설정은 다음과 같이 삭제한다. 삭제 시 옵션은 표 9.17과 같다.

```
$ aws autoscaling delete-notification-configuration \
--auto-scaling-group-name my-autoscaling-group-cli \
--topic-arn arn:aws:sns:ap-northeast-2:588305784594:my-autoscalig-group-no-
tification
```

표 9.17 autoscaling delete–notification–configuration 명령어 옵션

옵션	설명
--auto-scaling-group-name	삭제할 통지 설정에 지정된 Auto Scaling Group명을 지정한다
--topic-arn	삭제할 SNS 토픽 ARN을 지정한다

✚ CloudWatch Alarm 삭제

CloudWatch Alarm을 삭제하려면 cloudwatch delete-alarms 명령어로 다음과 같이 삭제한다. 삭제 시 옵션은 표 9.18과 같다.

```
$ aws cloudwatch delete-alarms \
--alarm-names scale-out-alarm scale-in-alarm
```

표 9.18 cloudwatch delete-alarms 명령어 옵션

옵션	설명
--alatm-names	설정을 삭제할 알람명을 지정한다

➕ Auto Scaling Group 삭제

다음은 Auto Scaling Group을 삭제한다. Auto Scaling Group에서 running 상태의 EC2 인스턴스도 같이 삭제할 때에는 --force-delete 옵션을 주고 삭제한다. 삭제 시 옵션은 표 9.19와 같다.

```
$ aws autoscaling delete-auto-scaling-group \
--auto-scaling-group-name my-autoscaling-group-cli \
--force-delete
```

표 9.19 autoscaling delete-auto-scaling-group 명령어 옵션

옵션	설명
--auto-scaling-group-name	설정을 삭제할 Auto Scaling Group명을 지정한다
--force-delete	Running 상태의 EC2 인스턴스도 같이 삭제할 경우 이 옵션을 사용한다

➕ Launch Configuration 삭제

마지막으로, Launch Configuration을 삭제한다. 삭제 시 옵션은 표 9.20과 같다.

```
$ aws autoscaling delete-launch-configuration \
--launch-configuration-name my-launch-configuration-cli
```

표 9.20 autoscaling delete–launch–configuration 명령어 옵션

옵션	설명
--launch-configuration-name	설정을 삭제할 Launch Configuration을 지정한다

Auto Scaling 관련 기타 명령어

Auto Scaling에는 다음과 같이 조회용 명령어와 업데이트용 명령어도 있으니 활용하기 바란다.

- autoscaling describe-launch-configurations 명령어
- autoscaling describe-auto-scaling-groups 명령어
- autoscaling update-auto-scaling-group 명령어
- autoscaling describe-policies 명령어
- cloudwatch describe-alarms 명령어

9.6 이외의 Auto Scaling 운용

Schedule Action 설정

지금까지 설명한 것과 같이 Auto Scaling에서는 CloudWatch가 알람이 발생한 상태를 트리거로 하여 스케일링 정책에 따라 스케일 아웃/스케일 인하는 것이 기본이 된다. 서비스 확장 등으로 액세스 수가 조금씩 늘어나는 경우에는 기본적인 Auto Scaling 형태로 문제가 없겠지만, 예를 들어 TV 방송 등에 서비스가 소개되는 경우나 쇼핑몰 사이트의 세일이 시작되는 등의 경우에는 짧은 시간에 급격히 많은 액세스가 몰릴 경우에 이런 기본적인 형태의 Auto Scaling으로는 대응이 불가능할 것이다.

대응이 불가능한 이유는 갑자기 늘어나는 액세스에 맞춰 CloudWatch 알람이 발생하고, 그 알람으로 스케일 아웃되는 타이밍이 맞지 않기 때문이다. 그러나 이런 예측되는 트래픽은 Schedule Action을 사용하면 된다.

이 기능은 관리 콘솔의 Auto Scaling Groups 메뉴의 Scheduled Actions 탭에서 설정할 수도 있다. AWS CLI에서 autoscaling put-scheduled-update-group-action 명령어를 실행한다. 설정 시 옵션은 표 9.21과 같다.

```
$ aws autoscaling put-scheduled-update-group-action \
--auto-scaling-group-name my-autoscaling-group \
--scheduled-action-name scheduled-scale-out \
--start-time "2016-06-20T19:00:00Z" \
--end-time "2016-06-21T19:00:00Z" \
--min-size 6 \
--max-size 10 \
--desired-capacity 6
```

표 9.21 autoscaling put-scheduled-update-group-action 명령어 옵션

옵션	설명
--auto-scaling-group-name	스케줄 액션을 실행시킬 Auto Scaling Group명을 지정한다
--scheduled-action-name	스케줄 액션명을 지정한다
--start-time	스케줄 액션의 시작 시간을 지정한다
--end-time	스케줄 액션의 종료 시간을 지정한다
--recurrence	스케줄 액션 시작 시간을 cron 형태로 지정한다
--min-size	스케줄 액션으로 변경할 최소 대수를 지정한다
--max-size	스케줄 액션으로 변경할 최대 대수를 지정한다
--desired-capacity	스케줄 액션으로 변경할 Auto Scaling Group 내에 기동시킬 EC2 인스턴스 대수를 지정한다

기본적인 형태의 Auto Scaling으로는 일반적인 액세스 증가에 대응책으로 사용하고, 예상되는 액세스 증가의 대응책으로는 스케줄 액션을 사용하면 보다 유연하게 운용할 수 있을 것이다.

Standby 설정

Auto Scaling을 사용하여 서비스를 운용할 경우에는 한 대의 웹 서버만 점검을 해야 할 상황이 발생한다. 이때 예를 들어, 인스턴스를 재시작이나 정지 액션을 하게 되어 Auto Scaling에 설정된 감시에 실패하면 인스턴스가 삭제되어 버린다.

이 책에서는 ELB의 Health Check를 Auto Scaling 감시에 사용하고 있으므로 OS는 기동 중이지만 웹 서버의 프로세스가 정지된다면 감시에 실패하게 되고 인스턴스는 삭제된다. 이와 같이 Auto Scaling Group 내의 EC2 인스턴스를 점검할 때 사용하는 것이 Standby 기능이다.

✦ EC2 인스턴스 Standby 설정

AWS CLI를 사용한 Auto Scaling Group 내의 EC2 인스턴스를 Standby하려면 autoscaling enter-standby 명령어를 실행한다. 옵션은 표 9.22와 같다.

```
$ aws autoscaling enter-standby \
--instance-ids i-22748684 \
--auto-scaling-group-name my-autoscaling-group \
--no-should-decrement-desired-capacity
{
    "Activities": [
        {
            "Description": "Moving EC2 instance to Standby: i-22748684",
            "AutoScalingGroupName": "my-autoscaling-group",
            "ActivityId": "e49d620c-4cdf-4c55-908b-a5e6b0261699",
            "Details": "{\"Availability Zone\":\"ap-northeast-2c\",\"Subnet
ID\":\"subnet-d018309a\"}",
            "StartTime": "2016-06-18T01:29:59.313Z",
            "Progress": 50,
            "Cause": "At 2016-06-18T01:29:59Z instance i-22748684 was moved
to standby in response to a user request.",
            "StatusCode": "InProgress"
        }
    ]
}
```

표 9.22 autoscaling enter–standby 명령어 옵션

옵션	설명
--instance-ids	Auto Scaling Group에서 standby할 EC2 인스턴스 ID를 지정한다
--auto-scaling-group-name	standby할 EC2 인스턴스가 기동 중인 Auto Scaling Group을 지정한다
--should-decrement-desired-capacity	standby 후에 Auto Scaling Group 내에 가동시킬 EC2 인스턴스 수를 줄인다 총 두 대 중에 한 대를 standby 상태로 설정하면 Auto Scaling Group 내에는 총 한 대의 EC2 인스턴스만이 존재하게 된다
--no-should-decrement-desired-capacity	standby 후에 Auto Scaling Group 내에 가동시킬 EC2 인스턴스 수를 줄이지 않는다

✚ Standby 상태에서 실행 상태로 변경

EC2 인스턴스를 Standby 상태에서 실행 중으로 변경할 때에는 autoscaling exit-standby 명령어를 실행한다. 옵션은 표 9.23과 같다.

```
$ aws autoscaling exit-standby \
--instance-ids i-22748684 \
--auto-scaling-group-name my-autoscaling-group
{
    "Activities": [
        {
            "Description": "Moving EC2 instance out of Standby: i-22748684",
            "AutoScalingGroupName": "my-autoscaling-group",
            "ActivityId": "43c91d07-6565-4af3-a271-0519322652cc",
            "Details": "{\"Availability Zone\":\"ap-northeast-2c\",\"Subnet
ID\":\"subnet-d018309a\"}",
            "StartTime": "2016-06-18T01:37:26.819Z",
            "Progress": 30,
            "Cause": "At 2016-06-18T01:37:26Z instance i-22748684 was moved
out of standby in response to a user request, increasing the capacity from
2 to 3.",
            "StatusCode": "PreInService"
        }
    ]
}
```

표 9.23 autoscaling exit-standby 명령어 옵션

옵션	설명
--instance-ids	standby에서 실행 상태로 변경할 EC2 인스턴스 ID를 지정한다
--auto-scaling-group-name	standby에서 실행 상태로 변경할 EC2 인스턴스가 등록된 Auto Scaling Group을 지정한다

Detach/Attach 설정

Detach와 Attach 기능은 Standby 기능과 비슷하지만, 이 기능은 완전하게 Auto Scaling Group에서 Detach하거나 Auto Scaling과 관계없는 EC2 인스턴스를 Auto Scaling Group에 추가하는 기능이다.

✚ Detach 설정

Attach 설정을 하려면 autoscaling detach-instances 명령어를 실행한다. Attach 옵션은 표 9.24와 같다.

```
$ aws autoscaling detach-instances \
--instance-ids i-22748684 \
--auto-scaling-group-name my-autoscaling-group \
--should-decrement-desired-capacity
{
    "Activities": [
        {
            "Description": "Detaching EC2 instance: i-22748684",
            "AutoScalingGroupName": "my-autoscaling-group",
            "ActivityId": "64ebccb6-07e5-46fd-9833-1f84f75bef13",
            "Details": "{\"Availability Zone\":\"ap-northeast-2c\",\"Subnet
ID\":\"subnet-d018309a\"}",
            "StartTime": "2016-06-18T01:52:05.740Z",
            "Progress": 50,
            "Cause": "At 2016-06-18T01:52:05Z instance i-22748684 was de-
tached in response to a user request, shrinking the capacity from 3 to 2.",
            "StatusCode": "InProgress"
        }
    ]
}
```

표 9.24 autoscaling detach-instances 명령어 옵션

옵션	설명
--instance-ids	Auto Scaling Group에서 detach할 EC2 인스턴스 ID를 지정한다
--auto-scaling-group-name	Detach할 EC2 인스턴스가 존재하는 Auto Scaling Group을 지정한다
--should-decrement-desired-capacity	Detach 후에 Auto Scaling Group 내에 가동시킬 EC2 인스턴스 수를 줄인다
--no-should-decrement-desired-capacity	Detach 후에 Auto Scaling Group 내에 가동시킬 EC2 인스턴스 수를 줄이지 않는다

✚ Attach 설정

Attach를 설정하려면 autoscaling attach-instances 명령어를 실행한다. Attach 옵션은 표 9.25와 같다.

```
$ aws autoscaling attach-instances \
--instance-ids i-22748684 \
--auto-scaling-group-name my-autoscaling-group
```

표 9.25 autoscaling attach-instances 명령어 옵션

옵션	설명
--instance-ids	Auto Scaling Group에서 Attach할 EC2 인스턴스 ID를 지정한다
--auto-scaling-group-name	EC2 인스턴스를 Attach할 Auto Scaling Group명을 지정한다

9.7 | 정리

이 장에서는 AWS 환경에서 감시의 개요와 웹/애플리케이션 서버가 많은 부하가 들어올 때 수동으로 스케일 아웃하는 것이 아니라 자동으로 스케일 아웃하고, 부하가 줄어들면 자동으로 스케일 인하는 Auto Scaling의 사용법에 관해 공부했다. Auto Scaling은 사용자 액세스에 유연하게 대응하는 것뿐만 아니라 종량 과금제인 AWS를 사용함에 비용 최적화라는 의미에서도 정말 강력한 기능이라고 말할 수 있다.

그러나 Auto Scaling을 시스템에 적용하는 경우에는 설정한 값처럼 스케일링이 실행되는지의 조사와 최신 애플리케이션 배포 방법 그리고 로그 수집 방법 등 실제 고려해야 하는 부분들이 많다. 또한, 관리 콘솔에서는 지원하지 않는 기능도 있으니 AWS CLI에서도 Auto Scaling 설정을 해보고, 실제 움직임을 확인하고, 정확하게 이해해 두기 바란다.

액세스 권한 관리
(IAM)

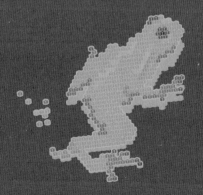

이번 장에서는 AWS에서 서비스 및 리소스에 대한 액세스를 안전하게 컨트롤하기 위한 서비스인 IAM(Identity and Access Management) 설정에 관해 설명한다.

10.1 | IAM의 개요

IAM이란?

프로젝트를 진행하다 보면 여러 회사와 여러 사용자가 AWS의 서비스를 사용하게 된다. 이런 경우 A회사의 사용자는 S3와 EC2만 액세스할 수 있게 하고 싶거나, B회사의 사용자는 RDS에만 액세스할 수 있게 하고 싶다는 조건에 따라 액세스 권한을 분리해야 하는 상황이 있을 것이다.

IAM은 AWS의 서비스를 사용할 때 사용자와 사용자 권한을 관리하기 위한 서비스다. AWS에서는 사용을 시작하면 AWS 계정을 사용하여 로그인 등을 한다. 이 AWS 계정은 OS에서의 root 사용자와 같은 계정으로 모든 권한을 가지고 있다. 그와 반대로 IAM으로 만들어진 사용자는 특정 권한만을 설정할 수 있고, 그 사용자로 인증을 거쳐 서비스를 사용하면 허가된 AWS 리소스만 액세스할 수 있게 된다.

AWS 리소스란 EC2 인스턴스나 S3 오브젝트와 같은 액세스할 수 있는 AWS 내의 자원을 말한다. AWS 리소스에는 각각 ARN(Amazon Resource Name)이라는 통일된 리소스 ID가 있고, 이 ID를 지정하여 권한을 부여한다.

10.2 | IAM 사용자와 IAM 그룹 생성

IAM 사용자는 AWS 콘솔에 로그인하거나 API에 액세스할 때 구별되는 고유의 사용자로 자기 자신만의 인증 정보를 가지고 있다. IAM 사용자의 권한은 사용자 자신과 소속되어 있는 IAM 그룹에 부여된다.

▌IAM 사용자 생성

IAM 사용자를 생성해 보자. 관리 콘솔 메인 화면에서 Identity & Access Management를 클릭하고, 화면 왼쪽 메뉴의 Users를 클릭한다. Create New Users 버튼을 클릭하면 IAM 사용자명을 입력하는 화면이 표시된다. 여러 사용자를 동시에 생성할 수 있지만, 여기서는 하나의 사용자만 등록한다. 인증 정보(Access Key와 Secret Access Key)를 생성하지 않는 경우는 Generate an access key for each user 항목에 체크를 해제한다.

여기서는 체크를 넣은 상태에서 Cteate 버튼을 클릭한다. 그러고 나면 Access Key를 생성하도록 체크를 한 경우에는 다음 화면에 인증 정보 화면이 표신된다(그림 10.1). 인증 정보를 확인할 수 있는 것은 이 화면이 처음이자 마지막이다. 이 정보를 분실했을 경우에는 새로운 인증 정보를 다시 생성해야만 한다.

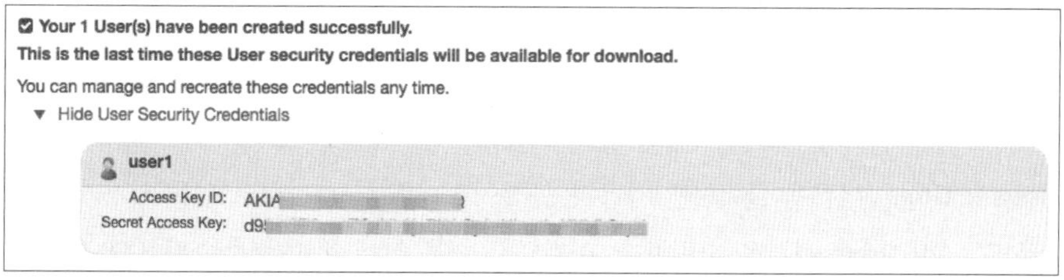

그림 10.1 인증 정보 표시

이 단계에서 인증 정보를 메모나 다운로드하여 소중히 보관하기 바란다. 인증 정보가 외부로 노출되면 악의를 가진 상대가 AWS 리소스를 마음대로 사용할 수 있게 된다.

일반적으로 관리자가 이 인증 정보를 IAM 사용자에게 전달하고 사용하도록 하게 된다.

그룹 생성

사용자에게 직접 권한을 설정할 수 있지만, 여러 사용자 그룹으로 묶고 그룹에 대해 권한을 설정하면, 소속되어 있는 사용자가 같은 권한을 가지게 된다. 같은 권한을 가진 사용자가 많은 경우, 그룹을 사용하면 편리하다.

그룹을 생성하려면 화면 왼쪽 Groups를 클릭하고, Create New Group 버튼을 클릭한다. 그룹명을 입력하고, Next Step 버튼을 클릭하면 Attach Policy 화면이 표시되고, 현재 사용 가능한 정책 목록이 표시된다. 뒤에서 설명하겠지만 Policy란, 액세스 권한을 기록한 설정을 뜻한다. 이 화면에서 Policy를 선택하고, 그룹에 설정할 권한을 결정한다.

예제로 여기에서는 'AmazonEC2FullAccess'를 선택하고, Next Step 버튼을 클릭한다. 확인 화면에서 내용을 확인하고, Create Group 버튼을 클릭하면 그룹이 생성되고, 그룹 목록에서 신규로 생성된 그룹을 확인할 수 있다. 또한, 그룹명을 클릭하면 그룹 상세 화면에서 설정한 내용이 표시된다. 설정한 Policy는 편집이나 삭제를 할 수 있고, 새로운 Policy를 추가할 수도 있다.

✚ 그룹에 사용자 등록

방금 생성한 그룹에 사용자를 추가해 보자. 화면 왼쪽 메뉴의 Groups를 선택하고, 그룹 목록에서 사용자를 추가하고 싶은 그룹을 더블 클릭한다. Users 탭에 있는 Add Users to Group 버튼을 클릭하면 사용자 목록이 표시되니 추가하고 싶은 사용자를 선택하고, Add Users 버튼을 클릭한다. 이것으로 그룹 상세 화면에 소속된 사용자가 표시되고, 사용자에는 이 그룹의 권한이 부여된다(그림 10.2).

Users   Permissions   Access Advisor

This view shows all users in this group: **1 User**

Remove Users from Group   Add Users to Group

User	Actions
👤 user1	Remove User from Group

그림 10.2 그룹에 사용자 추가

10.3 | IAM 권한 관리

권한의 종류

그룹 생성에서 권한을 생성했는데, 권한에는 사용자 기반과 리소스 기반 두 종류의 권한이 있다.

➕ 사용자 기반 권한

사용자 기반 권한에는 IAM 사용자, 그룹 또는 롤에 대해 권한 부여를 한다. 예를 들어, 다음과 같은 경우에 사용한다.

- 사용자 A는 EC2 인스턴스 X의 모든 권한과 S3의 모든 읽기 권한을 가진다.
- 그룹 B는 IAM 이외의 모든 리소스에 대한 모든 권한을 가진다.
- 롤 C는 S3의 Y 버킷 내의 Z라는 오브젝트의 읽기 권한만을 가진다.

사용자 기반 권한은 IAM 콘솔이나 IAM API로 설정한다.

✚ 리소스 기반 권한

S3, SQS, SNS에서만 그 리소스에 액세스할 수 있는 사용자를 설정할 수 있다. 예를 들어, 다음과 같이 설정할 수 있다.

- S3의 my-video 버킷의 kr/my-movie.mov는 22.212.5.36에서의 액세스에서만 읽기 권한을 가진다.
- SQS의 my-queue는 my-iam 사용자만이 모든 권한을 가진다.

리소스 기반 권한 설정은 각 리소스 콘솔이나 API에서 하게 된다.

Policy

Policy란, 위에서 설명한 것과 같이 액세스 권한을 기록한 설정을 말하며, JSON 형식의 텍스트로 표현된다. IAM과 일부 리소스 권한은 간접적 또는 직접적으로 Policy를 설정하여 부여하게 된다. 다음은 EC2의 모든 리소스에 대해 모든 조작을 허가하는 경우의 Policy 예제다.

```
{
  "Version": "2012-10-17",
  "Statement": [
    {
      "Action": "ec2:*",
      "Effect": "Allow",
      "Resource": "*"
    }
  ]
}
```

Policy는 권한의 단위인 Statement부터 구성되어 있다. Statement는 다음의 세 가지 요소로 구성되어 있다.

✚ Action

Action은 대상이 되는 액션이다. ec2:StopInstance(EC2 인스턴스의 정지), s3:PutObjec(S3로 업로드) 등의 액션을 지정한다.

✚ Effect

Effect에서는 액션의 허가(Allow) 또는 거부(Deny)를 결정한다.

✚ Resource

Resource는 액션의 대상이 되는 AWS 리소스다. 거의 대부분의 AWS 리소스의 ARN을 가지고 있다.

- 특정 EC2 인스턴스: arn:aws:ec2:리전명:계정ID:instance/인스턴스ID
- 특정 S3 버킷 지정 경로: arn:aws:s3:::S3버킷명/S3오브젝트 경로

Policy에서는 이 구성 요소를 사용하여 복잡한 권한을 설정하고 있다. Policy는 화면 왼쪽의 Policy에서 관리할 수 있다. Create Policy 버튼을 클릭하면Policy 생성 방법 선택 화면이 표시되고, 'Copy an AWS Managed Policy', 'Policy Generator', 'Create Your Own Policy' 세 가지를 선택할 수 있다.

AWS Managed Policy

AWS Managed Policy는 사전에 정의되어 있는 것을 말하며, 수정 없이 그대로 그룹과 사용자에게 적용할 수 있다. 또한, 신규 Policy를 생성할 때 사용자가 수정하여 이용할 수도 있다.

AWS Managed Policy에서는 IAM 사용자, 그룹, 롤의 권한 설정으로 사용할 수 있다. Copy an AWS Managed Policy을 선택하면 사전에 정의된 Policy 목록이 표시되고, 편집할 Policy를 선택하면 JSON 편집 화면이 표시된다. Create policy 버튼을 클릭하면 Policy 목록에 생성한 Policy를 확인할 수 있다.

AWS Policy Generator 사용

AWS Policy Generator는 Policy의 실제 구성 요소를 GUI에서 선택하고 조합할 수 있는 도구다.

AWS Policy Generator 선택

Policy 화면에서 Policy를 생성할 때 Policy Generator를 선택하면 AWS Policy Generator 페이지가 표시된다(그림 10.3).

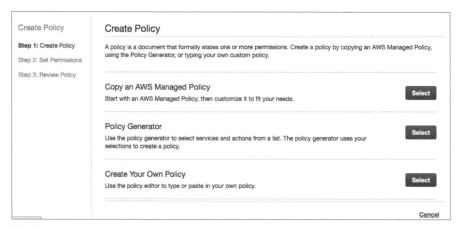

그림 10.3 AWS Policy Generator

Statement 추가

다음 단계는 Statement 생성과 추가다. 먼저, **Effect**에서 'Allow(허가)' 또는 'Deny(거부)'를 선택한다. 다음은 AWS Service에서 대상 서비스를 선택하면 **Actions**의 선택 값이 선택한 서비스의 액션으로 변경되므로 그중에서 대상이 되는 액션을 선택하고, **Amazon Resource Name(ARN)**명을 기입한다(그림 10.4). 예를 들어, 리전명이 'ap-'를 포함하는 경우에만 허용하는 등의 조건을 추가할 때에는 **Add Conditions** 링크를 사용하여 조건을 지정한다.

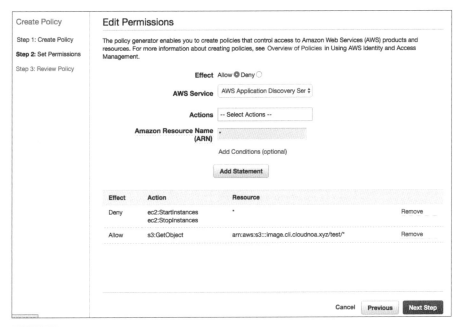

그림 10.4 Statement 추가

마지막으로, Add Statement 버튼을 클릭하면 아래에 Statement가 추가된다. 필요한 설정이 있는 만큼 반복하여 Statement를 추가한다. 여기에서는 표 10.1과 같이 설정하고 있다(리소스 ARN은 개인이 사용하는 리소스를 지정한다).

표 10.1 Statement 추가 예제

Effect	Action	Resource	Condition
Deny	ec2:StartInstances ec2:StopInstances	*	없음
Allow	s3:GetObject	arn:aws:s3:::image.cli.cloudnoa.xyz/test/*	없음

✚ Policy 생성

마지막은, 지금까지의 설정을 Policy의 JSON 텍스트로 생성한다. Next Stop 버튼을 클릭한다. Policy Document 페이지가 표시되고, 텍스트 부분에 Policy의 JSON이 표시된다(그림 10.5). 텍스트 부분의 Policy는 직접 편집할 수 있다.

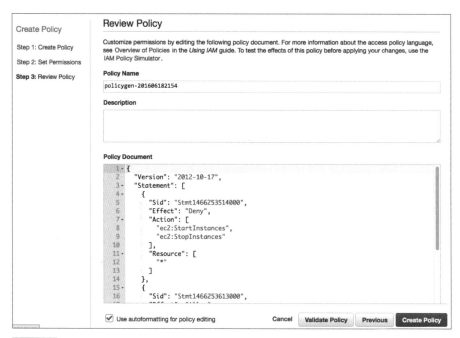

그림 10.5 Policy 생성

  실제로 편집해 보자. EC2의 Terminate도 사용하지 못하게 하기 위해 액션을 추가하고, 리스트 10.1과 같이 편집한다.

리스트 10.1 Policy 설정 예제

```
{
  "Version": "2012-10-17",
  "Statement": [
    {
      "Sid": "Stmt1466253514000",
      "Effect": "Deny",
      "Action": [
        "ec2:StartInstances",
        "ec2:StopInstances",
        "ec2:TerminateInstances"
      ],
      "Resource": [
        "*"
      ]
```

```
    },
    {
      "Sid": "Stmt1466253613000",
      "Effect": "Allow",
      "Action": [
        "s3:GetObject"
      ],
      "Resource": [
        "arn:aws:s3:::image.cli.cloudnoa.xyz/test/*"
      ]
    }
  ]
}
```

직접 편집하면 상세 권한 설정이 가능해진다. 익숙해지면 Create Policy에서 'Create Your Own Policy'를 선택하여 처음부터 작성해 보자. 처음에는 기반이 되는 설정을 Policy 복사나 AWS Policy Generator로 생성하고 직접 편집한다면 문제 없이 권한 설정이 될 것이다.

마지막으로, Create Policy 버튼을 클릭하면 Policy 목록에 사용자가 생성한 Policy가 추가된다. 여기서 앞에서 설명한 그룹 상세 설정 화면에서 Attach Policy에서 지금 생성한 Policy를 선택하여 Attach하면 그룹에 새로운 Policy가 추가된다(그림 10.6).

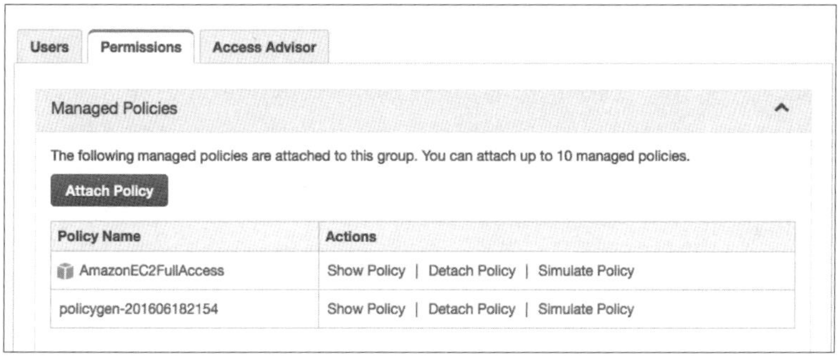

그림 10.6 Policy 추가

기존에 정의되어 있던 Policy가 있고, 그 아래 신규로 추가한 EC2 인스턴스 시작, 정지, 삭제를 추가하였다. Policy의 기본적인 원칙으로 명시적으로 Statement를 지정하지 않는 이상 기본은 거부가 된다.

또한, 같은 리소스, 액션에 대해서 허가와 거부의 명시적인 Statement가 같이 있는 경우에는 거부가 우선순위가 높다. 결과적으로, EC2에 대한 시작, 정지, 삭제 이외의 모든 액션은 허가가 되는 것이다.

10.4 │ 로그인

Password Policy 설정

지금까지 IAM 사용자를 생성하고 소속 그룹에 권한을 부여하였다. 이 IAM 사용자로 실제 로그인을 해보도록 하자. IAM 사용자로 로그인하기 위해서는 패스워드를 설정해야 한다. 지금 상태에서도 패스워드 지정이 가능하지만, 그 전에 계정 전체의 Password Policy를 설정해 보자.

Password Policy란, 계정 전체 사용자의 패스워드 형식과 라이프사이클 등을 결정하는 룰이다. 회사나 프로젝트 등에 따라 보안 기준은 다르다. Password Policy에서는 예를 들어, 12문자 이상으로 대문자 영문이 1글자 이상 포함한 패스워드가 아니면 설정할 수 없다는 설정을 할 수 있다.

Password Policy를 설정해 보도록 한다. 화면 왼쪽Account Settings를 선택하고, Password Policy 화면을 연다. 기본 Password Policy는 다음과 같다.

- 6문자 이상
- 사용자 자신의 패스워드 변경을 허가

여기에서는 표 10.2와 같이 패스워드 설정을 변경해 보자(그림 10.7).

표 10.2 Password Policy 설정 예제

변경 내용	설정 항목	설정 예
12문자 이상	Minimum password length	12
1문자 이상 대문자 포함	Require at least one uppercase letter	체크한다
1문자 이상 소문자 포함	Require at least one lowercase letter	체크하지 않는다
1문자 이상 숫자 포함	Require at least one number	체크한다
1문자 이상 영숫자 이외의 문자 포함	Require at least one non-alphanumeric character	체크하지 않는다
사용자 자신이 패스워드 변경 가능	Allow users to change their own password	체크한다
패스워드 유효기간은 30일	Enable password expiration	체크한다
	Password expiration period(in days)	30
변경한 경우 같은 패스워드는 과거 다섯 번은 재사용할 수 없음	Prevent password reuse	체크한다
	Number of passwords to remember	5
패스워드가 만료된 후 관리자에게 문의하여 패스워드 리셋	Password expiration requires administrator reset	체크하지 않는다

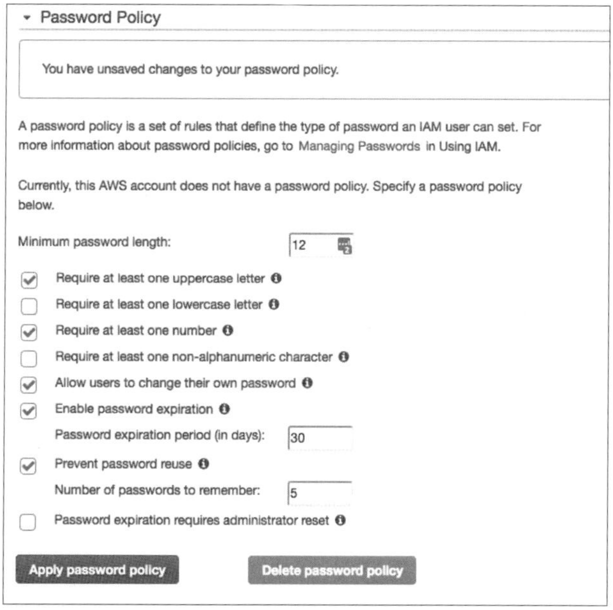

그림 10.7 Password Policy 설정

설정이 끝나면 Apply password policy 버튼을 클릭하고, 설정을 적용한다. 이 설정으로 사용자에게 패스워드를 입력받을 경우나 패스워드 부여 권한을 가진 관리자에 대해 패스워드 입력 룰을 강화할 수 있다.

패스워드 설정

Password Policy 설정이 끝나면 IAM 사용자에게 패스워드를 설정한다. 생성한 IAM 사용자에게는 아직 패스워드가 없어 이 상태로는 로그인을 할 수 없다. 화면 왼쪽의 Users를 선택하고, 생성한 사용자를 선택한다. Security Credentials 탭을 선택하고, Manage Password를 클릭한다.

그러면 로그인 패스워드 관리 페이지가 표시된다. 기본 값으로 Assign an auto-generated password에 체크되어 있지만, Assign a custom password에 체크를 하고, Password, Confirm Password에 패스워드를 입력한다(그림 10.8). 여기서 앞에서 설정한 Password Policy에 맞지 않으면 에러가 표시된다.

그림 10.8 패스워드 설정

또한, Require user to create a new password at next sign-in에 체크를 하면 최초 로그인 성공 후에 새로운 패스워드 변경을 위한 입력 요청을 받게 된다.

IAM 사용자 로그인

IAM 사용자로 로그인하려면 IAM 사용자용 로그인 URL을 사용한다. root 계정의 화면 왼쪽 메뉴의 **Dashboard**를 선택하면 IAM 메인 화면에 IAM 사용자용 URL이 표시된다. 이 URL은 다음과 같은 형식으로 되어 있다.

https://AWS 계정 ID.signin.aws.amazon.com/console

URL에 계정 ID가 있어 기억하기 어렵다면 Dashboard에서 보이는 URL 오른쪽에 **Customize**를 클릭하고, **account alias**에 원하는 문자를 입력하면 계정 ID 부분을 보기 쉬운 URL로 변경할 수 있다(그림 10.9).

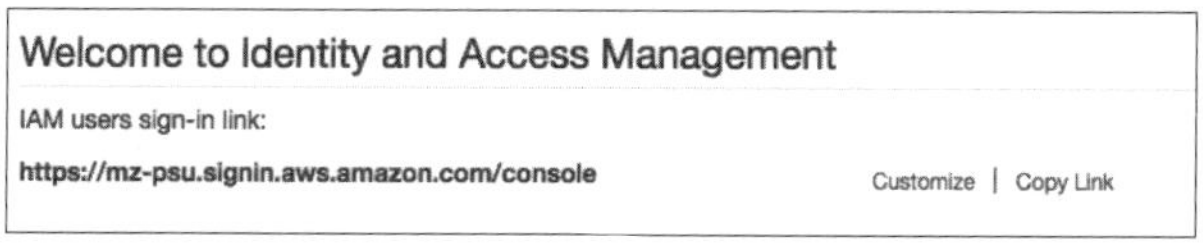

Welcome to Identity and Access Management

IAM users sign-in link:

https://mz-psu.signin.aws.amazon.com/console   Customize | Copy Link

---

그림 10.9 IAM 사용자용 URL 변경

IAM 사용자를 사용할 담당자에게 URL을 공지하고, 브라우저로 액세스를 하면 root 계정으로 로그인하는 화면과 다른 로그인 페이지가 표시된다. 이 페이지에서는 Account 항목에 AWS 계정 ID 또는 account alias가 입력되어 있다. **User Name**에는 방금 설정한 IAM 사용자명을 입력하고, **Password** 항목에는 앞에서 설정한 패스워드를 입력하고, **Sign In** 버튼을 클릭하면 IAM 사용자로 로그인할 수 있다.

여기서 방금 설정한 권한을 테스트해 보자. 원하는 EC2 인스턴스를 삭제해 보면 그림 10.10과 같이 에러가 발생하고, 권한이 걸려 있는 것을 알 수 있다.

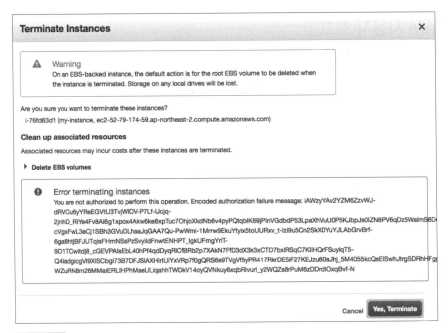

그림 10.10

이와 같이 제한된 권한을 가진 사용자를 사용하면 만일, IAM 사용자 인증 정보가
악의가 있는 제3자에게 전달될 경우에도 피해를 최소한으로 줄일 수 있다.

MFA 활성화

지금까지 IAM 사용자를 이용하여 권한을 제한하고, 보안을 강화할 수 있었다. 다
음은 로그인 인증을 할 때 MFA(Multi Factor Authorization)를 사용한 보다 안전한 로그
인 방법을 소개한다.

MFA는 다중 인증이라고 불리고, 일반적인 로그인 항목 외에 활성화된 어떤 장치에
표시되는 토큰도 로그인 시 입력하여, 그 장치를 소유하고 있지 않은 다른 사용자는
로그인하지 못하는 구조다. 안전한 인증 방식으로 구글이나 Dropbox 등의 서비스에서
도 채용하고 있다.

MFA에서 사용하는 디바이스는 전용 MFA 단말을 사용하는 하드웨어 MFA 장치와

스마트폰 등의 앱으로 동작하는 가상 MFA 장치가 있다. 여기서는 가상 MFA 장치로 Google Authenticator를 사용한다. 아이폰이나 안드로이드 앱으로 구글이 제공하고 있으니 자신의 스마트폰에 설치해 둔다.

root 계정 사용자의 경우 Dashboard를 선택하고, 화면 중간 아래 부분에 있는 Activate MFA on your root account를 클릭하고, Manage MFA를 클릭한다. IAM 사용자의 MFA는 화면 왼쪽 메뉴의 Users를 선택하고, 해당 사용자를 클릭하고, Security Credentials 탭에서 Manage MFA Device 버튼을 클릭한다.

root 사용자, IAM 사용자 모두 A virtual MFA device나 A hardware MFA device를 선택할 수 있다. 여기서는 A virtual MFA device에 체크하고, Next Stop 버튼을 클릭한다(그림 10.11).

Manage MFA Device   ✕

Select the type of MFA device to activate:

◉ A virtual MFA device

◯ A hardware MFA device

For more information about supported MFA devices, see AWS Multi-Factor Authentication.

Cancel   **Next Step**

그림 10.11

다음 화면에서 스마트폰에 AWS의 MFA와 호환성이 있는 앱을 설치하라는 설명이 나오면 그대로 Next Step 버튼을 클릭한다. 그러면 다음 화면에 QR 코드가 표시된다(그림 10.12).

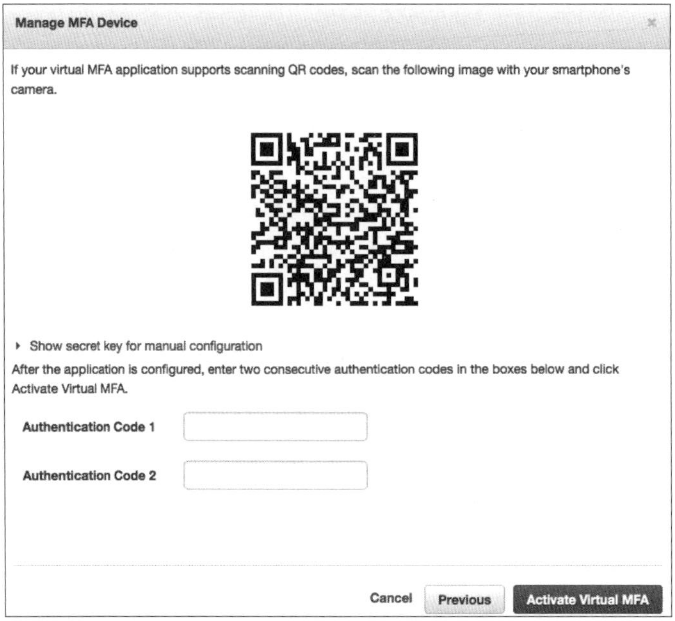

그림 10.12 QR 코드 표시

여기서 스마트폰에 설치된 Google Authenticator를 실행한다. + 버튼을 누르고, 바코스 스캔을 선택하고, 이 QR 코드를 찍는다. 그렇게 하면 root 사용자의 경우, 다음과 같이 토큰이 표시된다.

root-account-mfa-device@계정ID또는계정alias

IAM 사용자의 경우, 다음과 같이 토큰이 표시된다.

IAM사용자명@계정ID또는계정alias

이 토큰은 일정 시간의 만료 기한이 지나면 토큰이 다시 표시된다(그림 10.13).

그림 10.13 토큰 표시

이 일정 시간에 바뀌는 토큰을 연속해서 두 번 QR 코드 페이지의 Authentication Code 1과 Authentication Code 2에 입력하고, Activate Virtual MFA 버튼을 클릭한다. 그러면 장치가 정상적으로 활성화되었다는 메시지가 표시되고 이것으로 MFA 등록은 완료된다.

다음 번 로그인할 때 사용자명과 패스워드를 입력 후에 MFA 인증 코드 입력을 받게 된다. 그 시점에서 MFA에 표시되는 토큰을 입력하고, 로그인한다. IAM 사용자의 경우에는 계정명, 패스워드를 입력하고 Sign In 버튼을 클릭하면 MFA 입력란이 표시되는데 스마트폰 앱을 실행시켜 토큰을 입력한다.

이것으로 만일에 발생할 사용자나 메일 주소와 패스워드가 노출되어도 장치를 도난 당하지 않는 한은 로그인할 수 없다. 적어도 root 계정 사용자에게는 MFA를 꼭 설정해 두도록 하자.

Column

CloudTrail

IAM 기능은 아니지만, AWS 서비스 중 하나인 CloudTrail을 이용하면 콘솔의 조작을 포함한 AWS의 API 호출을 JSON 형식의 로그로 기록하고, 지정한 S3 버킷에 저장할 수 있다.

여러 사용자가 있을 때, 각 계정에 대해 수행한 작업을 전체적으로 확인할 경우나 인증 정보 등의 유출에 따른 AWS 계정에 부정 액세스가 발생했을 가능성이 있을 경우, CloudTrail 로그를 확인하면 계정의 리소스에 어떤 액션이 있었는지를 확인할 수 있다.

CloudTrail 설정은 매우 간단하다. CloudTrail 콘솔을 열고, 기존의 버킷이나 또는 새로운 버킷과 로그 파일명의 프리픽스 등 몇 가지 항목을 지정하면, 로그 수집이 가능하다. 문제 등이 발생했을 때 조사나 판단을 하는 자료로 CloudTrail을 사용하는 것을 추천한다.

10.5 | API 액세스 권한 관리

Access Key 설정

이번 장에서는 대부분 관리 콘솔을 통해 AWS 리소스를 관리해 왔지만, 뒤에서는 모두 API가 호출되고 있다. AWS를 사용할 사용자 애플리케이션의 경우, AWS의 각 언어 SDK를 사용하거나 AWS CLI를 사용하여 AWS의 리소스를 액세스한다. 이 SDK 와 AWS CLI는 GUI가 아니므로 관리 콘솔처럼 화면에서 로그인하지 않는다. SDK와 AWS CLI에 액세스하는 경우는 Access Key와 Secret Access Key라는 전용 키로 인증 을 한다. Access Key와 Secret Access Key는 이번 장에서 IAM 사용자를 생성했던 것 과 같이 사용자별로 발행된다.

Access Key와 Secret Access Key도 관리 콘솔의 인증 정보와 마찬가지로 악의가 있 는 제3자에게 노출되면 자신의 AWS 리소스가 악용당할 수 있다. 그래서 Access Key와 Secret Access Key는 한 명의 사용자에게 여러 개 생성이 가능하여 삭제하거나 활성화/ 비활성화를 변경하여 로테이션시킬 수가 있다.

Access Key 추가, 삭제, 유효 무효 변경은 사용자 메뉴의 Security Credentials 탭, Access Keys 영역에서 관리할 수 있다. Access Key, Secret Access Key를 추가하는 경우 Create Access Key 버튼을 클릭하고, 활성화/비활성화 변경은 Make Inactive를 클릭하 고, 삭제하려면 Delete를 클릭한다. 또한, IAM 사용자 생성 시에도 경험했듯이 Access Key와 Secret Access Key 생성 직후에만 다운로드할 수 있으니 꼭 다운로드하고 분실 하지 않도록 주의해야 한다.

Role 생성

IAM에는 사용자, 그룹 이외에 Role이라는 것이 있다. Role에도 권한을 설정할 수 있지만, 사용자의 작업에는 Role이 영향을 주지는 않는다. Role을 사용하는 것은 사용자 애플리케이션이나 EC2 등의 AWS 리소스다. 또한, Role은 영구적인 인증 정보가 아닌 일시적인 인증 정보다.

Role이 설정된 리소스나 프로그램은 간접적이고 일시적으로 인증 정보를 가지고, AWS의 API에 액세스하므로 Access Key와 Secret Access Key를 직접 보관하는 것보다 안전하고, 키 관리를 고려하지 않아도 되어 애플리케이션이나 인스턴스를 관리하는 데 편리하게 사용된다.

3장에서 다룬 백업 스크립트에서 AWS CLI를 이용할 때 Access Key와 Secret Access Key 정보가 들어간 설정 파일을 이용하여 API에 액세스했지만, Role을 사용하면 이런 작업이 필요 없게 된다.

그러면 Role의 생성해 보자. 여기서는 EC2에서 EBS 볼륨을 참조할 수 있도록 해보자. Role 생성은 그룹을 생성하는 순서와 아주 비슷하다. 화면 왼쪽 **Roles**를 클릭하고, **Create New Role** 버튼을 클릭한다. Role명 설정 화면에서 **Role Name**을 입력하고, **Next Step** 버튼을 클릭한다.

다음은 Role 타입을 선택한다. 기본 설정으로 **AWS Service Role**에 체크되어 있는 것을 확인하고, 여기에서는 EC2 인스턴스에 Role을 할당하므로 'Amazon EC2'의 **Selete** 버튼을 클릭한다(그림 10.14).

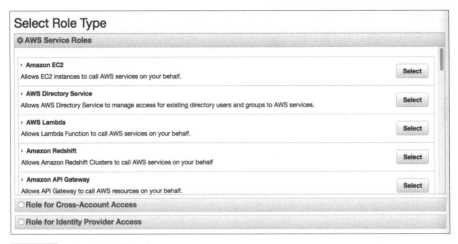

그림 10.14 Role 타입 선택

다음 Attach Policy 화면에서는 다음과 같이 미리 생성해 둔 Policy를 선택한다. EC2
에 읽기 권한만을 부여하는 Policy는 리스트 10.2와 같이 설정한다. Policy 생성 방법은
위의 내용을 참고하기 바란다.

리스트 10.2 EC2에 읽기 권한 설정 예제

```
{
  "Version": "2012-10-17",
  "Statement": [
    {
      "Effect": "Allow",
      "Action": [
        "ec2:Get*",
        "ec2:Describe*"
      ],
      "Resource": "*"
    }
  ]
}
```

여기까지 설정이 되었다면 **Next Step** 버튼을 클릭하고, 설정 내용을 확인한 후
Create Role 버튼을 클릭하면 Role 생성은 끝난다.

EC2 인스턴스에 Role 설정

다음은 신규 인스턴스를 Amazon Linux AMI로부터 생성한다. 인스턴스 타입을 선택한 후 인스턴스 설정 화면에 IAM Role이라는 항목이 있을 것이다. 여기서 위에서 생성한 Role을 확인할 수 있을 것이다. 생성한 Role을 선택하고, 다음은 일반적인 순서로 인스턴스를 생성한다. 이것으로 이 인스턴스에는 EC2의 읽기 권한을 가지게 된 것이다.

Role을 이용한 AWS CLI 사용

앞에서 생성한 인스턴스에 SSH로 접속하고, 다음과 같은 명령어를 실행하면, 다음과 같이 결과를 볼 수 있을 것이다.

```
$ aws ec2 describe-volumes --region ap-northeast-2
{
    "Volumes": [
        {
            "AvailabilityZone": "ap-northeast-2c",
            "Attachments": [
                {
                    "AttachTime": "2016-04-20T07:49:31.000Z",
                    "InstanceId": "i-be36df18",
                    "VolumeId": "vol-bda1e465",
                    "State": "attached",
                    "DeleteOnTermination": true,
                    "Device": "/dev/xvda"
                }
            ],
        생략
```

이와 같이 Role을 사용하면 EC2 인스턴스 등의 AWS 리소스에서 Access Key와 Secret Access Key 없이도 AWS의 API를 사용할 수 있다.

이외의 IAM 기능

이번 장에서는 IAM의 기능에 대해 설명했지만, 이 기능 외에도 여러 기능을 가지고 있다. 여기서 일부 기능을 소개하도록 한다.

Role for Cross-Account Access

IAM Role의 기능을 이용하면 서로 다른 계정의 Role을 설정하여 액세스 허용 권한을 줄 수 있다.

Role for Identity Provider Access

사내 시스템 등에서 기존에 사원 ID를 가지고 있는 경우 IAM Role 기능을 통해 AWS로의 액세스 권한을 사내 ID에 대해 부여할 수 있다. 또한, 사내 ID 시스템이 SAML(Security Assertion Markup Language)을 지원하는 경우, SAML을 사용하여 AWS 콘솔로 SSO(Single Sign-On)를 구현할 수도 있다.

10.7 | 정리

이 장에서는 AWS 서비스와 리소스를 안전하게 사용하기 위해 IAM을 통한 액세스 권한 제어에 관해 설명했다. AWS의 인프라는 많은 보안 정책 및 도구를 통해 보호되고 있지만, 계정과 AWS 상에 구축되는 사용자 서비스의 보안을 유지하는 것은 사용자 자신이다. 요구 조건에 따라 적절하게 설정하고, 유연하고 보안적인 시스템 구성에 신경을 쓰도록 하자.

빌링(Billing)

AWS 서비스는 종량 과금 정책으로 서비스를 사용한 만큼 과금이 발생하게 된다. 이번 장에서는 AWS의 과금 종류와 확인 방법에 관해 설명한다.

11.1 | 과금의 개념

AWS 이용 요금은 모두 종량 과금 모델로 되어 있다. 이 모델은 전기료나 수도요금을 생각하면 쉽게 이해할 수 있으며, '사용하면 사용한 만큼' 비용이 발생한다. 또한, AWS 이용 요금은 신용카드로 결제하게 되어 있다. AWS를 사용할 때 비용에 관한 내용을 충분히 이해하고, 최적화된 비용으로 서비스를 이용하는 것이 필요하다. 이번 장에서는 과금의 기본적인 이해와 최적화 비용 운용 방법에 관해 설명한다.

▌AWS 요금의 기본

AWS 이용 요금은 기본적으로 1시간 단위의 종량 과금 모델로 되어 있다.^{주1} 가장 많은 사용자가 이용하는 EC2의 경우 과금 대상이 되는 것은 다음의 네 가지다.

- 가동 시간
- 데이터량
- 데이터 전송량
- 디스크 I/O

각 서비스별로 단가가 정해져 있으며, 이 단가는 모든 사용자에게 공개되어 있다.

- AWS 클라우드 요금 원칙

  URL http://aws.amazon.com/ko/pricing/

주1 서비스 중에서는 Amazon WorkSpaces(클라우드상의 가상 데스크톱 서비스)나 Amazon Docs(관리형이며 보안적인 엔터프라이즈 스토리지 및 공유 서비스) 등 월 고정 과금 서비스도 있다.

예를 들어, 월 단위의 종량 과금 모델인 S3를 서울 리전에서 사용하는 경우, 단가는 $0.0314/GB이다(2016년 4월 현재). 즉, S3에 1GB 데이터를 1개월간 보관하면 $0.0314이 발생한다. 실제로는 AWS 쪽에서 더 상세하게 종량 과금 계산이 이루어지면 예를 들어, 1GB 데이터를 15일만 S3에 저장하는 경우, $0.0314 * 1/2의 이용 요금이 발생한다.

AWS의 명세표를 보고 가끔 '어떻게 계산이 된 거지?'라고 생각했던 경우가 있었을 것이다. 이유는 위와 같이 아주 상세하게 계산이 이루어지기 때문이다.

데이터 전송량 과금 모델 사례

그림 11.1은 서울 리전의 데이터 전송량 과금 모델이다. 서비스 간 데이터 전송에 따라 과금 설정된 것을 알 수 있다.

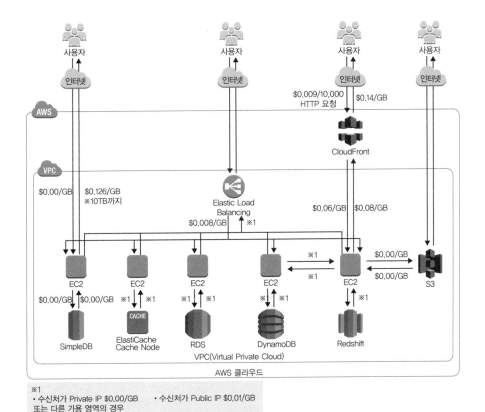

그림 11.1 서울 리전 내에서 사용한 경우의 데이터 전송량 과금 모델 참고도(2016년 4월 시점)

종량 과금 모델 요금의 종류

AWS에서는 몇 가지 서비스에 대해 특별한 과금 모델이 제공되고 있다. 이번 장에서
는 EC2의 과금 모델을 설명한다.

✚ On-Demand 인스턴스

온디맨드(On-Demand) 인스턴스는 종량 과금 모델 중에서 표준으로 정의되어 있는
모델이다. 'AWS의 정가'라고 보면 된다.

✚ Reserved 인스턴스

예약(Reserved) 인스턴스는 종량 과금 모델에서 선납금을 지불하여 할인을 받는 모델
이다. 이 모델은 할인 쿠폰을 구입하는 것과 비슷하며, 구매하는 쿠폰의 금액이 크면
클수록 할인률은 더 커진다.

예약 인스턴스 모델은 표 11.1과 같이 세 가지로 나뉘어 있다. 기간은 1년 또는 3년으
로 선택할 수 있다. 3년을 구입한 경우 3년간 가격 변경이나 인스턴스 패밀리 타입을 변
경해야 하는 경우, 수정이 불가능한 경우가 발생하므로 1년을 선택하는 것을 추천한
다. 또한, 세 가지 예약 인스턴스는 월 고정 가격으로 되어 있으며, 초기 비용(선납금)을
지불하여 할인된 가격으로 인스턴스를 사용할 수 있다.

표 11.1 예약 인스턴스 타입

타입	초기 비용	월 할인률
No Upfront[주a]	무료	10~20% 할인
Partial Upfront	예약 인스턴스 이용 시의 5개월분	20~40% 할인
All Upfront	예약 인스턴스 이용 시의 9개월분	30~50% 할인

예약 인스턴스 구입 시에는 다음과 같은 사항을 고려하자.

주a 3년 이용 예약 인스턴스에서는 No Upfront는 제공하지 않는다.

- 구입할 때에는 여러 인스턴스를 구입한다.

- 구입할 시점을 맞춘다.

- 구입할 인스턴스 패밀리를 맞춘다.

- 인스턴스 패밀리 내에서는 예약 인스턴스를 분리할 수 있다.

  예를 들어, m3.large 인스턴스의 All Upfront를 1 인스턴스만큼 구입한 경우, m3.medium 인스턴스의 All Upfront×2 인스턴스로 분리할 수 있다. 그래서 여러 인스턴스를 운용 중인 경우에는 예약 인스턴스를 구입해 두면 임의의 인스턴스에 할인이 적용되어 혜택을 받을 수 있다.

- 3년 예약 인스턴스 구입은 신중하게 한다.

  한 번 구입한 예약 인스턴스는 중간에 AWS의 가격 인하가 발생할 경우 혜택을 받을 수 없다(2016년 4월 현재). 지금까지 AWS는 몇십 번의 가격 인하를 발표했고, 앞으로도 가격 인하를 할 것으로 예상된다. 가격 인하에 대한 혜택을 누리려면 1년 예약 인스턴스를 구입하는 것을 권장한다.

Column

예약 인스턴스 매매

자신이 구입한 예약 인스턴스를 다른 사용자가 판매하거나 반대로 사용자가 구입하거나 예약 인스턴스를 매매하는 것이 가능하다. 매매를 하려면 미국 계좌가 있어야만 한다. 2016년 4월 현재, 아직 서울 리전 사용자는 많이 이용하고 있지 않으며, 미국 리전 사용자들이 많이 이용하고 있는 것 같다.

✚ Spot 인스턴스

Spot 인스턴스는 개발 환경이나 단기간 높은 처리 능력을 가진 인스턴스를 사용하는 경우 등 일시적으로 사용에 적합한 인스턴스다. 이용을 시작하는 시점에서 'Maximum price'를 사용자가 지정하고, 다른 사용자가 지정한 가격 이상으로 지정하지 않는 이상 계속적으로 지정한 가격으로 인스턴스를 사용할 수 있다. 그러나 다른 사용자가 높은 가격으로 설정한 시점에 강제적으로 서비스가 정지되므로 주의해야 한다. AWS CLI에

서 현재 Spot 인스턴스 가격 이력이나 현재 가동 중인 인스턴스의 가격 상태를 확인할
수 있다.

Volume Discount

각 서비스에는 볼륨 디스카운트(volume discount)가 적용되는 서비스가 있다. 이것은
서비스 사용량이 늘어나면 단가가 낮아져, 특히 데이터양, 데이터 전송량에 적용된다.
예를 들어, S3의 경우에 표 11.2와 같은 단가로 볼륨 디스카운트를 받을 수 있다.[주2]

표 11.2 볼륨 디스카운트(1GB당, 서울 리전의 경우)

볼륨	단가
1TB까지	$0.0314
1TB~49TB 미만	$0.0308
49TB~450TB 미만	$0.0303

11.2 | 청구

AWS의 각종 서비스 이용 요금은 화면 상단에 있는 계정명을 클릭하고, Billing &
Cost Management를 클릭하면 확인할 수 있다. 비용 관련 메뉴는 현재 한국어를 지원
하고 있으므로 보다 편하게 비용을 관리할 수 있다.

주2 CloudFront의 볼륨 디스카운트는 AWS에 직접 문의하고 계약해야 한다.

청구 보고서 확인

청구 보고서를 확인하려면 대금 및 비용 관리 대시보드 화면 왼쪽 **보고서**를 클릭하고, **보고서 생성** 버튼을 클릭한다. 일단 활성화되면 **AWS 사용 보고서**를 클릭하면 XML 형식이나 CSV 형식의 보고서를 다운로드할 수 있다.

Consolidated Billing

여러 AWS 계정의 과금을 하나로 묶어 관리하고 계산할 수 있는 서비스로 Consolidated Billing(통합 결제)가 제공되고 있다. 예를 들어, 기업의 부서별로 AWS 사용 요금을 관리하고 싶은 경우와 서비스별로 이용 요금을 관리하고 싶은 경우에 사용할 수 있다.

Consolidated Billing으로 통합된 계정은 공유의 개념이 적용되어 하나의 계정으로 취급된다. 그래서 Consolidated Billing으로 통합된 계정 전체의 사용료 합계에 대해 볼륨 디스카운트가 적용된다. 보다 낮은 가격으로 AWS를 사용할 수 있게 되는 것이다. 예약 인스턴스에 대해서도 구입 후 어느 AWS 계정에 어떤 리소스에 적용할지는 사용자가 지정할 수 없으며, 사용료 합계 일부에 예약 인스턴스 가격이 적용되는 형태가 된다.

AWS에서 보이는 명세 중에 서울 리전에서 사용한 리소스와 서울 리전 이외의 리전에서 사용한 리소스, 부가세 등이 표시된다. 과세 대상의 경우 'CT'라는 항목에 표시되고, 비과세의 경우 아무것도 표시되지 않는다.

11.3 │ 요금 확인/요금 계산 도구

AWS의 이용 요금과 리소스 이용량 등을 확인하기 위한 도구는 많이 준비되어 있다. 이번 절에서는 그중에서 중요한 도구를 간단하게 소개한다.

청구와 비용 관리(관리 콘솔)

관리 콘솔에서 이용 요금을 확인하려면 화면 상단의 **Billing & Cost Management**를 클릭한다. 첫 화면에 표시되는 대금 및 비용 관리 대시보드에서는 현재 월 이용 요금과 서비스별 이용 요금을 그래프로 확인할 수 있다. 또한, 최근 3개월과 특정일의 이용 요금을 확인할 수도 있다.

화면 왼쪽 메뉴의 **비용 탐색기**를 클릭하고, **비용 탐색기 시작**을 클릭하면, 이용 요금을 기간 지정, 조건 검색, 그룹 지정 등을 지정하여 여러 종류의 그래프로 요금을 확인할 수 있다.

✚ Trusted Advisor(관리 콘솔)

Trusted Advisor[주3]에서는 자신의 리소스의 사용 현황을 그래프로 확인할 수 있다(그림 11.2). 특히, 불필요한 리소스를 확인할 때 유용하다. 예를 들어, 이용하지 않는 상태로 방치해 둔 인스턴스나 디스크 등도 확인할 수 있으며, 그것들을 삭제하여 비용 최적화를 할 수 있다.

그림 11.2 Trusted Advisor

Trusted Advisor를 기동하려면 관리 콘솔에서 **Trusted Advisor**를 클릭한다. 비용 최적화를 하려면 Trusted Advisor Dashboard 화면에서 **Cost Optimization** 아이콘을 클릭한다. 여기서 사용률이 적은 인스턴스와 인스턴스가 설정되어 있지 않은 ELB, 어디에도 사용되고 있지 않은 EBS Volume 등을 확인하고 정리하여 요금에 대한 최적화를 구현할 수 있다.

주3 https://aws.amazon.com/support/trustedadvisor

✚ Salesforce

Salesforce[주4]에서는 AWS의 리소스 상황을 API로 수집하고 그래프화하여 그래프를 볼 수 있다. 지금까지 각 프로젝트의 인프라 비용을 명확하게 관리하는 것은 정말 어려운 작업이었다. 그러나 Salesforce로 프로젝트 비용을 관리하면, Salesforce와 AWS를 API로 연동하여 각각의 프로젝트에 대해 리소스에 들어가는 비용을 간단하게 확인할 수 있으며, 비용을 쉽게 가시화할 수 있다.

✚ CloudHealth

CloudHealth[주5] 서비스는 AWS 사용량, 예산 등을 관리하는 서비스다. 특히, 예약 인스턴스 계획이나 비용 분석 등의 서비스를 제공하고 있으므로 AWS를 보다 효율적으로 사용할 수 있고, 비용 최적화를 하는 데 도움을 주는 서비스다.

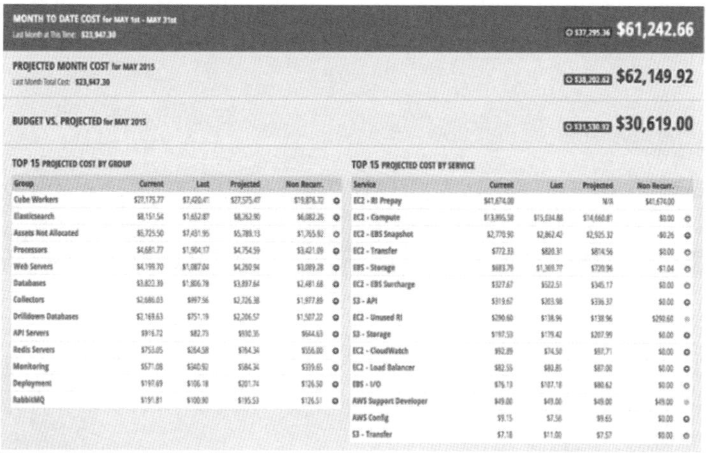

그림 11.3 CloudHealth

주4 http://www.salesforce.com/

주5 http://www.cloudhealthtech.com

✛ Cloudability

Cloudability[주6]는 AWS 이용 요금의 가시화, 알람에 특화된 서비스로 제공되고 있다. 여러 다른 계정의 사용 요금 상태를 일괄적으로 관리할 수 있다.

✛ Simple Monthly Calculator

Simple Monthly Calculator[주7]는 AWS가 공식적으로 제공하는 계산 도구로 브라우저에서 사용할 수 있다. 저장하여 공유용으로 URL을 발행하면 그 URL을 삭제하는 것은 불가능하므로 URL 발행 시 이름을 정하는 데 주의해야 한다.

✛ AWS Total Cost of Ownership(TCO)Calculator

AWS Total Cost of Ownership(TCO)Calculator[주8]는 온프레미스 또는 가상화 환경에서 같은 환경을 구성했을 때 비용 비교를 할 수 있는 도구다. 운용에 발생하는 비용뿐만 아니라 자산 비용도 산출할 수 있다.

11.4 | 서포트와 포럼

청구와는 관계가 직접적으로 없지만, 장애 등이 발생했을 때 도움이 되는 서포트 계약이나 포럼에 관해 설명한다.

주6 https://cloudability.com/

주7 http://calculator.s3.amazonaws.com/index.html

주8 https://awstcocalculator.com/

AWS 서포트

AWS 서포트[주9]는 AWS가 제공하는 서포트 센터에서 아래의 네 가지 종류의 서포트를 제공한다.

- Basic
- Developer
- Business
- Enterprise

AWS의 각종 서비스에 대해서 AWS 소속의 엔지니어가 서포트를 제공한다. AWS의 리소스에 관한 문의에 매우 신속하고 상세한 답변을 얻을 수 있으므로 서비스 환경에서 AWS를 활용하는 경우, 서포트를 계약하는 것을 추천한다. 또한, 장애가 발생한 경우에도 서포트 계약이 없으면 원인 조사에 많은 시간이 걸릴 수 있으므로 이런 점에서도 서포트 계약은 운용에 꼭 필요하다고 말할 수 있다. Enterprise 서포트에서는 TAM(Technical Account Manager)이 할당되어 빠르고, 서포트 내용에서도 굉장히 좋은 서포트를 받을 수 있다.

그러나 AWS 서포트는 실제 계약을 맺는다고 해도 모든 의사소통을 영어로 해야 하므로 국내 사용자 입장에서는 불편한 점이 있을 것이다. 그래서 AWS에서는 현지 사용자에게 도움을 줄 수 있도록 파트너 제도를 운용하고 있다. 대표적인 AWS 프리미엄 파트너사인 메가존이 국내 유일한 한국어 서포트 센터를 운용하고 있으므로 국내 사용자들에게 AWS를 사용하는 데 많은 도움을 줄 수 있을 것이다.

주9 https://aws.amazon.com/ko/premiumsupport/

AWS 포럼

AWS Forums[주10]은 AWS의 사용자를 위한 게시판 사이트다. 다음의 약속들을 지키는 사용자라면 언제나 사용할 수 있다. 한국어 포럼도 개설되어 있으니 많은 참여를 바란다.

- Honesty
- Respect
- Productivity

AWS 서포트와 달리 AWS를 사용하는 모든 사용자가 사용할 수 있는 대신 정식적인 응답이나 응답 기한을 요구하는 것은 어렵다. 어디까지나 사용자 간의 의견 교환과 지식 공유의 장으로 활용하는 것이 좋을 것이다.

AWS-KR-UG

AWSKRUG[주11]는 한국 국내의 AWS 사용자 그룹 명칭이다. 현재 페이스북에서 주로 활동을 하고 있으며, 현재 회원은 약 8,000명이다. 또한, 일본 사용자 그룹과 공동 세미나 등을 개최하면서 많은 활동을 하고 있으며, 평소에는 AWS 행사의 사용자 그룹 세션에 참가하거나, 스터디 및 정기 세미나를 개최하고 있다. 관심이 있는 독자분들은 페이스북 그룹으로 참여하기 바란다. 이 책의 역자도 사용자 그룹 리더로 활동 중이니 관심이 있는 독자들은 메일로 연락 주길 바란다.

주10 https://forums.aws.amazon.com/

주11 https://www.facebook.com/groups/awskrug/

JAWS-UG

JAWS-UG[주12]는 일본 내의 AWS 사용자 그룹 명칭이다. AWS Japan User Group에서 'JAWS-UG'라는 이름을 가지게 되었다. 각 지역별로 개최되거나 여성 모임도 개최되고 있다. 사용자 그룹 참가는 기본적으로 자유이며, JAWS-UG 모임이나 공유 로고는 GitHub[주13]에 공개되어 있다.

E-JAWS

E-JAWS(Enterprise JAWS-UG)는 엔터프라이즈 사용자 기업들에 의해 만들어진 커뮤니티다. 가입 조건으로 기업 규모와 업종 등의 제한이 있고, 특정 사용자 기업만이 참가가 이루어지고 있다. 또한, 참가 기업 간에는 NDA[주14]를 맺고 있으며, 내부에 공개된 정보를 외부에 공개해서는 안 된다.

계약과 공개 정보

AWS를 사용하기 전에 꼭 AWS가 공개하고 있는 계약 내용을 확인해 둬야 한다. 이른바 '웹 서비스를 사용할 때의 이용약관'에 동의해야 하는데 각종 서비스를 잘 활용하기 위해서는 필수 조건이라고 할 수 있겠다.

국내 사용자는 계약을 경시하거나 벤더에 의존하는 경향이 있지만, 어떤 벤더를 통할 것인지 벤더와 어떤 계약을 할지에 관계없이 AWS 리소스를 사용하는 경우, 꼭 AWS가 공개하는 계약 내용을 확인하고 인지해 둬야 한다. AWS 각종 계약/법무 관계[주15]에는 다음과 같은 것이 있다.

주12 http://jaws-ug.jp/

주13 https://github.com/jaws-ug

주14 기밀유지 협약(Non-disclosure agreement)는 기업 간에 사업비밀을 공유하면서 사용을 제한할 때 체결하는 계약이다.

주15 https://aws.amazon.com/ko/legal/?nc1=h_ls

- AWS 이용계약

- AWS 서비스 약관

- AWS 이용방침

- AWS 상표 가이드라인

- AWS 사이트 약관

- 개인정보보호방침

- AWS 세금 문의센터

또한, 특별히 보안과 시설에 관한 공개 정보는 다음 문서에서 수집할 수 있다.

- Security at Scale: Governance in AWS[16]

- Security at Scale; Logging in AWS[17]

- AWS Risk and Compliance[18]

11.5 │ 정리

이번 장에서는 AWS의 이용 요금과 이용 방법, 그리고 AWS를 사용하기 위한 계약에 관해 공부하였다. AWS의 이용 요금의 기본을 파악하고 적절한 비용으로 사용하는 것이 서비스의 혜택을 더 많이 누릴 수 있는 방법이다. 비용 최적화를 하여 보다 효율적인 운용을 해보도록 하자.

주16 https://d0.awsstatic.com/whitepapers/compliance/AWS_Security_at_Scale_Governance_in_AWS_Whitepaper.pdf

주17 https://d0.awsstatic.com/whitepapers/aws-security-at-scale-logging-in-aws.pdf

주18 https://d0.awsstatic.com/whitepapers/compliance/AWS_Risk_and_Compliance_Whitepaper.pdf

찾아보기